ARCHIVES

historiques

DE

L'ALBIGEOIS

ET DU

PAYS CASTRAIS

PUBLIÉES PAR

P. ROGER

Secrétaire-particulier de M. le Préfet du Tarn.

ALBI. S. RODIERE, ÉDITEUR.

ARCHIVES HISTORIQUES

DE L'ALBIGEOIS ET DU PAYS CASTRAIS.

AVANT-PROPOS.

Ublier ce que les archives de la contrée ont de plus intéressant sur l'histoire de l'Albigeois et du pays castrais, telle est l'œuvre que nous avons entreprise.

Les savants écrivains de l'*Histoire générale de Languedoc* recueillirent dans leur immortel ouvrage tous les principaux faits de l'histoire de l'Albigeois. Diverses publications ont, de nos jours, ajouté à ce que dom Vayssette et Claude de Vic nous avaient laissé. Mais nos vieilles archives offriront longtemps encore aux laborieuses études de précieuses richesses. Nous avons pénétré dans ces vastes dépôts où se trouvent amoncelés d'innombrables documents, antiques témoignages de ce qu'étaient nos pères. Nos explorations n'ont pas été sans fruit. Couvertes de la poussière des siècles, et comme frappées d'un éternel oubli, des chartes et des coutumes, des légendes, des notes historiques ont payé nos recherches d'un succès plus grand encore que nos espérances !

Nous serions heureux si la publication que nous allons tenter se recommandait honorablement sous le rapport historique. Pour encourager nos efforts, pour animer notre zèle, citons ici M. Guizot, dont la grande autorité pourra faire excuser ce qu'il y avait en nous d'insuffisant, en faveur de la pensée qui inspira notre entreprise : « Des monographies » étudiées avec soin, dit M. Guizot, me paraissent le moyen » le plus sûr pour faire faire à l'histoire de véritables progrès. »

Assez favorisé pour qu'il nous fût permis de puiser aux plus précieuses sources, nous avons recueilli d'immenses matériaux dans les archives de la préfecture du Tarn ; parmi les documents que ce vaste dépôt renferme, ce que nous ont laissé les établissements religieux d'une autre époque offrait un vif intérêt à nos investigations ; là se cachèrent si souvent l'érudition et la science historique ! — L'abbaye de St-Michel de Gaillac ; — celles d'Ardorel, de Vielmur et de Candeil ; — à Albi, les chapitres de St-Salvi et de Ste-Cécile ; — à Castres, le monastère de St-Benoît, les dominicains et le couvent de St-Vincent ; — telles sont les savantes corporations dont les vieux cartulaires ont enrichi notre travail.

Les archives de plusieurs communes se sont aussi ouvertes à nos explorations. Enfin, d'obligeantes communications sont venues à notre aide.

L'histoire de l'Albigeois est féconde en événements remarquables, et peu de pays peut-être réuniraient autant de titres à l'intérêt historique! — Saint Bernard, l'un des plus beaux génies de l'Église, remplit Albi de ses éloquentes prédications; — la guerre des Albigeois, si dramatique et si peu connue encore, recommande notre contrée aux études de l'historien, soit qu'il arrête sa plume sur Simon de Montfort, instrument impitoyable de l'Église alarmée, soit qu'il suive saint Dominique prêchant la croisade à Toulouse, à Castres et à Albi. — Les Templiers possédaient dans l'Albigeois de riches établissements. — On retrouve les comtes de Toulouse, ceux de Castres et les vicomtes d'Albi dans les précieux manuscrits que nos archives renferment.

Le château de Burlats a de la célébrité. Elle est due à la reine Constance et à la belle Adélaïde de Toulouse, sa fille, qui l'habitèrent. Les ruines pittoresques de ce gothique manoir et une bien courte légende, c'était là en apparence tout ce que le temps destructeur n'avait point emporté... Ce temps cependant a eu moins de rigueurs, et nous pourrons ajouter à cette touchante histoire.

Le cardinal de Richelieu vint à Albi où les traditions de son passage s'étaient dès longtemps perdues. On les a aujourd'hui ressaisies. Nous verrons le cardinal de Richelieu visiter la cathédrale de Ste-Cécile, s'étonnant de la beauté de l'édifice, du merveilleux travail du chœur, et disant son admiration à tous ceux qui l'entourent.

La réforme et les guerres civiles qu'elle occasionna donnèrent de la célébrité au pays de Castres. Notre publication a mis en relief tous les noms historiques qui jettent à cette époque un si vif éclat sur la contrée. — Henri IV, le père de Turenne et celui du grand Condé; les trois Joyeuse, Damville, Montgomery, Henri de Rohan et le maréchal de Thémines firent la guerre dans l'Albigeois; nous raconterons cette guerre. Notre récit retracera la lutte héroïque des calvinistes du pays castrais; leur fermeté inébranlable dans la mauvaise fortune; les sacrifices qu'ils s'imposèrent pour conquérir la liberté de conscience et le paisible exercice de leur religion.

Les évêques d'Albi, et plus tard ses archevêques, furent les bienfaiteurs du pays. Ce qu'ils firent pour sa prospérité, leur administration à la fois paternelle et éclairée, leur ont acquis des titres à la reconnaissance publique; notre ouvrage les a rappelés. Louis d'Amboise et le cardinal Duprat, tous deux célèbres; le cardinal Strozzi, M. du Lude, M. Le Goux de la Berchère et M. de Choiseul doivent surtout être cités parmi les éminents prélats qui illustrèrent le siége d'Albi. Nous dirons leurs travaux, leur charité inépuisable; on verra tout ce qu'avait de légitime l'empire qu'exercèrent leur mérite et leurs vertus.

Les coutumes des communes et leur organisation municipale n'ont point échappé à nos investigations. On comprend aujourd'hui que l'histoire du peuple est encore à faire; l'étude de ses mœurs et de ses usages, de ses passions et de ses intérêts fut trop négligée par nos vieux historiens. Une utile réaction s'est opérée; on veut enfin connaître ce qu'étaient nos pères et quelles institutions les régissaient. L'instruction donnée à la jeunesse par la sollicitude des consuls; les élections de ces magistrats, auxquelles le peuple participait; les monnaies de l'Albigeois; le prix des denrées; le caractère des transactions à des époques reculées, ont été l'objet de nos recherches. Ne devrait-on pas recueillir avec soin sur tous les points du royaume des notions de cette nature et en agrandir le cadre; leur ensemble marquerait peut-être le jour où nous pourrions espérer une histoire vraiment nationale.

Au milieu des préoccupations de notre époque, des choses *actuelles* qui dévorent l'intelligence et semblent aujourd'hui vouloir remplir toute la vie, il faut bien cependant se demander s'il n'y a pas témérité à vouloir occuper le public des temps qui ne sont plus! Empruntons ici de nouvelles armes au célèbre écrivain qui déjà nous a été secourable, et puisons dans ses admirables écrits de nouveaux encouragements : « Évi-
» demment, dit M. Guizot, l'imagination se plaît aujourd'hui
» à se reporter vers les époques passées; leurs traditions, leurs
» mœurs, leurs aventures, leurs monuments ont pour le
» public un attrait qu'on ne saurait méconnaître.

« On s'est plaint d'ailleurs, et avec raison, que notre his-
» toire ne fût point nationale, que nous manquassions de
» souvenirs, de traditions populaires... On a imputé à ce fait
» quelques-uns des défauts de notre littérature, et même de
» notre caractère. Faut-il donc l'étendre au-delà de ses limites
» naturelles? Faut-il regretter que le passé redevienne quelque
» chose pour nous, que nous y reprenions quelque intérêt? »

Sous le rapport historique, comme au point de vue littéraire, la nature de notre publication aurait donc quelques titres à la bienveillance publique; nous nous sommes appliqué à la mériter. Et si le succès venait couronner nos efforts, nous serions heureux d'avoir pu ajouter le fruit de nos recherches aux richesses historiques d'une contrée qui nous est chère et au charme de ses traditions.

État des Gaules et particulièrement de la Gaule Celtique avant les Romains. — Domination des Romains dans les Gaules. — Origine de la ville d'Albi. — Progrès du Christianisme. — Mœurs des Habitants de la Gaule méridionale. — Elle subit les tristes effets de la décadence de l'Empire. — Irruption des Peuples Barbares. — Premiers Établissements des Franks dans les Gaules. — Royaume des Visigoths dont Toulouse est la capitale. — Religion et Langage de l'Albigeois. — Notions sur le Gouvernement de cette Contrée. — Fin du Royaume des Visigoths. — L'Albigeois sous la domination des Franks. — Possessions de St-Didier dans l'Albigeois. — Gaillac et Lautrec en font partie. — Fondation de la ville de Castres. — Antiquités Romaines de Montans. — Monuments Celtiques. — Incendie de la ville d'Albi.

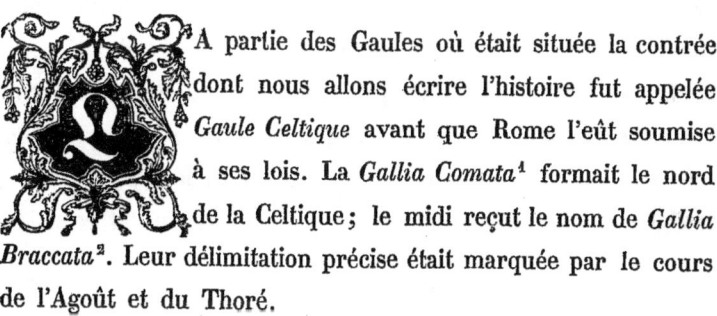

I

A partie des Gaules où était située la contrée dont nous allons écrire l'histoire fut appelée *Gaule Celtique* avant que Rome l'eût soumise à ses lois. La *Gallia Comata*[1] formait le nord de la Celtique; le midi reçut le nom de *Gallia Braccata*[2]. Leur délimitation précise était marquée par le cours de l'Agoût et du Thoré.

Parmi les peuples de la Gaule *braccata*, les *Tectosages* furent célèbres; ils occupaient les rives méridionales de l'Agoût,

---

[1] Gaule *chevelue*. — [2] Gaule à *braie*. La braie était le vêtement distinctif des Gaulois méridionaux.

s'étendaient de Toulouse à l'Hérault, et dans presque tout le pays qui plus tard a formé le haut Languedoc. Toulouse était leur capitale. Beaucoup de Tectosages prirent part aux expéditions des armées gauloises que Sigovèse et Bellovèse commandaient. Ils se fixèrent d'abord en Germanie et dans la Pannonie; on les vit ensuite porter leurs armes victorieuses dans la Grèce et dans la Macédoine; ils pénétrèrent même dans l'Asie et s'y établirent.

Le pays albigeois se trouvait alors presque entièrement placé sous la domination des *Arvernes*[1], qui habitaient la Gaule *comata*[2].

Les Arvernes furent célèbres parmi les peuples gaulois et résistèrent longtemps aux Romains. On les vit former des armées de plus de trois cent mille combattants. *Gergovia*, dont les ruines s'aperçoivent encore près de Clermont-Ferrand, était la capitale des rois arvernes. Strabon et Athénée citent leurs richesses et leur puissance.

Les habitants de la Celtique, comme ceux des autres parties des Gaules, étaient de haute stature, robustes, audacieux, toujours prêts à combattre. Les Druides, prêtres de la religion gauloise, faisaient des sacrifices humains et rendaient

---

[1] Peuples d'Auvergne.

[2] Il est facile, en étudiant cette délimitation, de se rendre un compte exact de la position géographique du pays albigeois avant l'époque de la domination romaine. Le territoire au nord de l'Agoût et du Thoré, où Albi, Gaillac, Réalmont, Rabastens, Vabre, etc. sont placés, dépendait des *Arvernes*. Le pays de Lavaur et de Castres, situé au midi de ces deux rivières, appartenait aux *Tectosages*.

des oracles. Des Bardes se trouvaient parmi eux; leurs hymnes guerriers enflammaient le courage et chantaient les succès[1].

Les Romains commencèrent la conquête des Gaules 124 ans avant J-C. Le consul M. Fulvius pénétra d'abord dans la *Gallia braccata* et y prépara la domination de Rome; le proconsul Cn. Domitius passa ensuite le Rhône et assura cette domination par de rapides victoires.

La *Gallia braccata* devint alors une province romaine, et l'on vit les premiers soins des vainqueurs s'appliquer à adoucir les mœurs des peuples qu'ils venaient de soumettre. Les *Arvernes*, vaincus à leur tour par le consul Q. Fabius Maximus, ne furent pas incorporés dans la nouvelle province; Rome permit qu'ils conservassent leurs lois.

---

[1] « Le Gaulois avait le teint blanc, les yeux bleus, les cheveux châ-
» tains; il portait ces cheveux dans toute leur longueur, tantôt flottant
» sur les épaules, tantôt relevés et liés en touffe au sommet de la tête.
» Il montrait un goût très-vif pour la parure. Il était d'usage que les
» hommes riches et élevés en dignités étalassent sur leur corps une grande
» profusion d'or, en colliers, bracelets et anneaux pour les bras, les doigts
» et ceintures. Les femmes de la Gaule étaient généralement blanches, d'une
» taille élégante et élevée; leur beauté était célèbre chez les Anciens.
» Les Gaulois eurent l'honneur d'une multitude d'inventions utiles qui
» avaient échappé à la vieille civilisation de l'Orient et de l'Italie. Ils
» trouvèrent les procédés de l'étamage et du placage... Ils fabriquèrent
» des chars en cuivre ciselé et plaqué. La Gaule ne marqua pas moins dans
» l'art de tisser et brocher les étoffes; ses teintures n'étaient pas sans
» réputation. Elle imagina la charrue à roues, le crible de crin, l'emploi
» de la marne comme engrais. Les Gaulois composaient diverses sortes
» de liqueurs fermentées. L'écume de la bière servait de ferment pour le
» pain; elle passait aussi pour un excellent cosmétique, et les dames
» gauloises, qui s'en lavaient fréquemment le visage, pensaient par là
» entretenir la fraîcheur de leur teint. »

(*Histoire des Gaulois*, par Amédée Thierry.)

César passa les Alpes, porta la guerre dans les Gaules, les conquit et organisa en provinces tous les peuples soumis. Octave, parvenu à l'Empire sous le titre d'Auguste, fit un nouveau partage des Gaules. La partie méridionale forma l'*Aquitaine*; les pays intermédiaires furent réunis sous la dénomination de *Province Lyonnaise*; la partie du nord reçut le nom de *Province Belgique*. L'Albigeois, presque entièrement placé jusqu'alors sous la domination des *Arvernes*, fut réuni à l'Aquitaine. La *Gallia braccata*, déjà province romaine, n'était point comprise dans cette grande division des Gaules; on l'appelait *Province Narbonnaise*.

L'administration d'Auguste fut paternelle et éclairée; par ses soins des écoles publiques initièrent la jeunesse gauloise aux lettres grecques et latines; les bases de l'impôt furent établies avec équité[1]; Auguste interdit aux druides les sacrifices humains.

Les successeurs d'Auguste ne l'imitèrent point. Ils laissèrent leurs délégués commettre dans les Gaules les plus odieuses exactions, et le joug de Rome devint intolérable. De fréquentes révoltes, toujours réprimées et toujours renaissantes, protestèrent contre la rigueur de ce joug.

L'influence romaine avait cependant pénétré dans l'administration publique et dans les mœurs des habitants. Les principales villes eurent des magistrats à l'élection desquels le peuple

---

[1] César avait exigé des impôts dans les Gaules; mais leur répartition était arbitraire. Auguste prescrivit un recensement général. On parvint ainsi à connaître le nombre et la fortune des habitants, et à proportionner les impôts d'après des bases régulières.

participait, et celle d'Albi est au nombre des plus anciennes cités des Gaules qui reçurent une organisation municipale. L'époque de la fondation de cette ville est ignorée; l'historien Dupleix a prétendu que Galate II, roi des Gaulois, fit bâtir cette ville 1301 ans avant l'ère chrétienne. Cette assertion n'est pas sérieuse et ne s'appuie sur aucune autorité. La *Notice des provinces des Gaules* et celle des *dignités de l'Empire*[1] sont les plus anciens monuments où l'existence d'Albi soit constatée. On appelait indifféremment cette ville *Albia*, *Albiga*, *civitas Albiensium*[2].

[1] Cette notice fait mention des Cuirassiers Albigeois, *Equites Cataphractarii Albienses* ou *Albigenses*, qui tenaient garnison dans la Thrace.

[2] « D'Anville, dans sa *Notice de la Gaule*, croit, et l'on ne peut com-
» battre solidement son opinion, que les *Ruteni Provinciales* occupaient
» les lieux voisins d'Albi. On ne peut s'arrêter à la conjecture de Sanson
» qui y place un peuple particulier sous le nom d'*Heleuteri*. — Les *Albigenses* ou *Albienses*, possesseurs d'*Albiga*, auraient donc été une tribu
» particulière des *Ruteni*.

» Il paraît que l'ancienne *Albiga* occupait la même place qu'Albi couvre
» aujourd'hui; des recherches particulières me portent à croire que la ville
» était sensiblement étendue vers le midi; que la partie où l'on voit actuellement l'église de Ste-Cécile était sans habitations, et que les murs
» de l'enceinte ne s'étendaient guère plus loin que la position élevée où
» l'on voit aujourd'hui St-Salvi. Le nom de *Viga* ou *Vigan* que porte un
» terrain assez vaste, transformé maintenant en place publique, indique
» l'ancienne capitale des *Albienses* ou *Albigenses*. On sait que la prononciation transforme le *b* en *v* et le *v* en *b*. Un étranger, en entendant
» nommer cette place, croit entendre entièrement l'appellation de la ville
» antique, parce qu'en effet, pour désigner cet espace, on dit en patois
» *al Viga*; mais ici *al* est l'article *le*; cette observation ne détruit pas
» cependant notre conjecture, et nous persistons à croire que le mot *viga*
» ou *biga* indique la métropole de la contrée. C'est d'ailleurs dans ce lieu
» que l'on a trouvé des médailles romaines en assez grande quantité, des
» vases de verre et de terre cuite. » (M. Du Mège.)

La politique romaine s'était appliquée à abolir la religion des druides, mais on ignore jusqu'à quel point le culte des divinités de l'Empire avait pu se propager dans les Gaules lorsque les premiers apôtres du christianisme portèrent dans ces contrées la parole de l'Évangile. Sous le règne de Marc-Aurèle (179 ans après J.-C.) des Gaulois chrétiens moururent martyrs de la foi; ils appartenaient aux Églises de la province lyonnaise. On manque de preuves sur l'époque précise de l'établissement des Églises de l'Aquitaine et de la Narbonnaise. Les historiens, toutefois, reconnaissent que, vers l'an 250, de nombreuses églises fondées dans ces provinces y répandaient déjà les lumières de la foi chrétienne.

La tradition a consacré que *St-Clair* fut le premier évêque d'Albi. *Antime* paraît avoir été son successeur; mais il n'y a rien de très-certain sur les premiers évêques de cette ville, avant *Diogénien* qui vivait vers le commencement du v* siècle. Grégoire de Tours cite un ouvrage du prêtre Paulin, contemporain de Diogénien; Paulin y loue le mérite et la sainteté de cet évêque et fait mention de la ville d'Albi[1].

Les progrès du christianisme naissant semblèrent vouloir se mesurer à la violence de ses persécuteurs. Chaque Église eut ses martyrs. Vers 249 et sous l'empereur Dèce, *St.-Amarand*, dont Grégoire de Tours cite les actes, souffrit la mort à Albi ou peut-être à Vieux, lieu peu éloigné de cette ville.

Le christianisme acquit bientôt dans les Gaules une puissance incontestée. Le paganisme, en s'éteignant, s'appuyait

---

[1] *Gallia Christiana*, premier volume.

encore sur le fanatisme des empereurs romains, — et ce fanatisme s'exerça d'une manière cruelle — mais l'éloignement des Gaules du centre de l'Empire rendit son action moins facile; quelques empereurs, tels que Constance-Chlore, père du grand Constantin, et ce prince lui-même se montrèrent d'ailleurs favorables aux croyances de l'Évangile. La conversion de ce dernier à la foi chrétienne permit enfin qu'elle pût sans obstacles se propager dans les Gaules.

L'esprit nouveau que le christianisme apportait aux peuples dut singulièrement aider à sa propagation. Les distinctions de races et de conditions, les vainqueurs et les asservis, tout ne disparaissait-il pas devant l'Évangile? Les Gaules, si profondément courbées sous la domination romaine, ne pouvaient manquer d'entrevoir dans la foi prêchée de nouveaux droits, de précieuses consolations, l'espoir d'un avenir meilleur. Cette régénération qui venait s'offrir aux peuples des Gaules, et qu'une mission toute divine environnait de son éclat, pouvait-elle ne pas les animer d'une foi vive et profonde!

Les Gaules, sous le gouvernement de Rome, eurent d'abord des Proconsuls et des Préteurs; elles furent ensuite administrées par des Gouverneurs placés sous les ordres d'un Préfet du Prétoire. Vers le milieu du IVe siècle, il y eut dans beaucoup de villes un magistrat particulier appelé *defensor*; le peuple concourait à son élection à laquelle participait aussi la *curie* ou corps municipal; les intérêts de la population lui étaient confiés; il devait les défendre contre le gouverneur lui-même.

Il y avait alors dans les Gaules quatre conditions sociales

les Sénateurs — les Curiales — le Peuple proprement dit — les Esclaves [1].

La corrélation des faits historiques avec les mœurs des peuples qui habitaient l'Albigeois dans ces temps reculés serait le sujet d'études intéressantes ; mais on recueille peu de notions, dans les documents parvenus jusqu'à nous et relatifs à cette époque, sur la condition des habitants et sur leurs usages. Les détails de leur vie privée sont presque entièrement ignorés.

La plus haute classe de la société, dans la Gaule méridionale, est la seule dont les mœurs nous soient un peu connues, aux quatrième et cinquième siècles. Cette classe, toute romaine par ses sentiments et ses idées, a des habitations somptueuses, le goût de l'architecture et d'immenses fortunes ;

---

[1] « Les familles sénatoriales étaient celles qui avaient appartenu au » sénat romain. Les empereurs, maîtres de composer le sénat à leur gré, » le recrutaient dans toutes les provinces de l'Empire, en y appelant des » familles considérables des cités. — La classe des *curiales* comprenait » les habitants des villes (soit qu'ils y fussent nés, *municipes*, soit qu'ils » fussent venus s'y établir, *incolæ*), qui possédaient une propriété foncière » de plus de vingt-cinq arpents (*jugera*). Les curiales administraient les » affaires du municipe, soit en délibérant dans la curie, ou corps municipal de la cité, soit en occupant des fonctions municipales. — La » troisième classe de la société gauloise était le peuple proprement dit : » elle comprenait d'une part les petits propriétaires, trop peu riches pour » entrer dans la curie, de l'autre les marchands et les artisans libres. — » La quatrième classe était celle des esclaves, parmi lesquels il faut » distinguer avec soin les esclaves domestiques des esclaves ruraux. La » condition de la plupart de ces derniers se rapprochait de celle des » fermiers qui payent leur redevance en argent, ou de celle des ouvriers » libres, des valets de ferme, employés pour un salaire. »

(*Histoire de la civilisation en France*, par M. Guizot.)

l'équitation, les bains, la lecture, les plaisirs de la table, auxquels l'opulence préside, occupent ses instants[1].

La grammaire et la rhétorique étaient soigneusement cultivées dans la Gaule méridionale; les écoles où on les enseignait furent très-florissantes. La facilité du langage, la bravoure, la souplesse d'esprit et le génie de l'intrigue étaient alors les traits distinctifs du caractère gaulois, surtout dans le midi des Gaules. Beaucoup de ses habitants prirent part aux affaires de l'Empire et surent arriver, par une conduite habile, aux plus hautes dignités.

La décadence de l'empire romain étendit sur les Gaules ses tristes effets. Aux premiers temps de sa domination dans ces provinces, et aussi longtemps qu'il conserva des forces et de la grandeur, les Gaules furent florissantes. La prospérité s'y développa avec rapidité et sous toutes les formes. Les mœurs s'adoucirent; les lettres étaient cultivées; des temples magnifiques, des amphithéâtres, des basiliques s'élevèrent; mais cette prospérité s'évanouit bien vite avec l'Empire qui finissait.... L'histoire des Gaules va bientôt assombrir ses couleurs; déjà surchargées d'impôts, on les voit sacrifier sans succès leurs

---

[1] « Sidoine Apollinaire — dit M. Fauriel — décrivant un repas donné à
» l'empereur Majorien par un simple citoyen de la Gaule méridionale,
» qui n'est point particulièrement signalé comme opulent, représente des
» esclaves vigoureux haletant et fléchissant sous le poids des vases d'ar-
» gent ciselés dont ils encombrent les tables. Il décrit les lits des convives
» drapés de pourpre et les murailles de la salle couvertes de tapisseries
» peintes ou brodées, d'Assyrie et de Perse. Le dîner des hommes de
» haut rang était copieux, court et égayé entre boire de propos ingénieux
» et d'historiettes. »

meilleurs soldats pour une lutte inégale, désespérée, car l'Empire qui tombe ne saurait refouler les flots de Barbares qui l'envahissent de toutes parts !

Toute civilisation s'arrêta alors dans les Gaules et surtout dans leur partie méridionale où l'influence romaine avait si fortement pénétré. On comprend combien était profond cet ébranlement de l'Empire en lisant ces admirables lignes de M. Guizot : « Le mal alla si loin que l'empire romain se sentit
» hors d'état de vivre; il commença par rappeler ses troupes;
» il dit aux provinces, à la Grande-Bretagne, à la Gaule :
» *Je ne puis plus vous défendre, défendez-vous vous-mêmes.*
» Bientôt il fit davantage; il cessa de les gouverner. L'admi-
» nistration elle-même se retira avec les troupes. »

Vers le milieu du IIIe siècle, plusieurs tribus de la Germanie, qui reçurent la dénomination de *Franks*, avaient traversé le Rhin, porté la dévastation dans les Gaules et jusqu'aux extrémités de l'Espagne. D'autres Franks, appelés *ripuaires*, s'étaient établis sur la rive gauche du Rhin. En 406, les *Suèves*, les *Alains*, les *Burgondes* et les *Vandales* franchirent ce fleuve, malgré les efforts des Franks ripuaires. Ces hordes barbares inondèrent les Gaules et pénétrèrent sans résistance dans toutes les provinces. En 412, les *Visigoths*, après avoir désolé l'Italie, envahirent de leur côté la partie méridionale des Gaules et la ravagèrent; Ataulphe, leur roi, s'empara de Toulouse où il fixa sa résidence.

Le patrice Constance, qui commandait pour les Romains dans la province narbonnaise, refoula les Visigoths en Espagne et remit cette province sous l'obéissance d'Honorius, empereur d'Occident. Mais on vit ce dernier, dont la puissance s'affaiblissait chaque jour, céder, en 419, une partie des Gaules aux Visigoths. Le royaume qu'ils fondèrent fut d'abord resserré dans ses bornes, et l'Albigeois n'en dépendait pas ; mais ils étendirent successivement leurs possessions dans la Narbonnaise et dans l'Aquitaine, jusqu'à la Loire, et ce royaume comprit alors tout le pays placé entre ce fleuve et les Pyrénées.

Les Franks, à l'imitation des autres peuples barbares, voulant s'assurer des établissements dans les Gaules, se répandirent dans le nord de ces contrées ; ils étaient divisés en tribus, avec des chefs distincts. Celle des *Franks saliens* fut la plus célèbre. Elle s'était fixée sur les rives de l'Escaut et de la Meuse. Pharamond[1], Clodion[2], Mérovée[3], Childéric[4], auxquels beaucoup d'historiens ont à tort donné le titre de premiers rois de la monarchie, furent les plus anciens chefs connus de la tribu des Franks saliens. L'existence de Pharamond est même restée fort douteuse.

La religion chrétienne fut vivement persécutée dans l'Albigeois, comme dans les autres possessions des Visigoths, par

---

[1] La manière d'écrire les noms des chefs ou rois des Franks a été rectifiée par M. Augustin Thierry, d'après l'ancienne orthographe et le son de la langue tudesque. Nous croyons devoir indiquer, dans les notes de notre Ouvrage, ces changements basés sur l'exactitude historique. Nous y joindrons l'explication des noms franks des races mérovingienne et karlovingienne. — M. Augustin Thierry n'a donné ni l'origine ni l'orthographe frankes du nom de *Pharamond*.

[2] *Hlodio*, célèbre. — [3] *Méro-wig*, éminent guerrier. — [4] *Hilde-rik*, fort ou brave au combat.

Euric, leur roi, qui favorisait l'arianisme[1]. Évaric II, son fils, ne l'imita point; et l'on voit le concile d'Agde, où Sabinus, évêque d'Albi, se rendit, s'assembler en 484 avec le consentement d'Évaric.

Le commerce des Visigoths, des Burgondes[2] et des Franks commença, vers ce temps, à altérer la pureté de la langue latine devenue, par l'effet de la domination romaine, la langue de l'Albigeois. Dès les premières années du VIe siècle, un nouveau langage s'était formé dans la Gaule méridionale; nous le verrons se modifier successivement et devenir enfin *la langue romane*.

En 506, Alaric II, roi des Visigoths, frappé de l'obscurité du code Théodosien, le fit commenter par d'habiles jurisconsultes. Il fut ensuite publié avec ses commentaires et devint la règle de la jurisprudence applicable aux anciens habitants de l'Albigeois. L'ensemble de ce recueil, appelé d'abord *lex romana*, reçut beaucoup plus tard le nom de *Breviarium*. On comprend, en le compulsant, toute l'importance qu'avait acquise le régime municipal dans les provinces soumises aux Visigoths. Si le tableau fidèle de la vie des peuples de l'Albigeois, à ces époques reculées; si leurs idées, leurs sentiments ne sauraient être retracés; fixons au moins notre attention sur les lois qui les régissaient, sur le caractère de leur administration intérieure.

---

[1] L'arianisme prit naissance en Afrique. Arius, prêtre d'Alexandrie, soutint, au commencement du IVe siècle, sur la nature de J-C., une doctrine que le concile de Nicée condamna solennellement l'an 325.

[2] Les Bourguignons.

Les *gouverneurs* des provinces ont disparu avec l'empire romain; ils sont remplacés par les *comtes*; mais le pouvoir de ces derniers a perdu de son importance au profit de la municipalité, de *la curie*, qui s'est maintenue et fortifiée par une plus grande indépendance.

Euric, l'un des prédécesseurs d'Alaric, avait fait écrire *les coutumes des Goths*. La loi romaine des anciens habitants du pays et la loi des Visigoths étaient distinctes. Quand les parties se présentaient en justice, on commençait par leur demander quelle était leur loi, afin que les magistrats pussent régler sur elle les décisions qu'ils avaient à prendre. Un châtiment sévère frappait le juge prévaricateur.

Les Visigoths possédaient les deux tiers des terres; l'autre tiers appartenait aux anciens habitants du pays. Ces derniers ne pouvaient s'allier par le mariage aux familles barbares, et cette prescription rigoureuse de la loi romaine fut toujours observée dans l'Albigeois. Les mariages entre les personnes libres et les esclaves étaient aussi prohibés. On punissait sévèrement l'adultère.

Pendant le règne d'Alaric II, les *Franks saliens* avaient pour chef Clovis [1], fils de Childéric. Plein de valeur et d'ambition, Clovis déclara la guerre à Alaric. Ils tentèrent le sort des armes, en 507, dans les plaines de Vouglé. Les Visigoths furent défaits et Alaric périt dans la mêlée. Le vainqueur, dans l'ivresse de sa victoire, poursuivit longtemps les Visigoths; ils se réfugièrent en Espagne. Clovis, pendant ce temps, fit la

---

[1] *Hlodo-wig*, célèbre guerrier.

conquête de l'Albigeois; Toulouse ne tarda pas à se soumettre. Ainsi finit le royaume des Visigoths[1].

Clovis s'était converti au christianisme en 496; les évêques avaient beaucoup souffert sous la domination des Visigoths qui professaient l'arianisme; aussi Clovis fut-il regardé comme un libérateur par les peuples chrétiens qu'il arrachait au joug d'Alaric.

Après la mort de Clovis, Thierry[2] son fils, Théodebert[3], Clotaire[4] et Charibert[5] étendirent successivement leur domination sur l'Albigeois. Le gouvernement des Franks ne s'exerçait toutefois dans cette contrée que d'une manière très-incomplète[6]. Les Franks ne gouvernaient véritablement que les pays au nord

---

[1] Il convient d'établir qu'il n'est ici question que du royaume fondé par les Visigoths au commencement du ve siècle et dont Toulouse était la capitale. Après les victoires de Clovis, les Visigoths fixèrent successivement le siége de leur capitale à Narbonne et en Espagne. Ils s'étaient convertis au christianisme. Leur royaume fut détruit par les Sarrasins dans les premières années du VIIIe siècle.

[2] *Theode-rik*, brave ou puissant parmi le peuple. — [3] *Theode-bert*, brillant parmi le peuple. — [4] *Hlot-her*, célèbre et éminent. — [5] *Hari-bert*, brillant dans l'armée.

[6] « Des bandes de soldats parcouraient le pays comme des espèces de
» colonnes mobiles, afin d'entretenir la terreur, ou se cantonnaient dans
» les villes, rançonnant les citoyens mais ne les gouvernant point, et les
» abandonnant soit à leur régime municipal, soit à une sorte de despotisme
» paternellement exercé par les évêques. A l'exception du territoire colonisé
» par la race conquérante, les chefs des Franks ne voyaient dans toute
» l'étendue de la Gaule qu'un objet de propriété et non de gouvernement.
» De là viennent ces quatre capitales — Paris, Orléans, Soissons et Reims, —
» dans un espace de 60 lieues, ces partages dans lesquels on trouve dans
» un même lot le Vermandois et l'Albigeois. »

(*Lettres sur l'histoire de France*, par Augustin Thierry.)

de la Loire où leurs tribus habitaient; hors de ces limites, toute l'administration franke consistait dans une occupation purement militaire.

En 574, Chilpéric[1] gouvernait la Neustrie dont Toulouse dépendait; l'Albigeois, incorporé dans l'Austrasie, était soumis à Sigebert. Des différends s'élevèrent entre eux, et l'Albigeois, au témoignage de Grégoire de Tours, eut beaucoup à en souffrir. Ce fut une guerre d'extermination; les églises et les monastères n'étaient pas même épargnés.

La succession des princes qui gouvernaient en Neustrie ou en Austrasie absorbe à cette époque presque toutes les pages de notre histoire nationale. Il faut déplorer cette pénurie de détails sur les mœurs, sur les coutumes de ceux qui, dans ce temps, habitaient notre sol. On ne nous dit rien du peuple; il n'est jamais question de sa vie, de ses intérêts, de ses passions. M. Augustin Thierry, dont les travaux jettent un jour si lumineux sur ces temps reculés de notre histoire, se plaint avec éloquence de l'aridité de presque tous nos historiens : « Dans leurs récits » vaguement pompeux, un petit nombre de personnages pri- » vilégiés occupent seuls, dit-il, la scène historique. La masse » entière de la nation disparaît derrière des manteaux de cour. »

Les documents que l'on recueille sur les peuples de l'Albigeois remontent bien rarement jusqu'aux deux premières races de nos rois. Nous mettrons soigneusement en relief tous ceux qui prennent leur date dans l'époque mérovingienne et aux temps qui précédèrent Hugues Capet. Leur couleur locale, en variant

---

[1] *Hilpe-rik*, brave ou puissant à secourir.

notre récit, lui donnera plus de vérité et le pénétrera mieux de l'esprit monographique.

A la mort de Sigebert, l'Albigeois reconnut son fils Childebert[1]. Desiderius, ou Didier, duc de Toulouse[2], s'empara alors de ce pays au nom de Chilpéric; mais il fut bientôt vaincu par le patrice Mummole, général de Gontran[3], oncle de Childebert et roi de Bourgogne. Mummole vint dans l'Albigeois[4] et ravageait tout le pays. Salvi ou Salvius, évêque distingué dans les fastes de l'Église gallicane, occupait le siége d'Albi; son éloquence sut désarmer le vainqueur. Mummole le combla d'honneurs et lui rendit les prisonniers qui relevaient de son diocèse[5].

---

[1] *Hilde-bert*, brillant dans le combat.

[2] « C'était un homme de haute naissance, possesseur de grands biens aux environs d'Albi, turbulent et ambitieux, sans aucun scrupule comme on l'était alors, mais ayant de plus que ses concurrents d'origine barbare, quelque largeur dans les vues et d'assez grands talents militaires. »
(*Récits des temps mérovingiens* par AUGUSTIN THIERRY.)
Toulouse, après avoir été ville royale sous les Visigoths, devint ducale dès qu'elle fut passée sous la domination des Franks, au commencement du vi° siècle. Après Clotaire II, Charibert, son fils, gouverna le pays toulousain en royaume. Cette ville redevint ducale après la mort de Charibert.

[3] *Gon-thramn*, fort au combat.

[4] « L'Albigeois fut conquis par Mummole, après qu'il eut défait les troupes qui tenaient garnison a Albi. » (*Histoire générale de Languedoc.*)

[5] Grégoire de Tours nous a laissé un grand éloge de St-Salvi. La peste ravageait l'Albigeois et donna l'occasion de faire éclater la conduite héroïque de ce prélat. La contagion ne l'épargna pas; il mourut victime de son dévouement. St-Salvi était né à Albi, au lieu appelé *la Rivière*. La tradition a consacré que les maisons *Bories* et *Monge* ont été construites sur l'emplacement de celle que St-Salvi habitait. Une fontaine publique placée devant ces maisons a conservé la dénomination de *Fontaine de St-Salvi*.

Nous voyons l'Albigeois reconnaître successivement le pouvoir de Gondebaud, de Gontran et de Childebert, et éprouver toutes les vicissitudes de leurs fortunes diverses. Clotaire II, roi de Neustrie, réunit enfin sous son autorité toutes les possessions frankes. Ce prince faisait alors élever sous ses yeux trois jeunes enfants, nés dans la ville d'Albi d'une illustre famille. Rustique, l'aîné d'entre eux, fut évêque de Cahors et intendant de la chapelle de Clotaire; Siagrius, gouverneur de l'Albigeois ou comte d'Albi, eut plus tard le gouvernement de Marseille; St-Didier, frère de Siagrius et de Rustique, exerçait à la cour la charge de trésorier. Il devint évêque et fut le successeur de Rustique dans le siége épiscopal de Cahors. St-Didier possédait en Albigeois 24 terres, bourgs ou villages, et une grande maison dans la ville d'Albi. Le testament de cet évêque (an 654) désigne toutes ses possessions; mais leur nom ne peut que rarement servir à reconnaître dans quel lieu elles étaient situées. Ce testament, toutefois, mentionne très-distinctement *Gaillac* et *Lautrec*, et nous donne le premier témoignage de leur existence[1]. St-Didier légua ces deux villes à son église cathédrale de Cahors.

En 638, l'Albigeois dépendait de l'Austrasie, gouvernée par Sigebert III. Plusieurs monastères furent fondés par la piété de ce prince; celui de St-Benoît de *Castres* était de ce nombre. La tradition a consacré que, vers 647, Robert, Anselin et Daniel,

---

[1] Notre *Essai historique sur la ville de Gaillac*, qui entre dans le plan de cet ouvrage, nous donnera l'occasion d'examiner si l'origine de Gaillac ne remonte pas aux Romains. Des tombeaux, des urnes, des médailles et une voie romaine sembleraient autoriser cette opinion.

personnages de condition, voulant se donner à Dieu sans partage, quittèrent la cour de Sigebert et choisirent pour retraite un lieu solitaire, voisin de l'Agoût, où ils fondèrent, avec l'agrément du roi, l'abbaye de St-Benoît de Castres. Constance, évêque diocésain de ce monastère naissant, gouvernait alors l'Église d'Albi.

Les savants écrivains de l'*Histoire générale de Languedoc* ont vu dans cette fondation l'origine de Castres. Catel, historien fort estimé, partage cette opinion dans ses *Mémoires de Languedoc*. Des preuves archéologiques récemment rassemblées sembleraient cependant constater que les Romains furent les fondateurs de cette ville. Nous avons résumé dans les notes de ce Précis, et avec la plus entière impartialité, les différentes assertions successivement émises sur l'origine de Castres[1].

---

[1] Dom Vayssette et Claude de Vic ont cru « Que le lieu solitaire » que choisirent Robert, Anselin et Daniel fut appelé *Castra*, c'est-à-dire » Camp, parce qu'ils y renoncèrent à la milice du prince, pour se dé- » vouer à celle du Seigneur, et qu'ils s'y dépouillèrent de l'habit militaire, » pour se revêtir de l'habit monastique ». Ils ajoutent toutefois « Que cette » étymologie paraît peu naturelle » et disent cependant plus loin : « Cette » abbaye devint célèbre et donna lieu à la construction de la ville du » même nom, qui est l'une des plus considérables de la province. »

Borel, qui a écrit l'*Histoire des antiquités de Castres*, a cru trouver des preuves de l'existence de cette ville dans Pline et dans Ptolomée. Il prétend que Castres n'est autre que le lieu de *Cesero* dont il est question dans leurs ouvrages ; « Les Romains, dit-il, l'appelaient *Castra Cæsaris*. »

Catel réfute cette opinion et établit que Castres n'est point le *Cesero* de Pline et de Ptolomée ; Catel prouve jusqu'à l'évidence que ce nom ne peut s'appliquer qu'à la ville de *St-Tiberi*.

Guillaume de Nautonnier, écrivain castrais du XVIe siècle, ne doute pas que Castres ne soit de fondation romaine. Son opinion a acquis plus de valeur encore par les savantes recherches de M. Belhomme, né à Castres

L'antiquité de *Montans* n'est pas contestée. Les médailles, les urnes et les monuments tumulaires ; les vases, les fragments de poterie, indiquent que ce lieu fut habité par les Romains. Des constructions considérables, des restes de fortifications et une voie nommée *route ferrée*, sembleraient même établir que Montans avait quelque importance... Mais quand vint l'heure de la décadence de l'Empire, les hordes barbares qui dévastaient les Gaules durent frapper d'une entière destruction cette ville où tout révélait l'influence de la civilisation romaine[1].

comme Borel et comme Guillaume de Nautonnier. M. Belhomme croit que cette ville existait longtemps avant la fondation du monastère de St-Benoît. Elle dut, dit-il, son origine à une position militaire qu'occupaient les Romains sur les bords de l'Agoût. Borel avait avancé que plusieurs médailles pouvaient autoriser ses assertions ; M. Belhomme en a aussi recueilli. Elles sont à l'image de Néron ou représentent des Consulaires.

La découverte récente de vases en poterie, de formes diverses, ayant la plupart en relief des animaux ou des feuillages, semble constater l'origine toute romaine de la ville de Castres. M. Du Mège, dont l'opinion a acquis une véritable autorité par de beaux travaux d'archéologie et d'histoire, donne son complet assentiment aux savantes considérations de M. Belhomme.

[1] L'histoire des monuments qui ont laissé dans l'Albigeois les traces de l'époque celtique et des temps de la puissance des Romains réclamerait un ouvrage spécial et de profondes connaissances en archéologie. Notre contrée, si savamment explorée par M. Du Mège, se recommande à l'intérêt des archéologues. Les monuments découverts entre St.-Antonin et Cordes, et à Tonnac au lieu *del Pompidou* ; *lou tounbel des trés Reysés*, à Andouque ; *lou palet del Diablés* et celui de *Notre-Dame*, sur le chemin d'Alban à Réalmont ; *la peyro lévado* à Vieux, sont autant de souvenirs des peuples celtiques.

La domination romaine se révèle aussi dans l'Albigeois par de nombreux témoignages. Nous citerons les médailles trouvées aux environs d'Albi ; les traces de quelques habitations, à Cordes, et la voie appelée *lou cami dé Roumo* ; enfin les découvertes archéologiques dont nous avons précédemment parlé, à l'occasion de l'origine de Castres.

La tradition nous apprend que Ste-Sigolène, si célèbre dans la légende de l'Église d'Albi, vivait vers le milieu du viie siècle. L'un de ses frères fut gouverneur de l'Albigeois. Ste-Sigolène fit bâtir le monastère de *Troclaria*, sur la rive gauche du Tarn, entre Gaillac et Lagrave (*castellum de Grava*). Didon, évêque, occupait alors le siége d'Albi. Pendant son épiscopat cette ville eut beaucoup à souffrir d'un violent incendie. La bibliothèque de Didon ayant été consumée, ce prélat ordonna à Perpetuus, l'un de ses prêtres, de transcrire une collection de canons et d'autres documents ecclésiastiques. Monument remarquable du viie siècle, ce recueil s'est conservé au milieu des bouleversements de toute sorte qui, depuis 1200 ans, ont tourmenté la contrée. Le livre de Perpetuus est dans la bibliothèque publique d'Albi. On y lit cette inscription :

EGO PERPETUUS,
QUAMVIS INDIGNUS PRESBYTER,
JUSSUS A DOMINO MEO DIDONE, URBIS ALBIGENSIUM EPISCOPO,
HUNC LIBRUM CANONUM SCRIPSI POST INCENDIUM CIVITATIS IPSIUS.
HIC LIBER RECUPERATUS FUIT, DOMINO AUXILIANTE, SUB DIE VIII KAL. AUG.
ANNO IV REGNANTIS DOMINI NOSTRI CHILDERICI REGIS.

Irruptions des Sarrasins. — Charles Martel protecteur de l'Abbaye de St-Benoît de Castres. — L'Albigeois sous la domination des Ducs d'Aquitaine. — Charlemagne étend sa sollicitude sur cette Contrée. — Royaume d'Aquitaine. — État de l'Église. — Abbayes de Bellecelle et de Sorèze. — Panique causée dans l'Albigeois par l'approche des Normands. — Langue Romane. — La Loi Romaine seule en usage dans la Contrée. — Condition des Habitants. — Institution des Fiefs. — Estimation en argent des principales nécessités de la vie. — Pouvoir héréditaire des Comtes de Toulouse. — Ils réunissent l'Albigeois à leurs possessions. — Abbaye de Saint-Salvi d'Albi. — Vicomtes d'Albi et de Lautrec. — Saint-Michel de Gaillac. — Château de Graulhet. — Les Seigneurs de l'Albigeois usurpent les biens de l'Église. — Triste Tableau de la situation des Provinces au Xe siècle. — Prieuré, Seigneurie et Église de Lescure. — Abbaye de Vielmur. — Les Trencavel. — Fondation de Lavaur. — Origine de la ville de Rabastens. — Discipline Ecclésiastique. — Poésie Provençale. — Institutions Féodales.

II

U commencement du viiie siècle plusieurs provinces s'affranchirent de la domination des rois mérovingiens, dépouillés par les Maires du palais de toute puissance. Eudes, duc d'Aquitaine, s'empara de l'Albigeois.

Les Sarrasins avaient envahi l'Aquitaine et assiégeaient Toulouse en 721 ; le duc Eudes les vainquit et les refoula vers l'Espagne. Ils firent, en 724, une nouvelle irruption dans le Midi et s'y maintinrent jusqu'en 732. Cette année-là Charles Martel défit ces Barbares entre Tours et Poitiers ; les débris de leur armée passèrent par l'Albigeois, pour regagner les Pyrénées, et dévastèrent tout le pays[1].

Eudes fut en guerre avec Charles Martel qui ravagea l'Aquitaine. Alfonse gouvernait alors l'abbaye de St-Benoît de Castres, et mérita l'amitié de Charles Martel. L'éloquence d'Alfonse et la sainteté de sa vie l'avaient charmé. Les abbayes de l'Aquitaine étaient pillées par ses soldats; celle de St-Benoît fut respectée.

Hunold et Waifre succédèrent à Eudes. Pepin-le-Bref, fils de Charles Martel, fit la guerre au duc Waifre. L'Aquitaine, toute romaine encore par ses mœurs, ses lois et son langage, repoussait la domination franke. Ce fut une guerre d'extermination et d'antipathies nationales. L'armée victorieuse de Pepin pilla l'Albigeois et le pays toulousain. Ces provinces,

---

[1] On ne recueille aucun détail sur les courses que les Sarrasins firent alors dans l'Albigeois et sur les dévastations qu'ils y commirent. Dom Vayssette et Claude de Vic regrettent que les traces de l'irruption dans nos contrées de ces peuples barbares n'aient pu être conservées à l'histoire : « Le Toulousain, l'Albigeois, le Gévaudan, le Velay furent sans
» doute, disent-ils, exposés avant la bataille de Poitiers à la fureur de
» ces infidèles..... Nous ignorons si les Sarrasins, durant cette irruption,
» étendirent très-loin leurs courses dans l'Albigeois. Le monographe de
» l'abbaye de Castres, parlant de Bertrand qui en était abbé et qui
» mourut l'an 722, sous l'épiscopat d'Hugues, évêque d'Albi, aurait pu
» nous en apprendre quelque chose; mais il garde là-dessus le plus
» profond silence. »

Un ouvrage récent, où beaucoup d'érudition se révèle, peut nous donner la mesure de ce que l'Albigeois eut à souffrir du passage des Sarrasins : « La Septimanie jusqu'au Rhône, y est-il dit, l'Albigeois, le Rouergue, le
» Gévaudan, furent traversés dans tous les sens par ces Barbares et con-
» damnés aux plus horribles pillages. Ce que le fer épargnait était livré aux
» flammes. » (*Invasions des Sarrasins*, par M. REINAUD, membre de l'Institut.)

dévastées et privées de toute défense, se soumirent. Pepin les réunit à ses États et entra dans Toulouse en vainqueur.

L'Albigeois fut l'objet de la sollicitude de Charlemagne[1]. Il confia les fonctions de *comte* ou gouverneur particulier de cette contrée à Aimon, seigneur d'un rare mérite et d'une illustre famille. L'intendance des finances et le commandement des troupes étaient dévolus au comte dans toute l'étendue de son gouvernement. Il rendait la justice par lui-même ou par des officiers qui lui étaient subordonnés. Les Vicaires, *vicarii*, origine des *viguiers*, étaient les lieutenants du comte. Le principal d'entre eux fut appela Vidame, *vice dominus*, et plus tard

---

[1] *Karle*, robuste. Karle fut surnommé *le grand*.

Nous devons à l'obligeance de M. Gardés, ancien député, la communication d'un précieux manuscrit relatif à l'histoire de la ville d'Albi; — « Deodatus, » y est-il dit, fut fait évêque d'Albi, l'an 804, par Charlemagne duquel » il était aumônier. Deodatus establit à Albi un juge de la temporalité, » un procureur fiscal et deux notaires. Il octroya aux habitants d'eslire » annuellement douze consuls pour connaître de la police et asseoir les » deniers des impositions, lesquels consuls prêtèrent serment de fidélité » à l'évêque et audit Aimon, premier comte et gouverneur d'Albi, re- » présentant Charlemagne et Louis d'Aquitaine son fils. »

Le nom de *Deodatus* n'est point indiqué dans la *Gallia Christiana* parmi ceux des prélats qui occupèrent le siége d'Albi. *Johannes* était évêque en 734 ; *Verdatus* vient après lui, à la date de 812. Peut-être *Deodatus* remplit-il en partie cette lacune de 78 ans, trop considérable pour l'épiscopat d'un seul prélat. Nous avons vainement cherché le nom de *Deodatus* dans l'*Histoire générale de Languedoc*, dans Moréri et dans l'*Histoire ecclésiastique de l'abbé Fleuri*, mais il en est fait mention dans la *Description du département du Tarn* que M. Massol nous a laissée. M. de Combettes-Labourelie, qui depuis longtemps s'occupe avec fruit de l'histoire de la contrée, a bien voulu nous confier *le Manuscrit de l'Église d'Albi*, qui place *Deodatus* au nombre des évêques de cette Église, à la date de 804. Le manuscrit de M. de Combettes s'appuie sur les plus antiques traditions.

Vicomte, *vice comes*. Trois fois dans l'année, le comte tenait une assemblée des personnes libres de l'Albigeois et prenait leur avis sur certaines causes ; on leur donna le titre de Bons-Hommes, *boni homines*. Le lieu où ils s'assemblaient reçut le nom de *mallum* ou *mallum publicum*[1]. Il y avait aussi au IXe siècle des *juges*, des *prévôts*, des *avoués*, des *centeniers* et des *échevins*. Le peuple participait à leur élection[2].

Chorson fut choisi par Charlemagne pour gouverner le Toulousain, avec le titre de Duc, car ce prince voulut rétablir le duché de Toulouse ou d'Aquitaine. En 781, ce duché devint un royaume ; Charlemagne en agrandit les limites et en donna le gouvernement à son fils Louis-le-Débonnaire dont l'administration fut douce et paternelle. Louis eut égard à la misère des peuples, et l'Albigeois, au témoignage de plusieurs historiens, se ressentit, plus heureusement encore que les autres parties de l'Aquitaine, de la diminution des impôts[3]. Louis pratiquait dans ses États les glorieux exemples de son père ; beaucoup d'abus disparurent, la justice était mieux rendue, le clergé fut protégé.

---

[1] Ces diverses institutions s'appliquaient à tous les comtés. On tenait aussi quelquefois des assemblées de toute une province ; elles étaient présidées par des envoyés ou commissaires du prince, appelés *missi dominici*. Les causes des comtes et des évêques étaient jugées par le roi.

[2] Charlemagne ordonne, dans le capitulaire de l'an 809, article 22, « Que des *juges*, *vidames* ou *vicaires*, *prévôts*, *avoués*, *échevins*, bons, » véridiques et doux, soient choisis avec le comte et *le peuple* et établis » pour exercer leurs fonctions. »

(*Histoire du droit municipal en France*, par M. Raynouard.)

[3] « La grande fertilité de l'Albigeois en blé et en vin avait fait sur- » charger ce pays d'impôts. » (*Histoire générale de Languedoc.*)

Quel était alors l'état de l'Église? Charlemagne appliquait son zèle éclairé au rétablissement de la discipline ecclésiastique. Ses relations avec les évêques furent fréquentes. Il s'attacha à éteindre les hérésies qui pouvaient troubler l'Église. Par ses soins de nombreux conciles s'assemblèrent. Le christianisme n'avait pas eu de plus ferme appui.

Une réforme salutaire des abbayes ne tarda pas à s'accomplir. St-Benoît d'Aniane régénéra les règles monastiques. L'Albigeois se ressentit de cette activité et de cette influence rendues à la vie religieuse. Wlafarius, comte d'Albi, d'une grande naissance et d'une haute piété, fonda l'abbaye de BELLECELLE, sur les bords de l'Agoût. Cet établissement devint célèbre par sa régularité et le maintien constant de sa discipline[1]. — L'abbaye de SORÈZE avait été fondée par la munificence de Pepin-le-Bref, lorsqu'il faisait la guerre en Aquitaine. Elle portait d'abord le nom de Notre-Dame-de-la-Sagne (*Beata Maria de Sanha*) et reçut plus tard celui de *Sainte-Marie*. Les Normands détruisirent cette abbaye en 864; elle fut reconstruite en 903. Pour payer cette reconstruction, les religieux de Sorèze vendirent un prieuré qu'ils possédaient au diocèse d'Auch.

Après la mort de Charlemagne, l'Aquitaine passa sous la domination successive de Louis-le-Débonnaire, de son fils Pepin et de Charles-le-Chauve. Des guerres continuelles affligèrent

---

[1] Le monastère de Bellecelle s'élevait aux bords de l'Agoût, près de Castelnau-de-Brassac. St-Benoît d'Aniane y établit douze religieux sous l'autorité d'un abbé. Louis-le-Débonnaire avait placé ce monastère sous sa protection spéciale. L'époque où il fut détruit est ignorée, et l'on ne retrouve aucune trace des constructions de cette abbaye.

cette province. Charles-le-Chauve, traversant l'Albigeois, après avoir assiégé Toulouse sans succès, s'arrêta à Aveins, *Avincium,* maison royale aux bords du Tarn, entre Gaillac et Lisle.

Vers 844, les Normands, étendant leurs ravages dans les provinces méridionales, firent des courses jusqu'aux environs de Toulouse. La famine et une effrayante mortalité désolèrent en ce temps-là l'Albigeois. Charles-le-Chauve revint en Aquitaine dont les principaux seigneurs lui disputaient la possession. Il assiégea, prit Toulouse en 849, et soumit tout le pays [1].

La frayeur que causa dans l'Albigeois l'approche des Normands, qui avaient pillé Toulouse, fut telle qu'une grande partie des habitants prirent la fuite. Les religieux de St-Benoît de Castres abandonnèrent leur monastère, emportant avec eux les reliques de St-Vincent [2]. On dit qu'ils vinrent à Val-

---

[1] Charles-le-Chauve, en quittant Toulouse, prit une seconde fois la route de l'Albigeois. Il passa à Albi et y accorda, le 18 octobre 849, deux diplômes : le premier à Étienne, son vassal, portant possession de plusieurs fiefs ; le second en faveur du monastère de St-Tibéri.

[2] Ces reliques transportées d'Espagne à Castres étaient fort vénérées dans l'Albigeois. Elles furent dispersées pendant les guerres de religion.

L'abbaye de St-Benoît était en forme de croix ; son clocher, que quatre piliers soutenaient, s'élevait au milieu de l'édifice. Le cloître était formé par des galeries entourées de colonnes et de plantations de cyprès.

« L'ancien monastère de St-Benoît était des plus superbes de la
» France et orné d'une bibliothèque si belle qu'il y avait 11,322 volumes,
» c'est-à-dire manuscrits, vu que c'était avant que l'art de l'imprimerie
» fut découvert. Elle fut brûlée par le feu, l'an 1082, qui s'y prit avec une
» telle violence qu'on n'en put sauver aucun livre. Il y avait en cette
» même abbaye beaucoup de belles tours et un portail si rare en sa
» grandeur et en son ouvrage, qu'on le mettait au rang des merveilles
» de ce pays, n'y en ayant point alors de pareils en France. »

(*Antiquités de la ville de Castres,* par Borel.)

dériés, lieu dépendant de leur abbaye. Ermengaud, comte d'Albi, rassembla des troupes pour la défense du pays : Valdériés reçut par ses soins une garnison nombreuse. La panique ne finit que lorsque Toulouse fut délivrée des Normands.

L'impulsion donnée par Charlemagne à la culture des belles-lettres pénétra jusques dans l'Albigeois. Elles furent publiquement professées dans les cloîtres. On a déjà vu que le commerce des Visigoths, des Franks et des Burgondes, ou Bourguignons, commença à altérer, dès le VIe siècle, la pureté de la langue latine, seule en usage parmi les anciens habitants du pays. Au IXe siècle, la corruption de cette langue était complète et produisit un idiome mixte qu'on appela *langue romane*. Ce fut la langue de l'Albigeois et elle différait peu du patois qu'y parle encore le peuple. Cette langue avait ses règles et n'était pas dépourvue de grâce. Le latin continua à être seul en usage pour la rédaction des actes publics.

La loi romaine fut toujours en vigueur dans la contrée. Le peuple était divisé en personnes *libres* et en *serfs*[1]; les premières pouvaient seules posséder des biens en *franc alleu*[2]. Le domaine du prince, sous la race karlovingienne, consistait surtout en nombreuses terres données en *fief*[3] à des vassaux,

---

[1] On distinguait les serfs *fiscalins* (serfs du roi ou du fisc) des serfs ordinaires. Les fiscalins faisaient valoir les terres du prince et exerçaient certaines charges du palais.

[2] Les biens donnés en *franc alleu* étaient exempts des droits seigneuriaux.

[3] Les terres concédées par le suzerain à son vassal, moyennant hommage ou quelques redevances, constituaient un *fief*. Ce genre de possession s'établit vers la fin de la race karlovingienne.

ou que des serfs *fiscalins* faisaient valoir. Ce domaine percevait divers droits sur les marchés publics, les routes, les passages des ponts, etc., qu'il faisait, en échange, soigneusement entretenir ou réparer.

Tout atteste que la plus grande partie du sol n'était point encore cultivée. Les bestiaux s'achetaient à vil prix, mais le blé avait une valeur extrême. Les vêtements et, en général, tout ce qui nécessitait le travail ou l'adresse de l'homme, ne pouvaient s'acquérir qu'à un taux élevé[1]. Le commerce n'avait point encore pénétré dans l'Albigeois; et depuis Charlemagne, des orfèvres et argentiers, des ciseleurs, des armuriers, des savonniers et des brasseurs perfectionnaient dans les maisons

---

[1] « Le prix d'un manteau ou d'une cuirasse était équivalent à six
» bœufs ou à trente-six boisseaux de froment. Ainsi, le vêtement d'un
» père de famille aurait suffi à la nourriture de ses enfants pendant la
» plus grande partie de l'année.

» L'estimation en argent des principales nécessités de la vie nous a
» été conservée par quelques lois et par les canons du concile de Francfort;
» elle nous fournit les moyens de fixer la valeur des monnaies karlo-
» vingiennes et de les comparer à celles de notre époque:

» Douze pains de deux livres chaque valaient............ 1 denier.
» Un boisseau de froment .... 4 deniers.
» Un bœuf, 6 boisseaux ou...................... 2 sous.
» Une robe simple, 5 bœufs ou 30 boisseaux.......... 10 sous.
» Une épée et un poignard ou 3 bœufs et demi......... 7 sous.
» Une cuirasse, ou 6 bœufs, ou 36 boisseaux.......... 12 sous.
» Un casque, ou 3 bœufs, ou 18 boisseaux............ 6 sous.
» Un bouclier et une lance, 1 bœuf ou 6 boisseaux...... 2 sous.

« Charlemagne modifia l'ancienne division des valeurs monétaires en
» livres, sous et deniers. Il réduisit à 20 sous la livre d'argent que son
» frère avait fixée à 22 sous; et au lieu d'être composé de 40 deniers,
» comme dans la loi salique, le sou n'en valut plus que 12. Il ne faut
» pas oublier que la livre était fictive et non réelle, et qu'aucune pièce
» de monnaie ne valait une livre ni même un sou. Les seules espèces

royales, ou pour le service des châteaux, l'industrie de la nation [1], lorsque, deux siècles après, l'Albigeois en ignorait encore les plus simples éléments. Renfermée dans les terres, privée de voies de communications, sans relations commerciales, cette contrée resta longtemps étrangère à tout progrès. L'intérieur des châteaux pouvait seul constater l'amélioration qui commençait à s'introduire dans les habitudes de la vie. Nous allons bientôt voir le sol de l'Albigeois parsemé de ces châteaux. Nul pays, peut-être, n'en eut un plus grand nombre. On retrouve leurs débris ou la tradition de leur existence dans nos moindres villages.

La maison presbytérale prenait rang après le château. On l'appela dans l'Albigeois *domus caminata*, et aujourd'hui encore *la caminado* est le nom consacré par le peuple pour désigner le presbytère [2]. Essayons de nous représenter les habitations des

---

» frappées sous Charlemagne, et longtemps après lui, furent les deniers.
(DES MICHELS, *Histoire du Moyen-Age.*)

« Sous Charlemagne — dit M. Reinaud dans son *Histoire des Invasions des*
» *Sarrasins* — la livre était de douze onces, et la livre d'argent pesait
» environ 77 fr. 88 c. de notre monnaie actuelle, ce qui, vû la rareté de
» l'argent à cette époque, et à raison d'une valeur répétée neuf fois,
» faisait 712 fr., valeur commerciale actuelle. (Voir l'*Essai sur les divi-*
» *sions territoriales de la Gaule*, par M. GUÉRARD.) »

Voici, d'après ces bases, le rapport existant entre les prix indiqués par M. Des Michels et la monnaie actuelle : 1 *denier*, 2 fr. 97 c. — 4 *deniers*, 11 fr. 88 c. — 2 *sous*, 71 fr. 28 c. — 10 *sous*, 356 fr. 40 c. — 7 *sous*, 249 fr. 48 c. — 12 *sous*, 427 fr. 68 c. — 6 *sous*, 213 fr. 84 c.

[1] *Capitulaires* de Charlemagne, *de Villis.*

[2] La maison presbytérale partageait alors avec les châteaux le privilége exclusif d'avoir une cheminée; ce fut là l'origine de *la caminado* ou *domus caminata*.

campagnes, de ces temps reculés, refuge impuissant contre l'intempérie des saisons; nous verrons une famille entière se presser autour du foyer, pratiqué au milieu de la pièce principale. Une ouverture au plafond facilitait le dégagement de la fumée. On remédiait à l'obscurité de la nuit par la clarté douteuse d'un bois sec et résineux. Tout autre moyen d'éclairage fut longtemps ignoré dans les campagnes de l'Albigeois.

L'autorité des comtes avait fait de grands progrès au IXe siècle ; l'hérédité de leur pouvoir et de leurs titres s'était établie par degrés, et au temps de Charles-le-Chauve, qui voulut ménager les seigneurs dont le secours lui était utile, cette hérédité se trouva pleinement consacrée. Les dignités devinrent un patrimoine.

L'usurpation qui s'accomplit alors et celle des droits régaliens[1] qui ne tarda pas à suivre la première, achevèrent d'anéantir les priviléges municipaux concédés aux villes de la contrée depuis l'époque de la domination romaine. Les comtes de Toulouse s'étaient rendus complètement indépendants de la couronne ; ils réunirent vers ce temps l'Albigeois à leur domaine, qui devint fort considérable[2]. Les comtes devaient hommage au roi pour l'investiture des fiefs qu'ils possédaient ;

---

[1] Droits qui formaient l'attribut exclusif de la royauté.

[2] « Nous n'avons pas de preuve certaine de l'époque et des circonstances de
» cette réunion ; mais nous ne doutons pas que Garsinde, femme du comte
» Eudes, ne fut fille et héritière d'Ermengaud, comte d'Albi, et que le
» premier n'ait acquis l'Albigeois par ce mariage.... Il est certain que
» l'Albigeois appartenait à la maison des comtes de Toulouse, dès le
» commencement du Xe siècle. » (*Histoire générale de Languedoc.*)

mais cet hommage était de mince valeur. L'éloignement où la province était de la cour, la faiblesse de nos rois, les troubles qui traversèrent leurs règnes rendirent plus entière encore l'indépendance des comtes de Toulouse. Charles-le-Chauve était mort en 877; Louis-le-Bègue[1], son fils, lui succéda et réunit l'Aquitaine au reste des possessions frankes. Le démembrement de l'empire karlovingien allait commencer et préparer le développement de la puissance des grands vassaux.

La fondation de l'abbaye de St-Salvi d'Albi remonte au VIe siècle, vers l'époque où St-Salvi mourut. En 936 et sous l'épiscopat d'Angelvin, ce monastère était gouverné par Déodat; Gausbert lui succéda, Miron étant alors évêque, et la VIe année du règne de Louis d'Outre-Mer[2].

---

[1] *Lodewig*, surnommé *le Bègue*.

[2] Au milieu du Xe siècle, l'abbaye de St-Salvi était desservie par une communauté de clercs; depuis lors, des abbés la gouvernèrent sous l'autorité des évêques d'Albi. Elle n'avait que des prévôts au commencement du XIe siècle, et au XIIe des chanoines l'occupaient. Le 25 mars 1523, les religieux de St-Salvi, de l'ordre de St-Augustin, furent sécularisés par le pape Clément VII. En 1752, le chapitre était composé d'un prévôt, de douze chanoines, quatre hebdomadiers et vingt prébendés.

L'église de St-Salvi est remarquable. Elle fut bâtie sur l'emplacement qu'occupait, dès les premiers siècles du christianisme, un édifice religieux dédié à St-Saturnin. M. Du Mège a écrit sur l'église actuelle un mémoire du plus haut intérêt : « L'architecture de ce temple, dit-il, annonce qu'il
» fut construit au plus tôt pendant le XIIIe siècle; on croit remarquer,
» il est vrai, au dos de l'église quelques chapelles qui indiquent le style
» en honneur pendant les IXe et Xe siècles; et l'on pourrait penser qu'elles
» appartiennent à une construction antérieure à celle de la plus grande
» partie de l'édifice. — Le côté du cloître qui subsiste encore est un
» mélange des styles gothico-lombard et arabe. On y trouve des inscrip-
» tions dont la date ne remonte qu'au XIIIe siècle. — Les proportions

Il a été déjà question des vicomtes, ou lieutenants des comtes; il y en eut un ou plusieurs par comté. On en trouve deux en Albigeois, dès le xe siècle, ceux d'*Albi* et de *Lautrec*. Bernard 1er était vicomte d'Albi en 918; Aton 1er, son fils aîné, hérita de cette charge. Sicard, son frère, fut vicomte de Lautrec, et devint la tige de la branche de ce nom. Les vicomtes *héréditaires* d'Albi descendaient d'Aton 1er; ils prirent aussi la qualité de vicomte d'Ambialet, parce qu'ils eurent dans leur domaine le château de ce nom, placé aux bords du Tarn, à peu de distance d'Albi[1].

» de l'église sont très-bien entendues et la nef offre un aspect ma-» jestueux. » — M. Du Mège combat d'ailleurs la tradition locale qui veut que la tour du clocher, placée sur le point le plus élevé de la ville, ait servi autrefois de fanal pour guider les voyageurs pendant la nuit, lorsque le territoire était couvert d'épaisses forêts depuis Albi jusqu'à Toulouse.

[1] Les vicomtes d'Albi firent souvent leur résidence au château d'Ambialet dont les ruines s'aperçoivent encore. Raymond vi, comte de Toulouse, y eut, en 1210, une entrevue avec Simon de Montfort. — M. le docteur Delbosc, d'Albi, est depuis longtemps possesseur de *la charte d'Ambialet*, écrite en langue romane, et qui date de 1136. Nous devons à ses obligeantes communications les détails que cette charte renferme. Quelques passages sont relatifs aux fêtes du village. Roger Trencavel, vicomte de Béziers et d'Albi, autorise la jeunesse à créer un roi ayant ses sénéchaux, ses baillis et ses officiers. Ce roi de la jeunesse frappait une contribution d'un seau de vin et d'un demi-sac de noix sur les derniers mariés d'Ambialet. Il pouvait infliger la même peine à ceux qui coupaient des branches ou des feuilles de l'arbre (*ulm*) précieusement conservé dans le village.

M. Delbosc est aussi possesseur d'une dissertation pleine d'intérêt sur le lieu d'Ambialet dont l'origine paraît antérieure au ixe siècle, puisque ce lieu était d'appartenance royale sous la race karlovingienne, et ne serait devenu la propriété des comtes de Toulouse qu'au temps d'Hugues Capet. Ambialet passa bientôt après dans la maison des vicomtes d'Albi.

On trouve pour la première fois dans les documents de cette époque la désignation de beaucoup de châteaux, villes ou bourgs de l'Albigeois. Raymond Ier, comte de Rouergue, dont la piété fut grande et qui possédait l'Albigeois par indivis avec son frère Pons, comte de Toulouse, donna, vers 961, plusieurs alleus, châteaux ou domaines à l'église de Ste-Croix d'Albi [1] et à celle de St-Eugène de Vieux; il disposa aussi, en faveur de ses fils, des châteaux de Graulhet[2], Monestiés, Brassac et Parisot.

Frotaire, évêque d'Albi, consacra en 972 un autel dans l'abbaye de St-Michel de Gaillac [3]; il donna, à cette occasion, à

---

[1] « Dans les temps les plus anciens, l'église épiscopale d'Albi était dédiée » à *la sainte Croix;* elle avait été bâtie dans l'espace qui existe entre » l'ancien palais des comtes et l'église actuelle. On en voit encore des » restes dans le jardin de M. le docteur Compayré et dans celui des frères » de la doctrine chrétienne. Cet édifice, abattu depuis plusieurs siècles, » avait environ 55 mètres de longueur. » (*Mémoires* de M. Du Mège.)

[2] Le château de Graulhet fit ensuite partie des possessions de la maison de Lautrec; au XVIe siècle, Graulhet était une seigneurie. Le dénombrement du ban et de l'arrière-ban de la sénéchaussée de Carcassonne fait mention du *seigneur d'Albigeou, seigneur de Groilhet, fournissant deux hommes d'armes et six archiers.*

[3] Les Normands détruisirent, au IXe siècle, un très-ancien monastère qui existait à Gaillac, sous l'invocation de St-Quentin, martyr. Il fut reconstruit et devint *l'abbaye de St-Michel.* Grégoire VII, en 1080, approuva l'union de ce monastère à celui de la Chaise-Dieu. Il fut sécularisé en 1537.

L'abbé de St-Michel prenait le titre d'*abbé de Gaillac.* On trouve dans le dernier volume de l'*Histoire générale de Languedoc* un sceau représentant Raymond, abbé de Gaillac, la tête couverte d'une mitre, un livre dans sa main gauche, la crosse abbatiale dans la droite, avec cette inscription :

† S. Raimundi, Abbatis Galliaci.

cette abbaye plusieurs terres ou villages avec leurs églises, entre autres celles de Berens, Falgairolles, Donazac et St-Pierre de Gaillac. Vers le même temps, Garsinde, veuve de Raymond Pons, comte de Toulouse, fit plusieurs legs aux églises de St-Afric d'Albi, St-Pierre de Burlats et St-Benoît des Avalats.

Ces pieuses libéralités donneraient une idée peu fidèle des mœurs de cette époque, si nous négligions d'expliquer que la plupart des seigneurs de l'Albigeois cherchaient sans relâche à s'agrandir aux dépens de l'Église. Plusieurs d'entre eux s'étaient même érigés en abbés laïques des monastères; ils s'attribuaient les dîmes; ils trafiquèrent souvent des dignités ecclésiastiques. On les vit participer à la nomination des évêques et des abbés dont les pouvoirs devaient s'exercer dans leurs possessions. Les évêques d'Albi et quelques abbés commencèrent, de leur côté, à s'ériger en seigneurs temporels.

Les comtes de Toulouse rendaient la justice et tenaient des *plaids* ou assemblées où les causes étaient jugées. Cette attribution s'étendit aux vicomtes d'Albi et de Lautrec, et plus tard à leurs vicaires ou *viguiers*. Les évêques d'Albi tinrent aussi des plaids au xe siècle.

Les historiens nous ont laissé un triste tableau de l'état où se trouvaient alors les provinces. La population découragée était plongée dans la misère, résultat naturel des guerres, des invasions et des pillages qui avaient désolé le pays [1].

---

[1] « La France n'avait plus de capitale; les rois, les prélats, les ducs, » les comtes, les vicomtes habitaient des châteaux. C'est là que s'assem- » blaient les plaids, que se rendait la justice, que se réunissaient tous

Depuis la mort de Charlemagne, les progrès de la féodalité semblaient n'avoir plus de bornes; elle maîtrisait le pouvoir royal et dominait sur tout le territoire. Hugues Capet[1], l'un des plus illustres représentants de cette féodalité qui avait tout envahi, se fit proclamer roi malgré les droits de l'héritier légitime. La plupart des seigneurs virent sans inquiétude Hugues Capet, sorti de leurs rangs, prendre le gouvernement du royaume. Les prélats et les seigneurs des provinces méridionales ne participèrent point cependant à son élection.

Robert[2] succéda à ce prince en 996. Sa piété était grande; il voulut visiter les principaux monastères du royaume. Robert vint à Toulouse et y fit ses dévotions dans l'église de St-Sernin; il se rendit ensuite en pélérinage à l'abbaye de St-Benoît de Castres. Le moine Gerbert, instituteur de ce prince, était devenu pape sous le nom de Sylvestre II. Robert

» ceux qui jouissaient de quelque indépendance de fortune... On ne trouvait
» point les riches magasins, les assortiments de ces étoffes, de ces armures
» dont les seigneurs et les nobles dames faisaient usage dans leurs châ-
» teaux. Le commerçant ne pouvait être que voyageur. Il cheminait avec
» ses voitures; il portait sa balle du manoir d'un comte ou d'un seigneur
» à celui d'un autre. Il n'avait point de demeure fixe, point de dépôt
» connu, point de fortune qu'on put apprécier, excepté la pacotille qu'il
» portait avec lui.

» Quant aux professions mécaniques qui demandaient moins d'intelli-
» gence, moins de capitaux, les hommes puissants avaient soin d'y des-
» tiner quelques-uns de leurs serfs. Chaque prélat, chaque comte ou
» vicomte s'était appliqué à avoir, pour son propre usage, les mêmes
» bons *artisans* dont Charlemagne, 150 ans auparavant, avait ordonné à
» ses juges de pourvoir chacun de ses châteaux ou maisons royales. »

(DE SISMONDI.)

[1] *Hug*, intelligent. — [2] *Rod-bert*, brillant par la parole.

lui donna en fief, en témoignage de son affection, le prieuré et la seigneurie de *Lescure* dont le saint siége conserva la possession pendant plusieurs siècles [1].

Aton II, vicomte d'Albi, avait légué ses droits sur l'Albigeois à ses fils, Bernard Aton III et Frotaire, évêque de Nîmes. Un acte de simonie s'accomplit alors; ces derniers *vendirent* l'évêché d'Albi, pour qu'il fut dévolu à l'acheteur après la mort de l'évêque Amélius, et pour le prix de dix mille sols payables, par moitié, aux vendeurs et à Pons, comte de Toulouse [2].

L'abbaye de Vielmur fut fondée par les vicomtes de Lau-

---

[1] Quelques vestiges du château de Lescure, *castellum Scuriæ*, s'aperçoivent encore. Ses créneaux et ses meurtrières, plusieurs tours et de larges fossés en avaient fait un point fortifié d'une grande importance.

On voit à Lescure une église dont la construction remonte au xe siècle. Les détails de son architecture rendent cet antique édifice très-remarquable.

Les seigneurs de Lescure avaient titre de baron et entrée aux états du diocèse d'Albi. En 1426, le seigneur de Lescure assista aux états généraux de la province, convoqués à Béziers.

La *Description du département du Tarn*, par M. MASSOL, page 49, fait mention « d'une lettre du pape Sergius IV, datée du 30 mars, entre » l'an 1009 et 1012, par laquelle il donne en fief, à Vedienus, le château » de Lescure, sous la redevance annuelle de dix sols *raymondins* ».

[2] Pons avait assigné en douaire à sa femme, Majore de Foix, l'évêché et la ville d'Albi, avec la monnaie et le marché, plusieurs églises et châteaux du pays parmi lesquels on cite celui de *Couffouleux*. Malgré les droits que constituait ce douaire, le vicomte d'Albi partageait avec le comte de Toulouse les revenus de l'élection épiscopale, car beaucoup d'évêchés étaient alors tenus pour de véritables fiefs. La vente de celui d'Albi, faite sous la réserve, au profit des vendeurs, des *ordinations*, *messes*, *pénitences* et de certaines *oblations* et *redevances*, eut son exécution, et l'on vit, en vertu de l'achat, *Guillaume* succéder à l'évêque *Amélius*.

(Voir l'*Histoire générale de Languedoc*, tome 2, preuves, 202.)

trec. On ne connaît pas l'époque précise de cette fondation, mais elle est antérieure au xie siècle. Vers l'année 1040, Isarn et Frotard, vicomtes de Lautrec, placèrent l'abbaye de Vielmur sous la dépendance de l'église de Notre-Dame-du-Puy. L'acte qui en dépose est le plus ancien document relatif à ce monastère. Les abbesses de Vielmur furent souvent choisies dans la noble maison de Lautrec. Les bâtiments de l'abbaye étaient spacieux et construits avec une régularité peu commune; on remarquait l'élégance du parloir, la beauté des corridors, ornés de balcons et de balustrades, les viviers de l'abbaye et la vaste étendue du parc.

Bernard Aton III, vicomte d'Albi, mourut en 1062; Raymond-Bernard, son fils aîné, lui succéda et prit le nom de *Trencavel* qui devint célèbre. Raymond-Bernard agrandit ses possessions par son mariage avec Ermengarde, sœur de Roger, vicomte de Carcassonne. Héritière de son frère, elle apporta aux Trencavel les comtés de Carcassonne et de Rasés, les vicomtés de Béziers et d'Agde. Cette maison qui déjà possédait les vicomtés d'Albi et de Nîmes devint alors la plus puissante de la province, après celle des comtes de Toulouse.

Le pays de Lavaur dépendait du domaine direct de ces derniers, et faisait partie du Lauraguais depuis la fin du royaume d'Aquitaine. Deux actes de 1065 et 1098 sont les plus anciens documents relatifs à la ville de Lavaur. Ils indiquent qu'il y avait dans cette ville deux églises paroissiales, l'une dite de *St-Christophle, située dans le château,* l'autre de *St-Elan,* près de l'Agoût. La première fut donnée par l'acte de 1065, aux religieux de Conques; la seconde était détruite en 1098. Les religieux de St-Pons de Thomières s'engagèrent, cette année-là, à la faire rebâtir et à y construire un village (*villa*) ; l'engagement s'accomplit ; un prieuré fut aussi établi dans l'église de St-Élan. Il n'y a rien d'authentique antérieurement à l'acte de 1065, et les constructions qui s'élevèrent par les soins des religieux de St-Pons sont l'origine assez probable de la ville de Lavaur[1].

L'époque de la fondation de Rabastens est ignorée. On reconnaît toutefois, dans quelques parties des constructions de son église principale[2], le style antérieur aux croisades de la Terre-Sainte, et un acte de 1109 fait mention de Raymond de Rabastens. Un château fortifié était joint à la ville et lui donna une extrême importance, au temps de la croisade des Albigeois et dans les guerres civiles dont la Réforme fut l'occasion.

La puissance des grands vassaux, au xie siècle, nuisit à la discipline ecclésiastique. Nous avons vu les abbayes devenir une sorte de propriété dont les seigneurs disposèrent à leur gré ; la plus value du prix de vente ou des convenances de fa-

---

[1] Le plan de notre ouvrage nous fournira plus tard l'occasion de retracer avec détail l'histoire de la ville de Lavaur et de la partie du Lauraguais comprise dans le département du Tarn depuis 1790.

[2] « L'église paroissiale de Rabastens offre des constructions qui, appar-
» tenant à des styles différents, doivent avoir été élevées à des époques
» assez éloignées les unes des autres. Le portail, pratiqué dans l'épaisseur
» de la façade, est décoré de huit colonnes qui supportent des arcs à
» plein cintre, et cette partie paraît la plus ancienne de tout l'édifice.
» Des fenêtres et des arcs ogives annoncent l'adoption du genre arabe,
» tant dans le corps supérieur de la façade que dans les côtés. »
(M. Du Mège.)

mille tinrent lieu des conditions exigées jusqu'alors des postulants, par les lois de l'Église. On comprend combien les règles ecclésiastiques durent éprouver de relâchement sous de telles influences. Ces règles toutefois se maintinrent dans beaucoup d'abbayes. St-Victor de Marseille, Cluni, St-Pons de Thomières étendirent leur salutaire influence sur la plupart des monastères de l'Albigeois.

Le langage des provinces situées au midi de la Loire, qui n'était autre que la langue romane, reçut vers ce temps la dénomination de langue *provençale*. Les peuples qui habitaient au nord de ce fleuve avaient adopté un langage distinct qui forma peu à peu la langue française. La poésie *provençale* prit alors naissance.

Au XIe siècle, la véritable nation française commence à se constituer; les peuples de la monarchie vont se dégager des restes des influences gauloise, romaine ou franke. La féodalité a sapé le pouvoir royal; il a perdu toute vigueur, mais les races achèvent de se confondre; l'unité s'établit dans la législation; les éléments qui vont concourir à former la nation apparaissent au milieu des institutions féodales.

Au XIe siècle, ces institutions ont tout leur empire; le territoire entier leur est soumis. Par la possession générale des fiefs, les seigneurs exercent sur les populations une véritable souveraineté.

Le château féodal est construit sans élégance; il n'a rien de cette recherche qui, aux XIVe et XVe siècles, régnera dans les nobles manoirs. On ne voit ici qu'épaisses et sombres murailles; l'instinct de la sûreté a seul présidé à leur construction.

C'est dans ce lieu presque inaccessible, où règnent l'oisiveté et le silence, que le possesseur du fief passe sa vie lorsque des querelles dont le sort des armes décidera ne le retiennent pas loin de sa demeure. De misérables habitations sont disséminées sur le territoire où s'élève le château féodal; là vivent ceux qui ne possèdent pas, ceux qui sont attachés à la glèbe; les sujets du seigneur. L'autorité qu'il exerce sur eux est absolue; il règle les tailles et redevances qu'ils ont à lui payer; la suprématie du pouvoir judiciaire lui est attribuée; il punit et peut faire grâce.

Importance des châteaux-forts de l'Albigeois au XIe siècle. — Château de Curvale. — Le Castelviel d'Albi. — Châteaux de Dourgne et de Penne. — Monnaies de l'Albigeois. — Croisades de la Terre-Sainte. — Origine de la Chevalerie. — Sceaux et Armoiries. — La civilisation de l'Albigeois concentrée dans les cloîtres des Monastères. — Abbayes d'Ardorel et de Labessière-Candeil. — Origine des Bourgeois de la Contrée. — Coutumes des Villes. — Pouvoir temporel des Évêques d'Albi. — Guerres des Trencavel avec les Comtes de Toulouse. — Leurs différends avec les Vicomtes de Lautrec. — La Reine Constance. — L'hérésie pénètre dans la Province. — Origine de la ville de St-Paul. — St-Bernard à Albi.

III

IMPORTANCE des châteaux-forts de l'Albigeois devint extrême au xie siècle et leur grand nombre atteste combien était alors entière la domination que la féodalité exerçait. Ce fait, toutefois, ne serait qu'imparfaitement caractérisé si nous négligions d'expliquer qu'il était aussi la conséquence de cet esprit guerroyant qui, par l'effet des croisades, avait pénétré dans les mœurs publiques. « La guerre, dit M. Guizot, était partout à cette
» époque; partout aussi devaient être les monuments de la
» guerre, les moyens de la faire et de la repousser. Non-seu-
» lement on construisait des châteaux-forts, mais on se faisait

» de toutes choses, des fortifications, des repaires ou des
» habitations défensives. »

Il est question du château de Curvale dès le xie siècle ; un acte de 1062 donne la preuve qu'il appartenait alors à la maison des vicomtes d'Albi [1]. Au xive siècle, les Anglais, vainqueurs en Guienne et en Poitou, envahirent le Languedoc et faisaient des courses dans l'Albigeois ; ils s'étaient emparés du château de Curvale, position inexpugnable d'où ils dominaient le pays, et qu'ils n'abandonnèrent qu'après avoir reçu des habitants des subsides considérables.

Aucun document ne peut aider à préciser l'époque où le Castelviel d'Albi fut construit [2], mais dès le xie siècle ce château avait une véritable importance. Les habitations qui l'environnaient ne tardèrent pas à former une juridiction indépendante. Le Castelviel eut ses seigneurs et ses magistrats particuliers [3].

[1] Le 2e volume de l'*Histoire générale de Languedoc* fait mention de cet acte par lequel Frotaire, évêque de Nismes, et son neveu Raymond, vicomte d'Albi, reçoivent hommage pour « Lo Castel de Curvala et la » Fortesa quæ ibi est et in antea ibi facta erit. »

[2] « Au-delà de la position élevée où l'on voit actuellement St-Salvi et » sur un plateau défendu d'un côté par le Tarn, de l'autre par un ravin » profond, on voyait autrefois une forteresse dont l'origine paraît romaine » et dont l'antiquité était renommée dès le xie siècle, époque à laquelle » on lui donnait déjà le nom de *Castel-viel* ou ancienne forteresse. Un » ravin séparait aussi ce château du terrain où est maintenant l'église » métropolitaine. » (*Mémoires* de M. Du Mège.)

[3] Il sera question, dans la seconde partie de cet ouvrage, des coutumes, franchises et priviléges d'Albi et de l'administration paternelle et éclairée de cette ville, depuis le xie jusqu'au xviie siècle. Nous donnerons alors de grands détails sur la juridiction du Castelviel.

En l'année 1032, Aton II, vicomte héréditaire d'Albi, était possesseur du château de Dourgne. Au XIIe siècle, ce lieu devint une seigneurie, et en 1165 Isarn de Dourgne partageait avec ses frères les droits de cette seigneurie dont ils avaient hérité de Pons, leur aïeul. Nous verrons, cette année-là, Isarn de Dourgne assister au concile de Lombers dans lequel les doctrines des hérétiques albigeois furent solennellement condamnées.

L'époque de la construction du château de Penne est ignorée[1]. Longtemps placé sous la protection des comtes de Toulouse,

---

[1] « Le nom du château de Penne, situé sur un rocher escarpé que domine la rive gauche de l'Aveyron, vient évidemment du celtique *pen* qui signifie *hauteur, tête, sommet*. Nous n'ignorons pas que les étymologistes, qui vont chercher toutes les étymologies dans le latin, ont cru que le nom de ce château dérivait de *penna*, plume, bien que rien ne ressemble moins à une plume que l'immense rocher sur lequel ce château est assis. Cependant, au moyen-âge, on a cru à cette étymologie, et l'écu des seigneurs de Penne fut orné d'une plume et quelquefois de trois. Suivant M. Gustave de Clausade, on a trouvé sur la crête du rocher, où les ruines de ce château apparaissent encore, et aussi à ses pieds des médailles romaines d'Auguste et de Tibère, ce qui pourrait porter à croire qu'un *castellum* romain fut bâti sur le même point où l'on a construit depuis ce manoir féodal. On ignore l'époque à laquelle celui-ci a été fondé.

» Il n'y a plus sur la crête du rocher de Penne que des murs à demi-renversés que couronnent quelques rares créneaux et qui sont percés de longues meurtrières. La porte d'entrée, flanquée de deux grosses tours, est encore reconnaissable. C'est de ce côté seul que le rocher est accessible, et c'est aussi de ce côté que se trouve situé le village. C'est encore vers les habitations pressées de ce lieu que s'élève le donjon. L'intérieur est rempli de décombres; chaque jour voit tomber quelques pans de murs, et le silence des nuits est souvent troublé par le bruit de la chûte des pierres amoncelées qui formaient l'enceinte de cette vieille et célèbre forteresse. » (M. Du Mège.)

M. Gustave de Clausade, de Rabastens, a publié, dans la *Revue du XIXe siècle*, une notice très-remarquable sur le château de Penne.

ce château tomba au pouvoir des croisés, pendant la guerre des hérétiques albigeois. Il appartint ensuite au comte Raymond VII et plus tard à Alphonse, frère du roi St-Louis. On gardait les archives des comtes de Toulouse dans le château de Penne, que sa position fortifiée et les siéges qu'il eut à soutenir rendirent célèbre. Des tournois y réunirent de nombreux chevaliers et les nobles dames de la contrée; nous verrons bientôt Raymond Jourdain, troubadour renommé, s'éprendre d'un vif amour pour *la dame du château de Penne* et l'immortaliser par ses chants.

Le droit de battre monnaie que les seigneurs de Languedoc s'étaient attribué [1] peut donner la mesure de l'agrandissement

---

[1] L'origine de la monnaie des seigneurs remonte à Charles-le-Simple; La *Melgorienne*, fabriquée dans le château des comtes de Melgueil, en Bas-Languedoc, fut, au Xe siècle, la monnaie seigneuriale le plus en usage dans l'Albigeois. Divers actes du même siècle mentionnent aussi les *deniers narbonnais*. Les comtes de Toulouse firent battre monnaie à St-Gilles et à Toulouse, et dès le XIe siècle leurs *sols raymondains* étaient communs dans la contrée. Les Trencavel avaient leur monnaie particulière; elle était fabriquée à Carcassonne et à Béziers. Les *sols hugonens* des comtes de Rouergue eurent également cours dans l'Albigeois.

Un travail, publié en 1833 par M. Fossé, ancien secrétaire-général de la préfecture du Tarn, renferme d'intéressants détails sur le prix des monnaies autrefois en usage dans ce pays.

« Leur unité commune, dit M. Fossé, était le *sol**. Sous les deux pre-
» mières races on le fabriquait d'argent pur; Philippe Ier commença de
» l'altérer par des alliages, et l'on sait que de dégradation en dégrada-
» tion il a fini par n'être plus qu'une pièce de cuivre.
» La variation perpétuelle du poids et du titre des monnaies, aux temps
» de nos aïeux, rendrait peut-être impossible pour nous une évaluation
» comparative, si du mal même n'était résulté un remède qui maintenant

* Du latin SOLIDUS.

de leur puissance au xi⁰ siècle. Rien ne révèle plus alors dans la province l'existence de la royauté; la maison des comtes de Toulouse y est souveraine; on voit le vicomte d'Albi, Bernard Aton IV, faire la guerre au comte de Barcelonne qui lui dispute le comté de Carcassonne ; il va ensuite secourir Alphonse Ier, roi d'Aragon, et combat avec lui les Maures d'Espagne. Les croisades avaient mis en faveur les expéditions lointaines et chevaleresques. On voyait princes et chevaliers quitter avec joie leurs riches possessions ou leurs modestes manoirs pour affronter les rigueurs de la guerre.

» sert de base à toutes les recherches de ce genre. Le numéraire n'ayant
» rien de fixe, on n'engageait pas une terre, on ne constituait pas une dot
» en livres ou en sols; on stipulait en marcs d'argent fin, ou bien, après
» avoir indiqué une somme, on ajoutait : *Si cette monnaie vient à baisser*
» *de poids ou de titre, j'entends parler de celle qui a* tel *rapport avec le*
» *marc d'argent*[*].

» Armé d'un acte pareil, on peut aisément déterminer ce que vaudrait
» de nos jours cette monnaie; mais il ne faut point perdre de vue la date
» de l'acte, car d'une année à l'autre on remarque parfois des différences.

» Divers actes de 1188, 1189, 1200, 1201, 1204, 1209 et 1224, cités
» dans l'*Histoire générale de Languedoc*, présentent les melgoriens comme
» valant $1/50$ du marc d'argent, ou 1 fr. 09 c. de notre monnaie.

» Trois autres actes de 1194, 1199, et 1207 ne les évaluent qu'à $1/52$ du
» marc, ou 1 fr. 04 c. $1/2$.

» Enfin plusieurs actes, et notamment ceux de 1207, entre Bernard
» Jourdain de l'Isle et sa femme India, et de 1224, par lequel Bernard
» de Comminges reconnaît la dot de Cécile de Foix, nous apprennent que
» le *sol de Toulouse* égalait un double melgorien.

» Voyons ce qu'était le sol de Toulouse.

» Un acte de 1207 le fait ressortir à 2 fr. 09 c., ce qui correspond bien
» à la dernière valeur du melgorien; mais d'après le testament de Ray-

---

[*] Exemple : « Si solidi melgorienses interim abatebantur vel deteriorabantur, de penso vel de lege, scilicet
» de quibus XXVI in marcham. »

La première croisade fut résolue sous le règne de Philippe 1er. L'ermite Pierre, revenant de la Terre-Sainte, raconta les profanations du St-Sépulcre et les persécutions dont les Chrétiens étaient l'objet dans la Palestine. L'éloquence de Pierre et la chaleur de ses récits émurent tous les cœurs. Le pape Urbain II vint lui-même en France bientôt après et assembla un concile à Clermont. Urbain II parut au milieu du peuple à l'issue

» mond Roger, comte de Foix, il équivaudrait à 2 fr. 81 c., et nos incer-
» titudes recommencent.

» En ce qui touche spécialement le sol de Toulouse, nous avons pour
» les fixer le bail officiel par lequel le comte Alphonse concéda la fabri-
» cation de sa monnaie en 1253. Ce bail porte que les *gros sols* seront à
» 6 deniers et 1 obole de loi, et pèseront 14 sols ½ au marc tournois;
» plus exactement, 3 marcs doivent peser 43 sous 5 deniers; ce qui pré-
» sente une valeur de 2 fr. 03 c.

» Le titre et le poids des *raymondains* nous sont connus aussi par une
» pièce authentique. Cependant nous dirons d'abord que d'après Chanteloup
» *(Hist. mss. montis majoris)*, cité par Ducange, 88 sols de cette mon-
» naie représentaient un marc d'argent, ce qui nous donnerait environ
» 0 fr. 62 c. Cette évaluation est pour l'an 1212.

» D'après Ducange, M. de Mazaugues, premier président au parlement
» d'Aix, avait établi que le sol raymondain, en 1251, était moitié du sol
» tournois. Il se fondait sur un jugement de cette époque, et ses calculs
» furent confirmés par un arrêt de 1711. Le raymondain ne valait donc
» plus que 0 fr. 45 c.

» Cette baisse confirmerait notre remarque sur les fréquentes démoné-
» tisations auxquelles recouraient jadis les princes. »

Ces détails pleins de précision et qui révèlent beaucoup de savoir ne s'appliquent qu'à la monnaie des seigneurs. Mais M. Fossé a étendu ses recherches aux diverses monnaies royales telles que le *gros tournois* et le *denier* ou *menu tournois* qui eurent aussi cours dans la contrée.

Nous parlerons bientôt des *raymondains d'Albi* dont la valeur nous est connue. On battit longtemps monnaie à Albi; les raymondains furent ensuite fabriqués dans le château de Castelnau-de-Bonafous dont il sera plus tard question.

du concile; ses exhortations pathétiques entraînèrent tous ceux qui l'écoutaient. On prit la croix [1] avec enthousiasme, en répétant : *Dieu le veut! Dieu le veut!*

Les ambassadeurs de Raymond de St-Gilles, comte de Toulouse, ne tardèrent pas à arriver à Clermont. Ils annonçaient que ce prince allait prendre les armes et se croiser; il mettait ses trésors et son épée au service de l'expédition. Cent mille croisés se placèrent sous les ordres de Raymond de St-Gilles [2]. Parmi les seigneurs de l'Albigeois qui l'accompagnèrent, l'histoire a consacré la mémoire de Pierre-Raymond d'Hautpoul qui périt à la bataille d'Antioche, après avoir combattu vaillamment [3].

On a généralement attribué aux croisades l'origine de la chevalerie et cette erreur a été partagée par de bons historiens.

---

[1] Les croisés appliquaient sur leurs vêtements une petite pièce d'étoffe coupée en forme de croix, et presque toujours de couleur rouge. On ne pouvait, sans encourir l'anathème de l'Église, renoncer à la croisade après avoir pris la marque distinctive des croisés.

[2] L'expédition dans laquelle Raymond de St-Gilles eut un rôle si brillant est en dehors du plan que nous nous sommes tracé. Nous dirons cependant en quelques lignes que Raymond, arrivé à Constantinople, eut des démêlés avec l'empereur Alexis. Il était au siége de Nicée et contribua beaucoup à la prise de cette ville. Sa valeur éclata devant Antioche et à la prise de Jérusalem. On dit qu'il refusa la couronne de Jérusalem qui fut donnée, sur son refus, à Godefroy de Bouillon. Raymond de St-Gilles se distingua plus tard à la bataille d'Ascalon. Il demeura toujours en Orient, fidèle au vœu qu'il avait fait, en partant, de ne pas revoir sa patrie. Ses armes eurent, dans les derniers temps de sa vie, des revers à essuyer. Il mourut en 1105, au château *Pélerin*, dans la Terre-Sainte.

[3] Le général d'Hautpoul qui mourut sur le champ de bataille d'Eylau, en 1807, était le descendant de Pierre-Raymond d'Hautpoul.

Ce n'est point cependant au xie siècle qu'il faut chercher les fondements de cette institution dont les mœurs germaniques et la féodalité sont les seules sources. En 791, Charlemagne, disent les vieilles chroniques, ceignit solennellement l'épée à son fils Louis-le-Débonnaire. Le même cérémonial s'accomplit, en 838, pour Charles-le-Chauve. Les fils des seigneurs étaient déclarés admis parmi les guerriers et recevaient l'épée dès qu'ils avaient atteint l'âge où l'on peut combattre. Il faut toutefois reconnaître que les croisades donnèrent à la chevalerie une grande vigueur et le plus vif éclat.

Les traces de l'existence de la *Noblesse* de l'Albigeois remontent au xiie siècle; l'exercice des armes faisait sa principale occupation. Les nobles, en général, avaient la qualification de *chevalier*. Les sceaux et les armoiries étaient déjà en usage [1].

---

[1] ARMOIRIES DES PRINCIPALES VILLES DE L'ALBIGEOIS.

ALBI — Une tour à deux portes ouvertes d'argent, les herses levées à quatre créneaux; un lion du second émail, les pattes posées sur les créneaux; le tout brochant sur la croix archiépiscopale d'or. Un soleil du second émail, à dextre en chef, et une lune en décours du troisième, à senestre en chef. Deux palmes de sinople, liées de gueules, servant d'ornement extérieur à l'écu. Devise : *Stat baculus, vigilatque leo, turresque tuetur.*

CASTRES — D'argent, à quatre emmanches de gueules mouvantes du flanc senestre de l'écu; au chef de France. Une chausse-trape pour cimier; ayant pour devise *Debout.* — On dit que ce cimier fut pris en mémoire d'une victoire gagnée par le secours des chausses-trapes qui arrêtèrent la cavalerie. Deux palmes de sinople attachées d'un lien du champ de l'écu.

GAILLAC — D'or, au coq de gueules, bordure crénelée de douze créneaux d'azur. Trois fleurs de lys d'or posées sur les trois créneaux bastillés en chef.

LAVAUR — De gueules, tour donjonnée de trois pièces, accompagnée en pointe d'une ancre dont la stangue se termine en croix, le tout d'argent, au chef cousu de France. Deux palmes de sinople liées de gueules.

Les mœurs guerrières et chevaleresques ne furent point le seul caractère de l'époque féodale ; la fondation des établissements monastiques, leurs riches possessions, leurs *privilèges*, viennent compléter le tableau de cette époque. Nous avons vu, au xie siècle, les seigneurs usurper les droits de l'Église, se rendre possesseurs des abbayes, et nuire ainsi à la discipline ecclésiastique. Dès le xiie siècle, les monastères ressaisirent leur indépendance. Le zèle religieux que les croisades avaient fait naître gagnait tous les cœurs. De nouvelles abbayes furent fondées dans l'Albigeois et dotées de riches revenus. La piété quelquefois inspira seule ces libéralités ; souvent elles appaisèrent des consciences troublées.

Rabastens — Tiercé en fasces ; au premier d'azur, à trois fleurs de lys d'or ; au deuxième de gueules, à la croix vidée, cléchée, pommetée et alésée d'or ; au troisième de sable, à trois raves d'argent.

Puylaurens — D'argent ; un laurier de sinople ; trois fleurs de lys au chef soutenu d'une divise d'or.

Cordes — Un château antique à trois tours d'argent, ouvert de l'émail du champ de l'écu, accompagné en chef d'une croix de Toulouse d'or.

Sorèze — Une tour à cinq créneaux d'argent surmontée d'une colombe essorante ; une bisse contournée d'or pliée en trois parties.

Graulhet — Un épi de froment de sinoples au premier d'argent ; un marteau d'or, au deuxième d'azur.

Lautrec — Un chêne d'or à dextre ; à senestre une tour à trois donjons ; celui du milieu plus haut et terminé par une croix.

Saint-Paul — Trois fleurs de lys.

Roquecourbe — Trois rochers et au chef trois fleurs de lys.

Labruguière — Un chêne de sinople ; un B d'or brochant sur le milieu des feuilles.

Briatexte — Un casque orné d'un panache, soutenu par deux lions.

Montredon — Tour crénelée de quatre pièces devant une muraille crénelée de six pièces ; au chef, trois fleurs de lys.

Réalmont — D'azur à trois pales d'argent.

Les abbayes ne tardèrent pas à lier leurs annales à l'histoire de la contrée; les fortes études n'eurent pas d'autre asile, et la civilisation de ce pays fut longtemps circonscrite dans les cloîtres. L'agriculture, au xiie siècle, n'était guère traitée avec quelque intelligence que dans les possessions des monastères.

Cécile de Provence, femme de Bernard Aton et célèbre par sa beauté [1], fonda, en 1124, l'abbaye d'*Ardorel*. Elie, abbé de Cadouin, avait présidé à la construction de ce monastère où la règle de St-Benoît fut d'abord pratiquée; Foulques, son premier abbé, l'unit ensuite à l'ordre de Citeaux [2]. — La fondation de l'abbaye de *Candeil* remonte à 1150. En 1227, le lieu de *Labessière* et toutes ses appartenances furent donnés à cette abbaye qui se trouvait déjà dotée de nombreuses terres ou redevances. Ses revenus devinrent si considérables qu'elle entretint quarante religieux outre les frères servants. Raymond v, comte de Toulouse, Roger ii, vicomte d'Albi, et l'évêque de cette derniere ville avaient accordé aux religieux de Candeil, en 1190, le privilége d'être crus en justice, sur leur simple serment, dans toutes les affaires qui les concerneraient et dont

---

[1] Bernard Aton l'épousa en 1083; elle eut en dot 5,000 sols, dont 2,000 en argent comptant, 1,000 en bœufs et en vaches, et 2,000 en chevaux et mulets, avec sept de ses principaux vassaux pour servir de caution.

[2] Les protestants détruisirent l'abbaye d'Ardorel pendant les guerres de religion; on égorgea la plupart des moines; quelques-uns s'échappèrent, et s'étant retirés près de Lempaut ils y fondèrent le couvent de *La Rode* dont les bâtiments existent encore. On aperçoit près des bords de la rivière du Thoré quelques ruines de l'abbaye d'Ardorel.

l'importance ne dépasserait pas 200 sols[1]. Ce privilége pouvait s'exercer *soit qu'ils fussent demandeurs ou défendeurs, et sans qu'on pût leur opposer ni témoins ni titres* [2].

Les abbés de Candeil pouvaient porter la mître, l'anneau, la tunique, la dalmatique et plusieurs autres marques pontificales; une bulle du saint-siége leur concéda le droit de *donner la bénédiction solennelle au peuple* dans leur monastère et dans leurs prieurés ou églises provinciales, « pourvu, dit cette bulle, » que nul évêque ou légat du pape ne soit présent. »

Les habitants de l'Albigeois eurent beaucoup de vénération pour l'abbaye de Candeil ; aussi recevait-elle des legs multipliés. Ses possessions étaient considérables à Gaillac, Albi, Labessière, Cadalen, Montans et Castelnau-de-Brassac. Les cartulaires de

---

[1] En appliquant ici les évaluations de M. Fossé, nous trouvons que 200 sols en monnaie *raymondaine*, fort en usage alors dans la contrée, valaient 124 fr. environ de la monnaie actuelle.

[2] Les archives de la préfecture du Tarn, où les cartulaires et documents de l'abbaye de Candeil se trouvent déposés, renferment la preuve authentique de cette singulière concession. — On se rend difficilement compte aujourd'hui de l'étendue des priviléges dont jouissaient certaines abbayes. « En » 1459, Bernard de Casilhac, évêque d'Albi, était venu pour faire la visite » du couvent de Candeil, *tam in capite quam in membris*. Dom Antoine » Boisset, syndic de la maison, lui refusa l'entrée, disant que l'ordre de » Citeaux était exempt de la visite et de toute autre juridiction de l'ordinaire; » que s'il voulait entrer comme un étranger, allant à Rome, on lui ouvri- » rait la porte; autrement non. A quoi ledit seigneur évêque fit réponse » qu'il ne voulait entrer que comme étranger allant à Rome, pour faire » sa prière dans l'église. L'église lui fut ouverte; en entrant, on le reçut » avec l'eau bénite, et après avoir fait sa prière, il se retira sans faire » aucune visite et dit qu'il ne prétendait point troubler ni le seigneur abbé, » ni les religieux dans leurs priviléges et libertés. »

(*Cartulaire des titres et documents de l'abbaye de Candeil.*)

l'abbaye de Candeil donnent les plus curieux détails sur ses droits et priviléges[1]. Une sentence arbitrale de 1259 règle ceux dont elle doit jouir, dans la seigneurie de Brens, pour la chasse au sanglier. En temps de troubles, les lieux dépendants de l'abbaye devaient fournir pour sa garde un certain nombre d'habitants. Les religieux de Candeil percevaient la dîme sur « les grains, le pastel, le vin, le safran, les agneaux, » le lin et autres productions »; le miel, la cire, le chanvre et le foin étaient seuls exempts de toute redevance.

Parmi les terres que possédait ce monastère et qui peuvent nous révêler le caractère des pieuses libéralités dont il était l'objet, on remarque celles qui furent données à la chapelle de Ste-Magdelaine de Candeil : « Ces terres, disent les cartu- » laires de l'abbaye, sont situées à Brens et concédées à Guillau- » me Froment, sous le cens annuel de cinq sols et dix deniers » tournois, payables, à pâques, au *luminaire* de la Magdelaine; » *ledit Froment reconnaissant tenir ces possessions de la lampe* » *de Ste-Magdelaine de Candeil.* »

L'époque du règne de Louis-le-Gros est très-remarquable. L'influence des grands vassaux s'est affaiblie; le pouvoir royal reprend sa force et son éclat, maîtrise la féodalité et protége le peuple contre elle. L'institution des communes est fortifiée, fécondée par cette protection; Louis-le-Gros leur accorde des

---

[1] « Il est interdit aux habitants de chasser, dans la juridiction de » l'abbaye, au sanglier, chevreuil, aux perdrix et lièvres. Il est permis, » par gratification, de chasser aux cailles avec chiens couchants, *exclus* » *les artisans, laboureurs, et autres gens mécaniques.* »
(*Titres et Documents de l'abbaye de Candeil.*)

franchises nouvelles. Les croisades ont obéré la plupart des seigneurs; les uns vendent leurs possessions, d'autres émancipent leurs serfs moyennant une certaine somme. Tout concourt sous ce règne aux progrès de l'affranchissement des communes et à rendre à la royauté son véritable caractère.

« Le tiers état — dit M. Guizot — fut le descendant et » l'héritier des communes du XIIe siècle. » Beaucoup de villes de l'Albigeois avaient alors, en effet, une administration municipale organisée. Les consuls tenaient leurs charges de l'élection à laquelle les *bourgeois* [1] ou principaux habitants participaient.

---

[1] Il est question des *bourgeois* d'Albi dès l'année 1035, et il n'y a peut-être rien de plus ancien sur la bourgeoisie des villes de Languedoc. On trouve des *bourgeois* de Carcassonne en 1107 et des *bourgeois* de Castres en 1160. Nous avons cru devoir donner ici la traduction de l'acte sur lequel notre assertion s'appuye. Il est relatif à la construction du pont d'Albi et renferme de curieux détails.

CONSTRUCTION DU PONT D'ALBI, VERS L'AN 1035.

« Comme le souvenir des actions humaines passe vite, que ce qui se fait
» sous le soleil est de peu de durée, nous faisons savoir à la postérité que
» Anselme, abbé de l'église de St-Salvi, Adalbert, prévôt *(præpositus)*,
» Léon Franc, archidiacre, le révérend chantre *(cabiscolius)* et les autres
» chanoines de la même église, pour se conformer aux avis, aux ordres
» et aux prières réitérées du seigneur Amélius, évêque d'Albi, de sainte
» mémoire, de Frotaire, évêque de Nîmes, et de son frère B. Aton,
» proconsul de Nîmes et prince de l'Albigeois, ainsi que d'autres évêques,
» savoir : Gérald de Rodez et B. de Cahors, enfin à la demande *générale*
» et aux instantes prières de tous les citoyens et *bourgeois* d'Albi, et de
» tous ceux que les évêques susdits avaient fait venir des châteaux et
» des bourgs voisins, pour faire avec eux la même demande; afin de faire
» droit à toutes ces réclamations, à ces conseils, à ces prières, les susdits
» dignitaires de l'église de St-Salvi ont accordé et voulu qu'un pont fût
» construit sur le Tarn, dans l'alleu de St-Salvi, pour l'amélioration de la
» ville et l'utilité de tout l'Albigeois; et afin que l'exécution d'un aussi

Ces magistrats étaient élus chaque année ; les soins de la police et le maintien des droits de la cité constituaient leurs plus sérieux devoirs. — Au XIIIᵉ siècle, les attributions consulaires s'agrandiront ; de nombreux priviléges seront accordés aux villes. Nous verrons leurs *coutumes* embrasser les moindres détails de l'administration publique, s'appliquer à toutes les conditions de la population, pénétrer dans la vie civile, et constituer dans leur ensemble un code presque complet de législation.

Dès le commencement du XIIᵉ siècle, l'Église a secoué le joug des seigneurs séculiers ; les abbayes sont dotées de revenus considérables. Le pouvoir temporel des évêques d'Albi recueillera aussi le fruit des profondes atteintes portées à l'omnipotence féodale. La papauté, depuis Grégoire VII, a d'ailleurs conquis, sur tous les points de la chrétienté, une véritable suprématie. Elle contribue à placer ceux qui gouvernent les églises dans l'indépendance du pouvoir séculier. On ne voit plus,

» grand ouvrage fut plus facile, sur la demande, les exhortations et les
» prières de toute espèce des mêmes personnes, ils ont abandonné, accordé
» et donné, pour la construction de ce pont, le port qui appartenait en
» alleu à St-Salvi, avec tous les revenus qu'il produisait, de manière
» cependant que si, après la construction du pont, quelqu'un voulait exiger
» ou recevoir quelque salaire des passants, il revienne sans contradiction
» aux chanoines de St-Salvi, comme aux seigneurs naturels, et demeure
» toujours, comme autrefois, leur propriété, sans qu'ils puissent être
» troublés. Cette promesse, cette concession, cette donation a eu pour
» témoins les quatre évêques désignés et le prince d'Albi, B. Aton, qui a
» voulu l'exécution de tout ce que nous avons dit et a donné son appro-
» bation. Elle a eu encore pour témoin la multitude tant des habitants que
» de ceux qui s'étaient réunis afin de donner leurs suffrages pour un ouvrage
» d'une si grande utilité. » (*Preuves de l'Histoire générale de Languedoc.*)

au XIIe siècle, les seigneurs disposer de l'évêché d'Albi et nommer aux abbayes. Leur influence s'exerce encore dans les élections ecclésiastiques; mais le peuple et le clergé y participent aussi [1].

Les évêques d'Albi ne tarderont pas à se trouver en possession de véritables droits de souveraineté. Leurs revenus deviendront plus considérables; ils rendront la haute justice dans leur ville épiscopale, et s'attacheront sans relâche à accroître leur pouvoir temporel, ne prenant d'ailleurs nul souci des fréquentes remontrances de MM. les officiers royaux.

En 1141, des guerres particulières affligèrent l'Albigeois; Roger Ier, vicomte d'Albi, prit les armes contre Sicard, vicomte de Lautrec, à l'occasion de quelques domaines dépendants de l'abbaye de Castres. Il mourut en 1150 laissant pour héritier son frère Raymond Trencavel. Ce dernier fut en guerre avec le comte de Toulouse, Raymond V, qui le fit prisonnier. Une rançon de 3,000 marcs d'argent et la cession de diverses places furent le prix de la délivrance de Trencavel.

Le roi Louis VII s'était rendu à Toulouse en 1154, pour voir Constance sa sœur que Raymond V venait d'épouser. Il passa à Castres et y visita les reliques de St-Vincent. Constance, d'abord mariée à Eustache de Blois, roi d'Angleterre, avait conservé le titre de reine. Son union avec Raymond V ne

---

[1] L'intervention du peuple dans les élections épiscopales était d'ailleurs de vieille date, et il fallut bien des usurpations, de la part des seigneurs, pour que ce droit électif tombât en désuétude. Au VIIe siècle, le peuple avait concouru à l'élection de *Citruin*, évêque d'Albi : *Antistes factus judicio est populi.* (*Chron. épiscop. d'Albi.*)

fut pas heureuse. Ayant pris la résolution de quitter le comte son mari, elle vint cacher sa douleur dans le château de Burlats, habitation pittoresque aux bords de l'Agoût; ce lieu devint célèbre par le séjour de Constance et de sa fille, la belle Adélaïde de Toulouse.

L'hérésie allait bientôt pénétrer dans la province. L'agrandissement des possessions de l'Église, en amenant le délaissement de la discipline, produisit les premiers sectaires; ils s'autorisèrent du relâchement des mœurs du clergé pour tenter des voies nouvelles. Comme tous les réformateurs qui les avaient précédés ou qui les suivirent, ils prétendaient perfectionner la religion chrétienne devenue impuissante sur les esprits.

St-Bernard, abbé de Clairvaux et l'un des beaux génies de l'Église, se rendit dans la province en 1147, pour y prêcher contre les hérétiques *henriciens*. Henri, leur chef[1], après avoir apostasié, propageait les plus dangereuses doctrines à Toulouse et dans les contrées voisines. Son esprit était plein de vivacité, son éloquence entraînante. L'hérésie qu'il professait tirait son

« [1] Cet imposteur était, à ce qu'on croit, originaire d'Italie : il portait
» une longue barbe et marchait nu-pieds. Il en imposait aux simples
» par un extérieur extrêmement négligé, une piété apparente, une mo-
» destie affectée et des discours étudiés, et ne manquait ni d'esprit ni
» d'éloquence. Il dogmatisa d'abord à Lausanne, vint au Mans d'où il fut
» chassé honteusement. Il passa ensuite à Poitiers et à Bordeaux, d'où il
» fut également obligé de se retirer. Il se réfugia alors en Dauphiné et
» en Provence et s'y associa un autre hérétique nommé Pierre de Bruys,
» qu'il regardait comme son maître. Leur cœur était aussi corrompu que
» leur esprit, et ils menaient en particulier une vie très-débordée. Ils
» parcoururent ensemble ces deux provinces et y semèrent leurs erreurs. »
(*Histoire générale de Languedoc.*)

origine des *Manichéens* [1] d'Arménie. Les Henriciens rejetaient presque toute l'histoire sainte, le baptême et beaucoup d'autres dogmes de la religion chrétienne; ils ne pratiquaient point les lois du mariage et tenaient pour légitimes les unions que la morale réprouve. La mission de St-Bernard ne fut pas sans succès à Toulouse; mais elle ne détruisit pas les racines du mal; il devait faire de nouveaux progrès !

St-Bernard parcourut le Toulousain, traversa St-Paul [2] et fit son entrée à Albi, la veille du jour de St-Pierre, 1147; les habitants de cette ville professaient presque tous les nouvelles doctrines. Le lendemain de son arrivée, St-Bernard se rendit dans la cathédrale, accompagné d'un légat du pape, le cardinal Albéric [3]; l'église ne put contenir tous ceux qui étaient venus l'écouter. St-Bernard parla au peuple avec beaucoup d'éloquence; il combattit d'abord l'hérésie henricienne, et fit ensuite ressortir la beauté du dogme de l'Église; il entraîna tous les auditeurs, et lorsqu'il s'écria : — « Puisque vous

---

[1] Manès, qui vivait au IIIe siècle de notre ère, fut le chef de la secte des manichéens. Il prétendait avoir perfectionné le christianisme.

[2] Les anciens fossés de la ville de St-Paul, les ruines de ses fortifications et les traces de plusieurs édifices attestent que ce lieu avait autrefois beaucoup d'importance. On dit qu'une tête de Jupiter fut trouvée sur son territoire et lui fit donner le nom de *Cadajoux* (Cap-de-Joux — *Caput Jovis.*) « Cette tradition, dit M. Du Mège, n'a rien que de très-probable. » On a recueilli à St-Paul un grand nombre de médailles romaines.

[3] L'*Histoire générale de Languedoc* rapporte que le légat vint à Albi trois jours avant St-Bernard et qu'il y fut très-mal reçu, tandis que des démonstrations de joie accueillirent l'arrivée de l'éloquent prédicateur.

» détestez l'erreur, faites donc pénitence, vous tous qui étiez
» infectés d'hérésie, et soumettez-vous à l'Église; levez au ciel
» la main droite pour marque de votre retour; » — les assistants, la main levée, protestèrent unanimement qu'ils reconnaissaient la parole de Dieu.

Progrès de l'Hérésie. — Son caractère. — Concile de Lombers. — Le Cardinal de St-Chrisogone, légat dans la Province. — Le Vicomte Roger est excommunié. — Adélaïde de Toulouse. — Croisade des Albigeois. — Sac de Béziers. — Prise de Carcassonne. — Simon de Montfort recueille l'héritage des Trencavel. — L'Albigeois reconnaît son autorité. — Entrevue de Montfort et du Comte de Toulouse au Château d'Ambialet. — Siége de Lavaur. — Prise de Puylaurens. — Montfort assiége sans succès le Château de St-Marcel. — Il prend d'assaut celui d'Hautpoul. — Bataille de Muret. — Siége de Toulouse. — Mort de Simon de Montfort. — Considérations générales sur le caractère religieux et politique de la Croisade.

IV

La guerre occasionnée par l'hérésie des *Albigeois* donna une physionomie spéciale à notre contrée et vint fournir à son histoire les pages les plus dramatiques. On retrouve dans les détails de cette guerre, dans les moyens mis en usage pour la destruction de l'hérésie, tous les caractères d'une véritable croisade. Celles de la Terre-Sainte avaient exalté tous les cœurs; aussi l'esprit religieux qu'elles développèrent ne garda-t-il pas toujours de justes bornes!

Nous avons vu St-Bernard prêchant contre l'hérésie à Toulouse et dans les villes voisines; nous l'avons suivi à Albi où les nouvelles doctrines avaient faveur. L'éloquent prédicateur a fait naître le repentir dans l'âme des hérétiques qui sont venus l'écouter; tous font serment d'abjurer leurs erreurs!

Quelques conversions furent sans doute le fruit des prédications de St-Bernard. Mais l'hérésie se propageait; elle avait même revêtu diverses formes auxquelles on donna d'abord des dénominations distinctes; plus tard, cependant, *les bons hommes*, *les henriciens*, *les apostoliques*, *les patarins* et *les vaudois* ne furent plus désignés que sous le nom d'*hérétiques albigeois*.

En recherchant avec soin quel était le caractère de ces différentes sectes, on est conduit à reconnaître que celle des *manichéens* et celle des *vaudois* résumaient toutes les autres. Nous avons dit ce que fut Manés et comment les *henriciens* renouvelèrent au xiie siècle les principes du manichéisme. Pierre Valdo, né à Vaux sur les bords du Rhône, fut le fondateur de la secte des *vaudois*. Ses disciples expliquaient au peuple la bible traduite en langue vulgaire; ils rejetaient le culte des images, les sacrements et beaucoup d'autres dogmes chrétiens.

Un historien contemporain caractérise ainsi la secte des *apostoliques* : « Ces faux prophètes, dit-il, prétendent imiter
» les apôtres. Ils prêchent sans cesse, marchent nu-pieds,
» prient à genoux sept fois par jour, et autant pendant la
» nuit; ils ne veulent point recevoir d'argent, ne mangent
» pas de viande, ne boivent point de vin, et se contentent
» de recevoir leur simple nourriture. Ils disent que l'aumône
» ne vaut rien, parce que personne ne doit rien posséder.
» Ils refusent de participer à la sainte communion, prétendent

» que la messe est inutile, et déclarent qu'ils sont prêts à
» mourir et à souffrir le dernier supplice pour leur croyance;
» enfin, dit l'historien, ils font semblant d'opérer des prodiges. »

L'Église n'avait pas tardé à comprendre que la vigueur était indispensable pour arrêter les progrès du mal[1]; par les soins de Guillaume v, qui occupait alors le siége d'Albi, et avec le concours des principaux seigneurs de la province, un concile s'assembla, en 1165, à Lombers[2] en Albigeois. L'archevêque de Narbonne, les évêques de Nîmes, de Toulouse, de Lodève, d'Albi et d'Agde; les abbés de Castres, d'Ardorel, de Candeil et de Gaillac, et beaucoup d'ecclésiastiques, se rendirent à cette assemblée à laquelle assistèrent aussi Constance, comtesse de Toulouse, Trencavel, vicomte d'Albi, Isarn, seigneur de Dourgne, et Sicard, vicomte de Lautrec.

---

[1] « Les hérétiques tirèrent si bon parti de leurs efforts, qu'ils commen-
» cèrent à avoir, par les villes et bourgs, des lieux où s'héberger, des
» champs et des vignes, et très-amples maisons où ils prêchaient publi-
» quement et prônaient leurs hérésies à leurs adeptes. Or, il y en avait qui
» étaient ariens, d'autres manichéens, d'autres même vaudois ou lyonnais;
» lesquels, bien que dissidents entre eux, conspiraient tous néanmoins
» pour la ruine des âmes, contre la foi catholique, si bien que toute cette
» terre, réprouvée qu'elle était et tout près de la malédiction, ne poussait
» guères plus qu'épines et chardons, ravisseurs et routiers, larrons, ho-
» micides et adultères, usuriers manifestes, etc. »
(*Chronique* de GUILLAUME DE PUYLAURENS, traduction de M. GUIZOT.)

[2] On a cru que le nom d'*Albigeois* avait été donné aux hérétiques parce qu'ils n'étaient nulle part plus nombreux que dans le diocèse d'Albi. Cette opinion n'est pas fondée. L'hérésie avait plus d'adhérents encore dans les diocèses de Toulouse, de Carcassonne et de Béziers. La célébrité du concile de Lombers, dans lequel la condamnation des hérétiques albigeois fut prononcée, produisit seule cette dénomination.

Une grande affluence de peuple s'était rendu à Lombers de tous les points de l'Albigeois. Les hérétiques parurent devant le concile et furent entendus. Olivier, leur chef, essaya vainement d'établir la bonté des doctrines qu'ils professaient. Il fut convaincu d'hérésie par l'argumentation pleine d'éloquence de Gancelin, évêque de Lodève. « Je condamne, dit ensuite » ce prélat, la secte d'Olivier et de tous ceux qui tiennent » le sentiment des hérétiques de Lombers, quelque part qu'ils » soient et suivant l'autorité des écritures. » Les partisans d'Olivier s'étant récriés et ayant d'ailleurs mis en doute les pouvoirs de l'évêque de Lodève, celui-ci ajouta : « Ma sentence » est juridique; je suis prêt à la soutenir en la cour du pape » Alexandre, en celles de Louis, roi de France, de Raymond, » comte de Toulouse, ou de sa femme ici présente, enfin en » celle de Trencavel aussi présent. » La condamnation solennelle des hérétiques fut ensuite signée par tous les membres du Concile.

Les doctrines des Albigeois firent cependant de nouveaux prosélytes; le pape Alexandre III se détermina alors à envoyer dans la province, avec le titre de légat, le cardinal de St-Chrysogone. Roger de Béziers, qui avait succédé en 1167 à son père Raymond Trencavel, vicomte d'Albi, favorisait ouvertement l'hérésie. L'évêque d'Albi, emprisonné par son ordre, se trouvait placé sous la garde des hérétiques. Henri, abbé de Clairvaux, et Réginald, évêque de Bath, furent chargés par le légat de se rendre auprès du vicomte pour l'exhorter à retirer tout appui aux sectaires; ils devaient aussi réclamer la mise en liberté de l'évêque d'Albi. Les délégués étaient suivis d'un corps de troupes.

Roger refusa toute conférence, et ceux-ci n'ayant pu le voir se rendirent à Castres, y déclarèrent le vicomte hérétique et parjure, et l'excommunièrent. Les habitants de cette ville professaient presque tous l'hérésie, et leur dévouement aux Trencavel n'était point douteux; ils n'osèrent cependant résister aux mesures que prirent à Castres les deux commissaires.

Henri, l'un de ces derniers, reçut en 1180, le titre de légat dans la province; le pape Alexandre III venait de le pourvoir du cardinalat et de l'évêché d'Albano. Le nouveau légat, à la tête d'une petite armée, se dirigea immédiatement sur la ville de Lavaur qui était devenue un foyer d'hérésie. Deux chefs de sectaires, Raymond de Baimiac et Bernard Raymundi, y dogmatisaient publiquement. Adélaïde de Toulouse [1], femme du vicomte Roger, s'y était renfermée avec des troupes. Le cardinal assiéga et prit Lavaur après une vigoureuse défense. Roger se soumit dès qu'il en eût la nouvelle et promit au légat d'abandonner l'hérésie.

Malgré les soins de ce dernier, les hérétiques continuèrent leurs prédications dans la province. Raymond VI, comte

---

[1] Adélaïde de Toulouse, comtesse de Burlats, fille de Raymond V, comte de Toulouse, et de la reine Constance, fut célèbre par sa beauté et par les grâces de son esprit. Elle avait épousé le vicomte Roger en 1171, et se retira, après la mort de son mari, dans le château de Burlats où elle était née pendant le séjour qu'y fit la reine Constance, sa mère. Adélaïde aimait la poésie et fut chantée par les troubadours.

Nous verrons bientôt le fils d'Adélaïde dépouillé par Simon de Montfort de l'antique héritage des Trencavel, et mourir empoisonné à la fleur de son âge. Adélaïde restera seule pour pleurer dans sa solitude de Burlats les malheurs de cette noble famille.

de Toulouse, les protégeait, et le vicomte Raymond Roger, qui venait de succéder à son père Roger de Béziers[1], suivait l'exemple du comte Raymond. Les nouvelles doctrines dominaient dans Toulouse, à Castres, à Béziers, à Albi et dans beaucoup d'autres villes. Le pape Innocent III envoya dans la province de nouveaux commissaires, les frères Raynier et Guy, religieux de l'ordre de Cîteaux, et Pierre de Castelnau, archidiacre de Maguelonne. Tout pouvoir contre les hérétiques leur était conféré[2]. Le comte de Toulouse eut bientôt à se plaindre

---

[1] Dans les dernières années de sa vie, Roger de Béziers fut en guerre avec le comte de Toulouse, Raymond VI, dont il méconnaissait la suzeraineté. Il conclut la paix avec lui en 1191. On en régla les conditions de concert avec l'évêque d'Albi, Guillaume Petri; la plupart d'entre elles méritent d'être remarquées : « 1º Les églises, les monastères, » les lieux saints, les clercs, les marchands, les chasseurs, les pêcheurs, » les chevaliers, les bourgeois, les paysans, et généralement tous les ha- » bitants du diocèse d'Albi, avec tous leurs biens, sont compris dans la paix » et tenus de la garder entre eux; 2º Le comte Raymond donne sauf- » conduit contre les entreprises des gens de guerre aux laboureurs et à » toutes les bêtes de labourage et de charge qui porteraient le signe de la » paix. Il les met tous sous sa sauve-garde; 3º Les prêtres et les curés » avertiront leurs paroissiens d'observer cette paix pendant cinq ans; ils » leur en feront prêter serment sur les saints évangiles et déclareront » excommuniés ceux qui refuseront d'en garder les conditions; 4º On paiera » au comte et à l'évêque, pour le soutien de cette paix, un setier de grain » par charrue, dix deniers, monnaie d'Albi, pour chaque bête de charge, » et six deniers pour chaque âne ou ânesse; 5º Enfin, il est défendu de » saisir, sous quelque prétexte que ce soit, les animaux qui porteraient » le signe de la croix. »

[2] On a généralement attribué l'origine de l'inquisition à l'envoi de ces commissaires, armés par le saint-siége de tout pouvoir contre les hérétiques. Les archevêques et évêques étaient placés par le pape sous leur autorité. Quelques auteurs font remonter cette origine à 1184. Dans le

des exigences de Pierre de Castelnau; il refusait de s'y soumettre; aussitôt Pierre l'excommunie et jette l'interdit sur ses états. Une véritable croisade se préparait contre les Albigeois; St-Dominique combattait leurs doctrines dans la province par d'éloquentes prédications [1]; le pape exhortait Philippe-Auguste et les principaux seigneurs du royaume à prendre les armes pour exterminer l'hérésie.

Peu de temps après, Pierre de Castelnau fut assassiné sur les bords du Rhône [2]. Le comte de Toulouse était soupçonné d'avoir commandé ce crime; Innocent III fit alors publier une croisade contre les hérétiques albigeois. Eudes III, duc

---

concile de Vérone, tenu cette année-là, le pape Licinius ordonnait aux évêques de prendre des informations sur les personnes suspectes d'hérésie, et déterminait des peines contre eux.

[1] « L'évêque d'Albi, Guillaume Petri, logea par trois fois St-Dominique
» à Albi, et eut de grandes conférences avec lui pendant son séjour. »
(*Manuscrit* de M. GARDÉS.)

[2] « Le 15 janvier 1208, les deux légats se disposaient à traverser le
» Rhône, après avoir dit la messe, lorsque deux hommes inconnus qui
» avaient logé avec eux s'étant approchés, l'un d'eux porta à Pierre de
» Castelnau un coup de lance qui l'atteignit au bas des côtes, et le ren-
» versa par terre. Ce pieux religieux se sentant blessé dit à son assassin:
» *Dieu vous pardonne, puisque je vous pardonne*, et répéta plusieurs fois
» ces paroles. Il régla ensuite avec ses associés les affaires de sa mission,
» et ayant récité quelques prières, il expira.
» C'est ainsi que le pape Innocent III raconte lui-même les circonstances
» de la mort de Pierre de Castelnau, son légat, sur la relation sans doute
» que l'abbé de Citeaux lui en envoya. Le pape soupçonna extrêmement le
» comte de Toulouse d'y avoir participé; mais il convient ailleurs que ce
» prince ne fut jamais *convaincu* d'un pareil attentat, et on peut s'en
» rapporter à lui. »   (*Histoire générale de Languedoc.*)

de Bourgogne, Simon de Montfort, comte de Leycestre [1], les comtes de Nevers, de St-Paul et d'Auxerre et beaucoup d'autres seigneurs se croisèrent [2]. La conquête des possessions de Raymond, mises en interdit par l'Église, dut animer le zèle des plus ambitieux. Un nouveau légat, Milon, fut investi de tous les pouvoirs du saint-siége et assembla un concile à St-Gilles; le comte Raymond y comparut, se soumit à l'Église et offrit au légat de combattre les hérétiques.

Le vicomte Roger voulait suivre cet exemple; mais ses protestations ne purent vaincre l'inexorable légat. Le vicomte se jeta alors dans Carcassonne avec ses meilleures troupes, après avoir mis une forte garnison dans Béziers.

Cependant l'armée des croisés se rassemble sous le commandement d'Arnaud, abbé de Citeaux et légat du pape. Les intérêts de l'Église ont seuls déterminé cette guerre [3], aussi

---

[1] Simon de Montfort, que la guerre des Albigeois a rendu célèbre, était d'une naissance illustre. Il descendait de Guillaume, fils d'Amauri, comte de Hainaut, qui vivait au xe siècle. Fils puîné de Simon II, seigneur de Montfort et comte d'Évreux, et d'Amicie, comtesse de Leycestre, en Angleterre, il eut en partage la seigneurie de Montfort et le comté de Leycestre. Il avait épousé en 1190 Alix de Montmorency. Il fit la guerre en Palestine et revenait de la Terre-Sainte lorsqu'on prêcha la croisade contre les hérétiques albigeois. Simon de Montfort était de haute stature, actif, infatigable, éloquent et plein d'ambition.

[2] Les croisés de la Terre-Sainte mettaient la croix sur l'épaule. Ceux qui se croisèrent contre les Albigeois la mirent sur la poitrine, pour se distinguer des premiers.

[3] « Qu'y avait-il de plus désespéré, en 1205, que l'état religieux du » Languedoc? Le prince était un hérétique passionné; la plupart des ba- » rons favorisaient l'hérésie; les évêques ne montraient aucun souci de

voit-on les seigneurs séculiers sous les ordres d'un ecclésiastique. La ville de Béziers est assiégée et emportée d'assaut par les croisés; il s'y fait un horrible carnage ; ni le sexe ni l'âge ne peuvent arrêter les vainqueurs; la ville est pillée et consumée par les flammes [1].

» leurs devoirs... Les catholiques demeurés fidèles n'étaient plus qu'en petit
» nombre. L'erreur insultait, par le spectacle d'une vertu factice, aux
» désordres de l'Église, et le découragement avait atteint ceux-là même
» qui portaient une foi inébranlable dans un cœur chaste et fort. »
(*Vie de St-Dominique*, par le frère Henri-Dominique Lacordaire, de l'ordre des prêcheurs. *Paris*, 1841.)

[1] Lorsque Béziers fut emporté d'assaut, on entendit, au dire de beaucoup d'historiens modernes, ces paroles impitoyables que M. Villemain appelle « une horrible impiété du fanatisme » : *Tuez-les tous, car Dieu connaît ceux qui sont à lui!*

Quelques écrivains ecclésiastiques ayant avancé que ces paroles n'avaient pas été proférées, nous avons tenté de nous rendre compte de leur authenticité, et de peser sa valeur. Étudier l'histoire c'est rechercher la vérité. La plus complète indépendance a d'ailleurs guidé nos recherches; nous en donnons ici le résultat.

Voici le texte de l'*Histoire générale de Languedoc :* « Un historien con-
» temporain, mais étranger[*], rapporte une circonstance que quelques auteurs
» récents révoquent en doute. Il dit : — *qu'avant le sac de Béziers, les*
» *croisés demandèrent à l'abbé de Citeaux ce qu'on devait faire en cas qu'on*
» *vînt à prendre la ville par assaut, dans l'impossibilité où l'on était de distin-*
» *guer les catholiques, d'avec ceux qui ne l'étaient pas. L'abbé*, ajoute cet
» auteur, *craignant que plusieurs hérétiques ne voulussent passer pour ortho-*
» *doxes, dans la vue d'éviter la mort, et qu'ils ne reprissent ensuite leurs*
» *erreurs*, répondit : TUEZ-LES TOUS, CAR DIEU CONNAÎT CEUX QUI SONT A
» LUI. *Ainsi, on ne fit quartier à personne.* — Quoi qu'il en soit de cette
» circonstance, les croisés après le siége de Béziers rassemblèrent tous
» les corps morts en divers monceaux, y mirent le feu et se disposèrent
» à pousser plus loin leurs conquêtes. »

Nous n'avons pas trouvé ailleurs la consécration des paroles attribuées

[*] Cæsar. Heisterb., L. 5, C. 21.

Les croisés marchent ensuite sur Carcassonne où le vicomte Roger s'est renfermé ; la ville capitule après une vive défense ; le vicomte est jeté dans les fers au mépris des conditions auxquelles Carcassonne s'est rendue, et l'abbé de Citeaux le dépouille incontinent de toutes ses possessions. Il les offre successivement au duc de Bourgogne, aux comtes de Nevers et de St-Paul qui repoussent de telles propositions et s'indignent de la déloyauté qui retient le vicomte prisonnier. Simon de Montfort, moins scrupuleux, ne les imite pas. Cédant, après quelques hésitations calculées, aux instances du légat, il recueille l'héritage des Trencavel.

La prise de Carcassonne répandit la terreur dans tout le

à l'abbé de Citeaux, et l'opinion générale dut s'établir sur l'interprétation du texte que nous venons de reproduire.

Aucun historien de la croisade n'a rapporté ces paroles. Nous citerons *Guillaume de Puylaurens, Pierre de Vaux-Sernay*, surtout, dont le fanatique enthousiasme ne se fût point trouvé embarrassé de ce propos, quelque cruel qu'il soit ! *Les gestes glorieux des Français*, publiés par M. Guizot, n'en font pas mention; l'*Histoire des Albigeois et des Vaudois ou Barbets*, publiée en 1641 par Benoît, garde le même silence. Cette remarque s'applique aussi à l'*Histoire de la guerre des Albigeois*, en langue romane, imprimée dans les *Preuves de l'Histoire générale de Languedoc*, et à *La Guerre des Albigeois*, écrite en vers provençaux, et que M. Fauriel a publiée.

Par quelle singulière préoccupation l'auteur de ce dernier ouvrage aurait-il pu omettre une circonstance aussi remarquable et qui servait si bien son dessein, puisqu'il s'était particulièrement proposé de dépeindre dans son récit les excès des croisés et les rigueurs de l'Église !

Le temps a donné au propos de l'abbé de Citeaux un caractère indélébile. Mais il faut bien se dire que si les paroles du siége de Béziers n'avaient point été réellement proférées, ce ne serait pas la première fois que l'erreur aurait exercé sur les préjugés des hommes l'empire qui n'est dû qu'à la vérité.

pays; la plupart des seigneurs, qui favorisaient les hérétiques, s'empressèrent de faire leur soumission. Le vicomte Roger venait de mourir à Carcassonne où l'on croit que Montfort le fit empoisonner. Agnès de Montpellier, sa veuve, s'était réfugiée à Castres avec son jeune fils Trencavel; elle y était chérie des habitants; mais la frayeur qu'inspiraient les croisés fut telle que Castres se soumit, et envoya des députés à Simon de Montfort pour lui rendre hommage. Il vint lui-même dans cette ville, au commencement de septembre 1209, y reçut la soumission des chevaliers du château de Lombers, se rendit bientôt après dans cette place et fit ensuite son entrée à Albi. L'évêque Guillaume Petri lui remit la ville[1]. Simon soumit alors tout l'Albigeois, à l'exception de quelques châteaux.

Le comte de Toulouse s'était trouvé au siége de Carcassonne avec l'armée des croisés; il se retira après la prise de cette ville, et de profonds dissentiments ne tardèrent pas à s'élever entre Simon de Montfort et lui. Pierre, roi d'Aragon, allié du comte Raymond, fit immédiatement ses dispositions pour le secourir, et l'on vit presque tout l'Albigeois se déclarer pour lui.

Simon de Montfort faisait alors la guerre dans le pays de Carcassonne; il reparut bientôt dans la contrée. La ville de Castres avait méconnu son autorité; elle implora sa clémence,

---

[1] « Simon de Montfort fit grande guerre contre les hérétiques albigeois; » Guillaume Petri se croisa avec lui, le reçut dans Albi, lui baillant la » ville pour sûreté, quoiqu'il en fût le véritable seigneur. Il supporta les » dépenses des siéges de St-Marcel et de Penne, pour chasser l'hérésie de » son pays. » (*Manuscrits* de M. GARDÉS.)

et Montfort pardonna. Il laissa garnison à Lombers et se rendit au château d'Ambialet où le comte de Toulouse était venu le joindre, pour tenter un raccommodement.

L'entrevue d'Ambialet les rendit irréconciliables ; on lit même dans Pierre de Vaux-Sernay que le comte s'était fait suivre, à dessein, de plusieurs ennemis de Montfort et qu'ils tentèrent de se saisir de sa personne. Au dire de l'historien, ce dernier découvrit le complot, le déjoua et fit d'amers reproches au comte de Toulouse. Raymond repoussa avec châleur toute participation à de tels projets. [1]

Le pape venait de confirmer Simon de Montfort dans la possession de ses conquêtes ; ce dernier voulut mieux la légitimer encore et parvint à obtenir de la veuve du vicomte Roger une cession de tous ses droits. La transaction s'accomplit moyennant le remboursement de la dot qu'Agnès de Montpellier avait apportée au vicomte ; un douaire lui fut aussi concédé. [2]

Tout concourait à consolider la puissance de Simon de Montfort ; une bulle du pape faisait lever de nouveaux subsides

---

[1] Le témoignage de Pierre de Vaux-Sernay ne doit être admis qu'avec beaucoup de réserve. Admirateur de Simon de Montfort, il le suivit dans toutes ses expéditions. L'*Histoire de la guerre des Albigeois* que Pierre de Vaux-Sernay nous a laissée fait partie de la *Collection des mémoires relatifs à l'histoire de France*, publiée par M. Guizot.

[2] Deux ans après, en 1211, Simon de Montfort fit souscrire une donation du même genre au jeune Trencavel, fils d'Agnès de Montpellier. Il était âgé de quatre ans. Montfort lui fit déclarer qu'il agissait, en lui abandonnant tous ses droits, de son propre mouvement et par le seul effet de sa libre volonté.

pour la continuation de la croisade; Montfort recevait chaque jour des renforts de troupes; il entreprit alors le siége de Lavaur.

Cette ville, où beaucoup d'hérétiques s'étaient réfugiés, appartenait à une veuve nommée *Guiraude*, ou *Géralde*, et fut défendue par Amaury, seigneur de Montréal, et frère de Guiraude. Il avait avec lui quatre-vingts chevaliers pleins de résolution. Lavaur était environné d'épaisses murailles et de fossés profonds.[1] La place fut emportée le 3 mai 1211, après une longue résistance. Les croisés, pendant l'assaut, chantaient le *Veni Creator*; ils firent toutefois main-basse sur les habitants. Le seigneur de Montréal et les chevaliers qui avaient défendu la ville furent pendus ou passés au fil de l'épée. L'histoire a recueilli, à l'occasion de ce siége, les déplorables effets des dissensions religieuses. Guiraude est jetée vivante, quoique en état de grossesse, dans un puits que l'on comble aussitôt de pierres; on égorge sans pitié les vieillards, les femmes et les enfants[2]; quatre cents hérétiques sont précipités

---

[1] « Lavaurs fou tan fortz vila, que anc e nulh regnat
» Plus fort en terra plana non vi om que fos natz
» Ni ab milhor clausura, ni ab plus prions fossatz. »
(*Histoire de la croisade contre les hérétiques albigeois*, écrite en vers provençaux par un auteur contemporain et publiée par M. Fauriel.)

[2] « Lodit conte de Montfort a faict prendre ladita dama d'eldit Lavaur,
» que dessus és dita, et dins un pots touta viva la faicta davalar; et
» quand és estada al fond d'eldit pots, a ly faict gectar tant de calhaus
» dessus, que touta la ne a couverta, et faicta mourir de mala mort dins
» lodit pots. Et quand tout so dessus és estat faict, et touts los que eran
» dins lodit Lavaur tuats et murtrits, que ung sol no n'y an laissat per

dans les flammes; on dit qu'ils y chantaient des psaumes et s'exhortaient entre eux à mourir sans faiblesse !

Lavaur renfermait de grandes richesses; Montfort les abandonna à Raymond de Salvagnac, marchand de Cahors dont l'opulence était renommée, et qui lui avait fourni de grosses sommes[1]. Montfort se libérait des dépenses de la croisade par le pillage des villes. On trouva dans Lavaur de magnifiques armures et des chevaux d'un grand prix.

» senhal en vida, fouc pilhada touta ladita villa sans laissar rés, en la-
» qualla fouc trobada une granda richessa. »
(*Histoire de la guerre des Albigeois*, par un ancien auteur anonyme. *Collection des mémoires relatifs à l'histoire de France*, publiée par M. GUIZOT.)

[1] « Ramon de Salvanhac 1 riche merchaant
» Que fo natz de Caorts ric borzes e manant
» Lo coms de Montfort li deu laver fer e gran
» Cel mante la crosada que li presta largiant
» Et pois pres ne en paga draps e vi e fromant
» Tot laver de Lavar li mes om de denant.
. . . .
» En la vila an pres mant destrier saur et bai
» E mot ric garniment de fer qui lor eschai
» Et mot blat e mot vin mot drap don el son gai
» E mot ric vestiment. »
(*Histoire de la croisade contre les hérétiques albigeois.*)

TRADUCTION DE M. FAURIEL.

» A Raymond de Salvagnac, un riche marchand — natif de Cahors, puis-
» sant et opulent bourgeois, — le comte de Montfort doit l'immense butin. —
» C'était lui qui maintenait la croisade et lui avait prêté l'argent (néces-
» saire), — recevant ensuite en paiement du drap, du vin et du blé. —
» Tout le butin de Lavaur lui fut mis devant et donné.
. . . .
» Dans la ville fut capturé maint destrier noir et bai, — mainte riche
» armure de fer qui échoit aux (croisés), — grande quantité de blé, de
» vin, de drap, de beaux vêtements, dont ils sont joyeux. »

La prise de cette ville ne mit plus de bornes à l'ambition de Simon de Montfort. Il s'empara de Puylaurens[1]. Le comte de Toulouse avait fait ses efforts pour se réconcilier avec l'Église; il s'était même rendu à Rome; le pape Innocent III lui fit accueil; mais les ordres du saint-père furent toujours arbitrairement interprêtés par ses légats, et leurs exigences rendirent tout accommodement impossible. Raymond ne tarda pas à prendre l'offensive; on le vit assiéger Simon de Montfort dans Castelnaudary. Le succès ne devait pas couronner ce hardi projet.

Raymond n'a pu s'emparer de cette ville et s'est retiré vers Puylaurens. Simon de Montfort se rend à Castres[2] où Gui de Montfort[3], son frère, est venu le joindre. Les châteaux

---

[1] « Sicard, seigneur de Puy Laurens, lequel était autrefois du bord de » notre comte, mais puis l'avait quitté, apprenant la prise de Lavaur eut » peur et abandonnant son château, se réfugia en hâte à Toulouse avec » ses chevaliers. Or était Puy Laurens un noble castel, à trois lieues de » Lavaur, dans le diocèse de Toulouse, que notre comte, après qu'il l'eut » recouvré, donna à Gui de Lucé, homme de bon lignage et fidèle, lequel » y entra aussitôt et le munit. » (*Traduction* de PIERRE DE VAUX-SERNAY.)
L'origine de Puylaurens est ignorée; l'*Histoire générale de Languedoc* rapporte qu'au commencement du XIIe siècle, Arnaud de *Pui Laurens* embrassa la vie monastique dans le couvent de La Grasse et que c'est le plus ancien monument où il soit parlé de cette ville. On fait aussi mention du château de Puylaurens dans un acte de 1149 conservé à Toulouse dans *le Trésor des Chartes*.

[2] Il y célébra les fêtes de Noël de l'an 1212, avec les marques de la plus grande piété.

[3] Gui de Montfort avait suivi son frère dans les croisades de la Terre-Sainte et demeura longtemps après lui en Orient. Il y avait épousé Helvise d'Ybelin, dame de Sidon, qui l'accompagna à Castres.

de Tudelle et de Cahuzac-sur-Vère tombent au pouvoir de Simon de Montfort; il assiége celui de St-Marcel.

Ce château, très-fortifié et bien défendu, lui résista; Raymond, suivi d'un corps de troupes, s'était approché de St-Marcel et doublait la confiance des assiégés; Montfort dut renoncer à son projet[1] et fut célébrer à Albi[2] la fête de Pâques; le lendemain, il marcha sur Gaillac, où il venait proposer un combat singulier au comte de Toulouse, renfermé dans la place. Celui-ci ne tint nul compte de ce défi; Montfort se prépara à de nouvelles expéditions.

Presque tout l'Albigeois reconnaissait son autorité. Le château d'Hautpoul, voisin de Mazamet, se faisait remarquer parmi les points importants qui résistaient encore. Des hérétiques en très-grand nombre le défendaient et ses abords naturels étaient presque inaccessibles. Montfort assiégea ce château et, après plusieurs assauts, s'en rendit maître.

Le plan de ce précis ne saurait nous permettre de suivre Simon de Montfort dans toutes les expéditions qu'il entreprit encore pour la destruction de l'hérésie, prétexte spécieux sous lequel il cachait son ambition profonde. Il réduisit diverses

---

[1] Peu de de temps après, les habitants de Saint-Marcel, craignant le ressentiment de Simon de Montfort, lui envoyèrent les clefs de cette place; Montfort refusa de recevoir leur soumission, s'empara du château et le fit détruire. « Loqual Sanct Marsal lodit conte de Montfort fec arrasar et » abatre, que no demoret peyra sus peyra. » (*Histoire de la guerre des Albigeois*, par un ancien auteur anonyme.)

[2] Pendant son séjour à Albi, Simon de Montfort donna à l'évêque Guillaume et à ses successeurs les châteaux de *Rouffiac* et de *Marssac*, sauf les droits régaliens. L'acte de donation est du 3 avril 1212.

places du Toulousain, soumit l'Agenais, Moissac, et porta ses armes, toujours victorieuses, dans le pays de Comminges. Les provinces du nord de la France envoyaient chaque jour de nouvelles troupes à Simon de Montfort, car on continuait d'y prêcher la croisade. On vit même l'Italie et l'Allemagne fournir des soldats pour cette guerre [1].

Innocent III avait permis au comte de Toulouse de se justifier dans un concile qui s'assembla à Lavaur en 1213; mais l'influence ennemie que Raymond rencontrait dans tous ses démêlés avec l'Église se retrouva encore dans cette assemblée. Pierre, roi d'Aragon, allié fidèle du comte de Toulouse, s'était rendu à Lavaur; sa médiation fut sans succès; le concile déclara tout accommodement impossible.

On tente alors le sort des armes. Les troupes de Raymond, des comtes de Foix et de Comminges se joignent à celles du roi d'Aragon et viennent assiéger Muret; les deux armées livrent bataille sous les murs de la ville, et la victoire reste fidèle aux soldats de Montfort. Pierre d'Aragon est tué dans la mêlée; les débris de l'armée vaincue se dispersent.

Un nouveau légat, Robert de Courçon, s'était rendu dans la province; il disposa provisionnellement des possessions du comte de Toulouse, en faveur de Simon de Montfort. Innocent III crut cependant devoir restreindre les dispositions de son légat, car l'ambition de Simon de Montfort lui paraissait déjà

---

[1] On gagnait les indulgences après quarante jours passés dans le camp des croisés; beaucoup d'entre eux, après ce temps, reprenaient le chemin de leurs provinces.

nécessiter le frein de l'Église. Le concile de Latran n'adjugea à Montfort que le seul comté de Toulouse. La cour de Rome commençait à se plaindre de celui dont elle avait fait la renommée et la puissance. Montfort brava bientôt l'Église, après avoir longtemps combattu pour qu'elle fut respectée! Il se rendit, vers ce temps, auprès de Philippe-Auguste et le reconnut pour son suzerain, cherchant ainsi un nouvel appui en dehors du pouvoir ecclésiastique.

Le terme de ses prospérités approchait. Les peuples de la province n'avaient point hésité entre les droits légitimes du comte de Toulouse et le joug tyrannique de Simon de Montfort; s'ils se soumirent, la force des armes et les efforts de l'Église en furent les seules causes, et au jour où Montfort fut en lutte avec la cour de Rome, sa puissance tomba. Raymond, après un temps d'exil, reparut tout-à-coup dans la province où il eut bientôt une armée; on vit les populations se déclarer ouvertement pour lui, Toulouse le rappeler et le recevoir en vainqueur. C'était là pour Montfort une situation bien nouvelle; le succès jusqu'alors avait couronné ses entreprises; aujourd'hui les chances de gloire et de conquêtes l'abandonnaient sans retour. Ses troupes affaiblies ne combattaient plus avec cette sainte ardeur qu'entretenaient autrefois les prédications de l'Église. Le légat du saint-siége appliquait encore ses efforts à arrêter les progrès des armes du comte de Toulouse; mais ce n'était plus la croisade... car le concile de Latran avait marqué sa fin.

Montfort assiégea vainement Toulouse; cette place était bien défendue et harcelait son armée par de fréquentes sorties;

les soldats de Montfort n'avaient pu détruire les nombreux retranchements qui défendaient la ville; l'assaut était impraticable, et le découragement gagnait les assiégeants, lorsque, le 25 juin 1218, une pierre lancée de la ville par un mangonneau atteignit Montfort à la tête; il expira sur le champ!

Le caractère si dramatique de Simon de Montfort fut un mélange de bravoure et du plus cruel fanatisme, d'ambition et de vertus chevaleresques [1]. Montfort mourut les armes à la main. On l'appela *le Judas Macchabée de son siècle*, et Rome ne pouvait mieux choisir l'instrument de ses rigueurs impitoyables contre une hérésie qu'elle voulait exterminer. Les ombrages que Montfort finit par inspirer à l'Église seraient le sujet d'études curieuses; mais elles n'appartiennent point au plan de notre ouvrage.

Les détails de la croisade, dont nous venons de retracer les principaux faits, furent soigneusement recueillis par les historiens contemporains. Pierre de Vaux-Sernay, Guillaume de Puylaurens et quelques chroniqueurs enregistrèrent dans leurs récits les moindres épisodes de cette guerre; mais la vérité s'y démêle bien difficilement! Les historiens de la croisade étaient, en général, les admirateurs de Simon de Montfort; et il n'y eut point d'excès commis par son armée

---

[1] « On ne pouvait voir un plus hardi capitaine ni un plus religieux
» chevalier que le comte de Montfort; et s'il eût joint aux qualités émi-
» nentes qui resplendissaient dans sa personne un meilleur fond de
» désintéressement et de douceur, nul des croisés d'Orient n'aurait sur-
» passé sa gloire. »
(*Vie de St-Dominique*, par le frère Henri-Dominique LACORDAIRE,
de l'ordre des prêcheurs.)

qu'ils n'aient justifiés, avec une naïveté qui souvent le dispute à la cruauté même! Nous avons raconté le siége de Lavaur et les malheurs qui s'appesantirent sur cette ville; lisons Pierre de Vaux-Sernay; il retrace les horreurs de ce siége avec une sérénité d'esprit qui étonne: « Et c'est avec une joie extrême, » *cum ingenti gaudio*, dit-il, que les croisés brûlèrent dans » Lavaur un très-grand nombre d'hérétiques!... »

Le ton si passionné des historiens de cette guerre devait nuire à l'appréciation impartiale de son caractère et, il faut le dire, la croisade des Albigeois est encore sous ce rapport très-imparfaitement connue. Deux faits nous ont paru la dominer : — L'intervention de l'Église, élément primitif et indispensable de cette guerre; — La nature du concours que l'Église trouva dans les croisés des provinces du Nord. — Nous allons essayer de définir le caractère et de préciser la portée de ces deux faits qui, à notre sens, constituèrent toute la croisade.

Le rôle de l'Église était difficile, et juger ce qu'elle fit est une laborieuse entreprise. Nous avons cru qu'il importait de se placer d'abord, avec le soin le plus scrupuleux, dans les conditions du temps où vivaient ceux dont nous voulions caractériser les actes. Ce sentiment, qui est l'âme de l'histoire, nous a paru, pour la guerre des Albigeois, d'une pratique indispensable [1]. Car s'il nous arrivait, par exemple, de porter

---

[1] « La croisade des Albigeois! quelle idée s'en fait-on, soit que l'esprit mo-
» nacal, soit que l'esprit philosophique retrace seul ces grands souvenirs?
» Longtemps d'abord le témoignage des victimes avait été supprimé; c'étaient

les idées philosophiques du xviiie siècle dans l'appréciation qui nous occupe, nous commettrions, à coup sûr, un véritable anachronisme.

Quand la croisade fut résolue, l'hérésie triomphait dans le Languedoc; l'Église avait perdu toute puissance; « ceux qui
» étaient revêtus du sacerdoce s'étaient laissé corrompre; les
» églises étaient abandonnées et tombaient en ruines; on
» refusait d'administrer le baptême; l'eucharistie était en exé-
» cration, la pénitence méprisée, et on ne voulait croire
» ni à la création de l'homme ni à la résurrection de la
» chair [1]. »

Quelle était pourtant cette époque où l'on vit les églises du Languedoc tomber dans un état si déplorable? C'était celle des croisades de la Terre-Sainte. Les serfs, les chevaliers, les rois eux-mêmes, allaient alors combattre les infidèles; les uns quittaient leurs chaumières, d'autres leurs nobles demeures; on vit les rois renoncer aux douceurs du trône pour une vie aventureuse et semée de mille dangers! Peu d'entre eux revenaient des croisades; le plus grand nombre périssaient par les fatigues ou dans les combats. Telle était cette époque; et c'est

---

» les inquisiteurs qui s'étaient fait historiens; puis le récit des inquisiteurs
» fut commenté plus tard uniquement par l'esprit philosophique. Tout ce
» qui avait été fait de violent et d'inhumain dans cette guerre parut
» tenir à une scélératesse profonde; tandis que le caractère de cer-
» taines époques, c'est que de méchantes actions soient commises par des
» hommes qui tous n'étaient pas méchants. »   (M. VILLEMAIN.)

[1] Lettre de Raymond v, comte de Toulouse, du mois de septembre 1177, au chapitre général de Citeaux.

avec le sentiment historique des éléments qui la constituaient que l'Église doit être jugée. L'état religieux du midi de la France lui importait à coup sûr beaucoup plus que la conversion des infidèles! Cette terre de la Langue d'Oc, où le christianisme, dès sa naissance, avait jeté un si vif éclat [1] était la proie de l'hérésie! Ce spectacle attristait l'Église; son devoir lui parut tracé, et elle s'attacha à faire refleurir ses doctrines dans ce pays où l'erreur venait d'établir son empire.

Les moyens que l'Église mit en œuvre attestent sa résolution d'être impitoyable. Ils eurent souvent l'empreinte d'une rigueur cruelle, et l'histoire en a conservé les irréfragables témoignages. Il faut toutefois tenir compte des mœurs barbares de cette époque, et surtout bien se dire ce que les historiens modernes ont à peine laissé entrevoir : — L'hérésie avait placé l'Église dans la plus grave perplexité; l'état religieux du Languedoc était devenu pour le culte chrétien une question de vie ou de mort!

La croisade des Albigeois avait encore un autre aspect; laissons ici parler M. Guizot : « Ce fut, dit cet historien, la
» lutte de la féodalité du Nord, contre la tentative démocra-
» tique du Midi. Malgré les efforts du patriotisme méridional,
» le Nord l'emporta. L'unité politique manquait au Midi, et la
» civilisation n'y était pas assez avancée pour que les hommes
» sussent y suppléer par le concert. La tentative d'organisation.

---

[1] « Qui me donnera, disait St-Bernard, de voir, avant de mourir,
» l'Église de Dieu comme elle était dans les premiers jours? »
(M. VILLEMAIN.)

» républicaine fut vaincue, et la croisade rétablit dans le midi
» de la France le régime féodal. »

Au xiiie siècle, les villes du Languedoc étaient dotées d'institutions municipales. La maison des comtes de Toulouse exerçait sans doute sa prépondérance dans la province ; mais l'élément démocratique n'en était pas moins vivace. Les habitants nommaient leurs magistrats ; les villes avaient leurs priviléges ; et ce fut dans cette situation que le Languedoc vit un jour arriver toutes ces bandes de croisés, ces Lorrains, Picards, Flamands ou Bourguignons, représentation vivante du régime féodal. Instruments aveugles, ils suivaient leur seigneur sans regarder en arrière, et allaient combattre les hérétiques ignorant ce qu'était l'hérésie ! Celui-ci avait répondu incontinent à la voix de l'Église qui réclamait le secours de son bras. La guerre qui se préparait réveillait en lui l'esprit de conquêtes, et l'ambition put flatter ses pensées ! Le Midi allait perdre cette vieille indépendance dont il avait si longtemps recueilli les bienfaits, et que le Nord, peut-être, voyait d'un œil jaloux. Bientôt les croisés inondèrent ce beau pays, ravageant son territoire, décimant les habitants, saccageant leurs églises [1]. On se demandait si c'était bien là l'armée d'une cause sainte ! et ceci explique clairement combien l'esprit

---

[1] Les historiens de la croisade, dont les récits sont en langue romane, appliquent aux croisés les épithètes les plus injurieuses. L'un de ces historiens, dont M. Fauriel a traduit et commenté l'ouvrage, « les qua-
» lifie assez habituellement de taverniers (*taverners*), de tueurs d'hommes
» (*homicidiers*), de gens de glaive (*glaziers*) ; ils sont à ses yeux, dit
» M. Fauriel, une race étrangère devant qui s'éteint toute lumière. »

politique des croisés fut distinct du sentiment religieux qui seul animait l'Église.

Les villes du Languedoc se soumirent ; mais elles gardèrent aux croisés une aversion profonde. Triomphant ou dans l'adversité, le comte de Toulouse eut tous les cœurs pour lui. C'est qu'il y avait au fond de la croisade autre chose que l'hérésie à vaincre ; l'état constitutif du Midi, ses mœurs et son langage étaient menacés. La poésie *provençale* fleurissait alors ; la croisade arrêta son essor. Les troubadours, autrefois accueillis dans la cour des comtes de Toulouse, avaient perdu leurs protecteurs ; la paix et la liberté, si favorables à leurs chants, régnaient jadis dans la contrée ; la croisade y porta la désolation. Plus de tournois à célébrer ; plus de ces fêtes brillantes dont les troubadours faisaient surtout le charme. Aussi n'eurent-ils point assez d'imprécations pour dépeindre, dans leurs plaintifs accents, l'horreur profonde que les croisés leur inspiraient.

Continuation de la Guerre des Albigeois. — Mort du Comte Raymond VI. — Les Troubadours. — La Dame du château de Penne et le Vicomte Raymond Jourdain. — Azémar le Noir, du Castelviel d'Albi. — Raymond de Miraval et la Belle Castraise. — Le Troubadour Marviel au château de Burlats. — Langue Romane. — Décadence de la Maison des Comtes de Toulouse. — Fondation de Cordes. — Coutumes du château de Penne. — Château de Castelnau-de-Montmiral. — Origine de la ville de Lisle. — Priviléges de Villefranche. — Fondation de Réalmont. — Coutumes et priviléges d'Albi. — Monnais fabriquée dans cette ville. — Château de Castelnau-de-Bonafous. — Seigneurie de Castres. — Consuls de Lacaune au XIIIe siècle. — Châteaux de Roquecourbe, de Montredon et de Venés. — Le Languedoc réuni à la Couronne. — Institution des Sénéchaux. — Attributions de la Sénéchaussée. — Les Vigueries et Bailliages. — Établissement du Parlement de Toulouse. — Les Pastoureaux à Albi, Gaillac et Rabastens. — Gui de Comminges, tyran de l'Albigeois. — Château de Giroussens. — Possessions des Templiers dans la Contrée. — Château de Vaour. — Monastère de Puicelcy. — Puissance des Évêques d'Albi. — L'Inquisition dans l'Albigeois. — Fondation des Évêchés de Castres et de Lavaur. — Construction de l'Église de Ste-Cécile d'Albi.

V

maury, fils dégénéré de Simon de Montfort, lui succéda et reçut, dès que son père eut expiré, le serment de fidélité des évêques et des chefs de l'armée. Le comte Raymond, de son côté, mettait à profit la mort de Simon de Montfort, et ses succès ne tardèrent pas à relever le courage des hérétiques. Le pape Honorius III les frappe aussitôt de nouveaux anathèmes, et sur ses vives instances, Louis, fils du roi Philippe-Auguste, marche au secours d'Amaury. Il assiégea vainement Toulouse; les partisans de Raymond VI obtenaient de constants avantages;

ils s'emparèrent de Lavaur et du château de Puylaurens ; Albi ne tarda pas à se soumettre à leurs armes.

Raymond VI mourut à Toulouse en 1222 ; l'adversité, loin de l'abattre, avait donné plus d'énergie à son âme. Plein de valeur et d'habileté, Raymond tint longtemps en échec les efforts de l'Église ; il prolongea par son courage une lutte inégale et sut, après avoir succombé, reconquérir ses possessions avec gloire.

Ce prince aimait la poésie provençale et reçut dans sa cour les *troubadours* les plus renommés. « Les poètes provençaux, » dit Étienne Pasquier [1], étaient appelés *troubadours* [2] à cause » des inventions qu'ils *trouvaient* ; et gisait leur poésie en son- » nets, pastorales, chansons, sirventes et tensons. » Les troubadours appartenaient aux provinces du Midi, et nulle d'entre elles n'en fournit un plus grand nombre que celle de Languedoc. Ils donnèrent de la célébrité à la langue romane et jetèrent le plus vif éclat sur la littérature méridionale des XIIe et XIIIe siècles. Les comtes de Toulouse, Ermengarde, vicomtesse de Narbonne, et la belle Adélaïde, comtesse de Burlats, accueillirent les troubadours. Ils étaient devenus l'ornement de toutes les fêtes. On vit les plus fières châtelaines aspirer à la gloire d'être célébrées par eux et les prendre pour chevaliers.

L'Albigeois ne fut pas étranger à cette littérature romane

---

[1] *Recherches sur la France*, Livre III, chapitre IV.

[2] Dérivé de *troubar*, verbe de la langue romane, qui signifie *trouver*, *inventer*.

qui florissait alors èn Languedoc. Notre contrée eut aussi ses poètes, des châteaux où ils étaient reçus, de nobles dames pour inspirer leurs vers. Les fastes de l'histoire des troubadours gardent avec soin la mémoire d'Adélays, *dame du château de Penne*, qui fut chantée par Raymond Jourdain, vicomte de St-Antonin. Ils livraient l'un et l'autre leur cœur aux charmes d'un amour partagé, lorsque des cris de guerre appelèrent le vicomte aux combats!.... On n'entendit plus dans le château de Penne ces doux accords qu'inspirait autrefois au troubadour la plus vive tendresse [1]! Raymond Jourdain, blessé en combattant, passa pour mort dans la contrée.... On vit alors la dame de Penne abandonner son château et, dans le désordre de sa douleur, se faire hérétique. Raymond Jourdain vivait encore, et renonça à la poésie dès qu'il connut cette funeste résolution. Rien ne pouvait calmer son désespoir; le temps et Élise de Montfort le consolèrent; elle était belle et le prit pour son chevalier; Raymond Jourdain recommença ses chants.

[1] « L'amour d'Adélays développa dans le cœur de Raymond Jour-
» dain un talent poétique vaste et fécond. Souvent le noble vicomte par-
» courait la courte distance qui le séparait de sa bien-aimée. Sa venue
» apportait la joie au château de Penne, et faisait diversion aux causeries
» de la vicomtesse et de ses femmes, occupées à broder de riches tapis-
» series où se dessinaient, en couleurs éclatantes, les batailles du grand
» Alexandre, la prise de Jérusalem par les croisés, ou bien le martyre d'un
» saint patron. C'était là tous leurs loisirs, après les leçons de catéchisme
» et de galanterie qu'elles donnaient aux jeunes varlets. Mais avec Ray-
» mond Jourdain, ses jolis couplets et sa lyre, Adélays oubliait bien
» vite les longues heures de solitude et d'ennui de la vie féodale. »
(*Légende historique du château de Penne*, par M. GUSTAVE DE CLAUSADE.)

Azemar lo Negres, ou *le noir*, né à Albi, au Castelviel, fut, disent les historiens, « fort civil et beau parleur, ce qui » lui attira l'estime du public. » Raymond VI, comte de Toulouse, et Pierre, roi d'Aragon, le protégèrent; il reçut de la munificence du premier des maisons et des terres à Toulouse [1].

[1] Chanson d'Azemar lo Negres.

Ja d'ogan pel temps florit,
Ni per la sazon d'abril
No fera mon cant auzir.
Mas cella que s fait grazir
A tot lo mond' et à dieu
M'a mes en sa senhoria,
E vol que tostemps mai sia
Totz mos afars en son fieu.

E quar m'a d'autras partit
E vol qu'en s'amor m'apil,
Fassa m denan se venir
E do m so qu'ieu plus dezir.
Qu'ilh sab be tot quan volh ieu.
Pero no dic qu'en un dia
Me don tot quant ieu volria;
Mas d'aisso que l'es plus lieu.

Que'l cor él cors m'a sazit,
E m mes en estrech cortil
Don jamais no volh issir;
Que so l dis al departir
Qu'aissi m tengues tot per sieu,
Qu'autra part non i avia :
E s'ieu pogues dir fos mia,
Plagra m à cui que fos grieu.

Mas ieu no l'ai tan servit
Qu'en posc' aver joi tan vil;

Traduction de M. de Rochegude.

Aux chansons j'avais dit adieu,
Quoique la saison soit nouvelle;
Mais il faut obéir à celle
Qui plaît au monde ainsi qu'à Dieu.
Elle m'a dans sa seigneurie,
De son fief dépend mon avoir;
Et je n'ai plus d'autre vouloir
Que d'être son serf pour la vie.

Désormais mon sort sera doux,
Elle m'a promis sa tendresse :
Depuis ce moment je la presse
De m'appeler à ses genoux.
Non pas que mon amour prétende
En un seul jour tout obtenir :
Ce qui peut lui mieux convenir,
Voilà ce que je lui demande.

Saisi, dans ses fers arrêté,
Je trouve ma charge légère;
Et cette prison m'est trop chère
Pour réclamer ma liberté.
Content d'être sien sans partage,
Heureux de vivre sous sa loi,
Si je puis dire elle est à moi,
Les envieux mourront de rage.

Pour nourrir cet espoir flatteur
Je n'ai pas d'assez longs services;

Raymond VI protégea aussi le troubadour Raymond de Miraval que son esprit plein de vivacité et la galanterie de son langage firent chérir des dames. Parmi celles qu'il célébra dans ses vers, il faut citer la belle Adélaïde de Boissezon, du château de Lombers. Elle fut l'amie d'Esmengarde de Castres que quelques poètes appelèrent *la belle Castraise* et d'autres *la belle Albigeoise*, parce que Castres était en Albigeois [1]. Raymond de Miraval eut beaucoup à se plaindre d'Esmengarde,

Ans sai que m'er à suffrir
Mans mals si m'en volh jauzir.
Pero quant hom vei romieu
Cochat, s'almorna l fazia
Honors e bes li seria :
Domna, vos m'en faitz en brieu.

Qu'aissi m'an vostr' olh ferit
Éls meus d'un esgard gentil,
Qu'ins él cor lo m fan sentir ;
E noi a mas del morir,
Si vos que tenetz lo mieu
No m socoretz, d'ouss' amia :
Mas ieu m'en lau totavia
Des que m mandetz en un brieu.

Domna, quan be m'o cossir,
No sai autra de sotz dieu
Que bona ni bella sia,
Que si de vos aprendia
Non meillures tot lo sieu.

Et par de constants sacrifices
Je dois mériter ce bonheur.
Mais puisqu'une main charitable
Fait l'aumône au pauvre passant,
Pourquoi ma dame à son amant
Serait-elle moins secourable ?

Vos yeux, pleins de cette candeur
Qui malgré soi force à se rendre,
M'ont frappé d'un regard si tendre
Qu'il a pénétré dans mon cœur.
Je mourais sans votre assistance,
Douce beauté, c'en était fait ;
Mais j'ai reçu votre billet,
Et je conserve l'espérance.

Qu'une autre soit et bonne et belle,
Je n'en connais point sous les cieux
Qui ne changeât de bien en mieux
En vous choisissant pour modèle.

[1] « Mas ar vos dirai de n'Alazais de Boissazon com l'enganet; et una » autra apres qu'era sa vezina, na Esmengarda de Castras, et el dezia » hom la bela d'Albeges. Abdoas ero de l'avescat d'Albi : n'Alazaitz era » d'un castel quez a nom Lombes, molher d'en Bernat de Boisazo ; na Es- » mengarda si era d'un borc quez a nom Castras, molher d'un ric valvassor » qu'era fort de temps. » *(Parnasse occitanien.)*

qu'il aimait très-tendrement. Après avoir eu l'air d'écouter les vœux du poète, Esmengarde l'abandonna avec beaucoup de perfidie [1]!

[1] Chanson de Miraval pour Adélaïde de Boissezon.

Traduction de M. Belhomme.

Ar ab la forsa del freis,
Quan tot lo mons trembl'e brui,
Val mais solatz e domneis,
E cants e totz bel desdui,
Qu'él temps quan folh' e flor nais :
A celui qu'es pros e gais,
Contra l'us del temps e del mon,
Be par que bon cor li aon.

La gran beutatz que pareis
En la bella cui hom sui,
El ric pretz qu'à tot jorn creis
M'an tout domnejar d'autrui.
Mas un dous esguart m'atrais
Vas liei servir, don jamais
No temsera fam, freg ni son,
S'agues cor del dig que m respon.

En amors a mantas leis,
E de mantas partz adui
Tortz e guerras e plaideis.
Leu reven e leu refui,
Leu s'apai' e leu s'irais :
E qui d'aisso l'es verais
Soven sospira de prion,
E mantz enois blan e rescon.

Maintenant que la rigueur du froid fait trembler et grelotter tout le monde, ont d'attrait, plus qu'aux jours où naissent le feuillage et les fleurs, les doux entretiens, les chants et toute joyeuse aventure, pour celui qui, malgré le sombre du temps et des hommes, se laisse aller à la franche gaîté qui abonde dans son cœur.

Quelle est grande la beauté de celle à qui je suis en entier! Son rare mérite, qui va toujours croissant, m'a rendu indifférent pour toutes les autres. Un aimable entraînement m'attire à son service, et le cœur est garant de mon dire, quand je lui donne l'assurance que la faim, le froid ni le repos ne sauraient jamais diminuer l'ardeur de mon zèle.

En amour il est maint assujettissement, et de plusieurs points s'élèvent torts, querelles et débats; il revient vite et s'éloigne de même; il passe avec promptitude du calme à l'irritation, et celui qui fait l'expérience de ces vicissitudes soupire souvent du profond de son cœur; il concentre et nourrit bien plus d'une amertume.

Les échos de Burlats répétèrent les chants du poète Marviell ; nous verrons, dans la suite de cet ouvrage, Adélaïde de Toulouse, fille de la reine Constance, faire de sa résidence de Burlats

Anc mais ni tan no m destreis :
Mas er ai trobat ab cui
Mi mou paors et esfreis,
E m cass' e m pren e m destrui.
Et ieu ges per tan no lais
Que l'ai don me mou l'esglais
No tenha mon cor deziron,
On plus lo dezir me cofon.

Pero, si tot m'es gabeis,
Mos bos respietz m'i condui ;
E si m dizia sordeis,
No volh tornar lai don fui.
Pos vengutz es à l'assais
Poder a que m derc o m bais ;
Qu'ieu no fug si m ras o si m ton ;
Ni ja no volh saber vas on.

S'à Lombers corteja'l reis
Tostemps mais er joi ab lui ;
E si tot s'es sobradeis,
Per un be li'n venran dui :
Que la cortezi' e'l jais
De la bela n'Azalais,
El fresca color e'l pel blon
Fan tot lo segle jauzion.

Jamais tous ces tourments ni de plus grands encore ne sauraient me départir de l'amour ; mais maintenant j'ai trouvé celle dont il se sert pour exciter mes craintes et mes mortelles alarmes ; tour-à-tour elles m'éloignent, me rappellent et détruisent mon espoir, et pour achever de me déconcerter, plus je cherche à détourner les désirs de mon cœur de l'objet cause de mes frayeurs, plus leur vivacité m'y rattache.

Mais si tout doit être pour moi un sujet de confusion, mes nobles sentiments, ma conduite loyale ; si mes aveux étaient qualifiés d'injures ! Non, il n'est plus pour moi de gaîté... J'en ai fait l'épreuve ; elle seule a le pouvoir de m'élever ou de m'abaisser ; mais, pour si rigoureusement qu'elle me traite, je ne saurais ni la fuir, ni avoir la pensée de l'éviter.

Puisque le roi tient sa cour à Lombers, toujours, mais principalement aujourd'hui, je mets en lui mon espérance et ma joie. Oui, s'il la rend moins fière à mon égard, le bien qui en adviendra jaillira doublement sur elle. La douce et franche gaîté de la belle Adélaïde, la fraîcheur de son teint, sa blonde chevelure font naître l'allégresse de tout le monde.

un séjour plein de charmes, y recevoir les hommages d'Alphonse, roi d'Aragon, et des plus brillants chevaliers; accueillir les troubadours et protéger Marviell. Le poète lui peignit son amour, en célébrant sa grâce et sa beauté, et comme Le Tasse à la cour d'Éléonore, Marviell fit partager sa flamme à celle qui avait inspiré ses vers [1].

C'était alors un temps de doux loisirs; la croisade des Albigeois n'avait point encore désolé la contrée. La langue romane, si chère aux troubadours, s'était revêtue d'une grâce expressive qui charmait tous les cœurs. La croisade fut mortelle à cette langue; c'était celle des hérétiques; ils s'en servaient dans leurs prêches, « semblant ainsi — dit M. Villemain — renier » la suprématie de la vieille langue religieuse et politique de » Rome. » Le déclin de la langue romane marqua celle de

Domna tan vos soi verais,	O Dame! je vous ai tellement célébrée qu'on fait de tous côtés assaut de courtoisie pour vous; puisque Miraval ne vous est plus utile, je ne dirai plus qui vous êtes, ni le lieu que vous habitez.
Que de totz cortes assais	
Volh que Miraval vos aon;	
Mas nous volh dir quals es ni don.	
Per mon Audiartz son gais,	Sachez pourtant que, par mes discours et mes gaies chansons, partout, d'un commun accord, on fait plus de cas du comte Raymond que de tout autre comte du monde.
Que tota gens ab eslais	
Prezon mais lo comte Ramon	
De null autre comte del mon.	

[1] Les troubadours GUILLEM HUC, D'HAUTPOUL, HUGUES DE LESCURE et ALBERT CAILLA étaient nés en Albigeois. « Albertetz Cailla si fo uns joglars » d'Albezet. Hom fo de pauc vallimen; mas si fo amatz entre sos vesins » et per las domnas d'Albeges. E fes una bona canson, e fes sirventes. »
(M. DE ROCHEGUDE.)

la prospérité des troubadours. « On ne pouvait plus aller de
» château en château chanter des vers ; les offrir aux nobles
» dames. Tout était hérissé et ensanglanté par la guerre [1] ! »

La maison des comtes de Toulouse ne se releva pas de l'état de décadence dans lequel la croisade l'avait précipitée. L'éclat de sa puissance disparaît entièrement vers le milieu du XIII° siècle ; le pouvoir royal exerce déjà dans la province une prépondérance qui ne sera désormais ni discutée ni méconnue [2]. Amaury, fils de Simon de Montfort, a cédé au roi de France les droits qu'il tenait de son père, et que son impuissante épée n'a point su faire reconnaître des peuples de Languedoc. Le dernier des Trencavel, encore adolescent lorsque son père, le vicomte Roger, mourut empoisonné à Carcassonne, a vainement essayé de reconquérir son antique héritage. Il n'y a plus place en Languedoc pour ces Trencavel de Béziers, qui de la vicomté d'Albi étendant leurs vastes possessions jusqu'à celle de Nîmes, ne le cédaient autrefois en puissance qu'aux comtes de Toulouse, leurs suzerains !

L'un de ces derniers, le comte Raymond VII, fonda la ville de Cordes en 1222 ; il concéda des terres à ses habitants,

---

[1] *Littérature du moyen âge*, par M. VILLEMAIN.

[2] Le roi Louis VIII vint en Languedoc, en 1225 ; son autorité fut partout reconnue. La soumission d'Albi avait même précédé l'entrée du roi dans la province. Il reçut dans son camp à Avignon la députation de cette ville ; Louis VIII écrivit aux habitants qu'il les plaçait sous sa protection royale et qu'il leur envoyait leur évêque, Pierre Mir, chevalier, et deux ecclésiastiques, pour recevoir leur serment de fidélité. Louis VIII passa à Puylaurens, traversa Lavaur et Albi, lorsqu'il quitta le Languedoc.

leur accorda des priviléges et les soumit à des redevances. Le château de Cordes était depuis longtemps construit quand la ville fut fondée, et ne tarda pas à devenir l'une des plus redoutables forteresses de l'Albigeois. Les comtes de Toulouse et leurs principaux officiers se rendaient à Cordes pour s'y livrer aux plaisirs de la chasse, et leurs meutes nombreuses parcoururent souvent les épaisses forêts dont ce lieu était alors environné. Sicard d'Alaman, premier-ministre de Raymond VII, eut beaucoup de prédilection pour cette résidence où l'on voit encore la somptueuse habitation qu'il y avait fait élever [1].

On conserve soigneusement dans les archives de Cordes *lou libré ferrat*, où sont écrites ses anciennes coutumes. Elles furent concédées, au nom du roi Philippe-le-Hardi, par Eustache de Beaumarchais, sénéchal de Toulouse et d'Albigeois. *Lou libré ferrat* renferme de bien curieux détails; ils s'appliquent en général aux droits perçus dans le château de Cordes,

---

[1] Des médailles et divers monuments constatent que les Romains eurent autrefois des établissements sur le territoire de Cordes.

« Des remparts, des tours, des portes de ville fortifiées, des glacis à
» la pente rapide, avaient fait de Cordes un des boulevards de l'Albigeois.
» Les grands dignitaires des comtes de Toulouse avaient autour du châ-
» teau de vastes demeures qui sont encore debout et que l'on distingue
» des autres maisons, plus récemment construites, par leur architecture
» gothique, leurs fenêtres en ogives, ornées de rosaces et de colonnettes.
» —On remarque leurs façades en pierres de taille noircies par le temps, cou-
» vertes de bas-reliefs représentant des chasses, des figures bizarres, aux
» formes grotesques, et des animaux inconnus, que le ciseau seul du
» sculpteur enfanta. »

(*Notice sur la ville de Cordes*, par M. Mazars d'Alayrac, *membre du conseil-général du Tarn.*)

les jours de foire et de marché, et aux rétributions que percevait le recteur de l'église [1].

Les coutumes des villes de l'Albigeois méritent d'être étudiées ; leur ensemble révèle que beaucoup de choses utiles, introduites de nos jours dans l'administration ou dans les lois, avec tout l'éclat de la découverte, furent connues de nos pères. On exalte souvent le présent; ce qui n'est plus a rarement un souvenir !

La charte des usages, franchises et libertés du château de Penne pourrait seule justifier nos assertions. Elle porte la date de 1253 et renferme 65 articles. — Quatre consuls, annuellement nommés, administraient le lieu de Penne et son ressort. Ils choisissaient vingt-quatre habitants éclairés et honnêtes pour former leur conseil. Les consuls avaient la garde des clefs de la ville et du sceau.

Les crimes et délits étaient jugés par un *bailli*. Les prévenus qu'il citait devant lui ne pouvaient être mis en défaut qu'après la nuit venue, et *lorsqu'un homme n'aurait pu lire une lettre au jour*. La philanthropie, dont notre siècle est si jaloux, avait pénétré dans la cour du bailli de Penne dès le XIIIe siècle ! — On punissait par une amende les infractions commises dans les champs. Les consuls inspectaient eux-mêmes les boucheries; ils faisaient saisir et distribuer aux pauvres, sur la place publique, le pain vendu sans le poids exigé. Les instruments de mesurage que les consuls n'avaient point

---

[1] *Les coutumes de Cordes* seront l'objet d'un chapitre spécial, dans la seconde partie de cet ouvrage.

contrôlés étaient également saisis et entraînaient une forte amende. D'autres dispositions s'appliquaient aux herbages, aux bois de construction, aux lieux de dépaissance et à la pêche au filet, dans les eaux de l'Aveyron. On soumettait à des droits d'entrée l'acier et le fer, l'étain, le plomb, les plumes, les écuelles de bois, le sel, le cuir vert, le gingembre, le poivre et *les draps de France.*

Vers le milieu du XIIe siècle, le château de Castelnau-de-Montmiral[1] et la ville de Lisle[2] avaient déjà, comme le château de Penne, des consuls et des prud'hommes. Un acte authentique en fait foi; il a la date de 1147 et l'*Histoire générale de Languedoc* le mentionne.

[1] Le château de Castelnau-de-Montmiral devint une seigneurie. Longtemps possédée par la célèbre famille des d'Armagnac, elle était d'appartenance royale sous Louis XI, lorsque les biens du dernier des d'Armagnac eurent été confisqués pour crime de lèse-majesté. Le roi fit alors don de cette seigneurie au cardinal Georges d'Amboise. L'acte de cette donation, consigné au registre E des *ordonnances du parlement de Paris*, porte la date du 5 octobre 1469. Il dispose aussi, en faveur de Georges d'Amboise, du château et de la châtellenie de Villeneuve d'Albigeois.

On aperçoit près de Castelnau-de-Montmiral les ruines du château où les d'Armagnac faisaient leur résidence. Ils enrichirent l'église de Montmiral des témoignages de leur munificence. Il ne reste aujourd'hui de tous leurs dons qu'une magnifique croix en vermeil, ornée de pierres précieuses.

[2] L'origine de Lisle paraît remonter au XIIe siècle. Les ruines d'un ancien château, appelé Montaigut, servirent à sa construction. De récentes explorations ont fait découvrir sur les côteaux qui avoisinent cette ville des médailles celtibériennes et romaines, des statues, des urnes et des fragments de vases; on a même pensé qu'une voie romaine avait dû autrefois traverser la plaine de Lisle (*insula*) dans la direction de la ville d'Albi. L'église de Lisle, construite au XIIIe siècle, est remarquable. L'architecture de cet édifice est un mélange du genre gothique et du style arabe.

Les priviléges concédés à Villefranche d'Albigeois, fondée en 1239 par Philippe de Montfort, seigneur de Castres, semblent témoigner qu'il avait voulu faire de ce lieu une ville *franche*[1]. La charte qui consacra ses coutumes est parvenue jusqu'à nous. Elle indique entre autres dispositions que les boulangers, cabaretiers et aubergistes (*tota pancoussieyra, tots taverniers et tots hostaliers*) pouvaient librement exercer leur profession à Villefranche. Mais ceux d'entre eux qui venaient à être convaincus de fraude, dans le pesage ou mesurage, devaient payer une amende déterminée; ils étaient contraints, s'ils ne pouvaient compter la somme, de courir tout nus dans la principale rue de la ville[2]. — Les coutumes de Réalmont[3] défendirent l'épreuve du *duel*, celles du *fer chaud* et de *l'eau bouillante*[4], usages barbares qu'avait consacrés en France la vieille législation des peuples germains.

---

[1] « Laquala es nominada Vilafranca. » (*Charte des priviléges de Villefranche.*)

[2] « Et sé donar nolos podia, deü corre tot nud per la major carriera » de la sobre dicha villa. »

[3] La fondation de Réalmont remonte à 1272. « Guillaume de Cohardon, » sénéchal de Carcassonne, fit construire cette ville dans le domaine du » roi et auprès du château de Lombers, pour l'utilité du roi et de ses » sujets et pour la destruction entière, par le moyen de *cette peuplade,* » des repaires des hérétiques, de leurs croyants et fauteurs, et des vo- » leurs qui se tenaient cachés dans les forêts des environs. »
(*Histoire générale de Languedoc.*)

[4] La pensée de s'en rapporter au jugement de Dieu, lorsqu'un témoin affirmait ce que niait l'autre, donna naissance au *duel judiciaire* et aux épreuves par le fer et par l'eau. Ces usages rendaient toute procédure

Les documents authentiques que les archives de la ville d'Albi renferment, sur ses coutumes et priviléges, remontent au XIIIe siècle. En 1220, Guillaume Petri, évêque d'Albi, soumit à des arbitres, de concert avec les consuls, les questions relatives aux priviléges et libertés de cette ville. La transaction qui s'accomplit alors indique que, depuis longtemps, les habitants d'Albi luttaient avec les évêques pour le maintien de leurs droits.

En 1264, le roi St-Louis régla avec l'évêque, Bernard de Combret, tout ce qui se rattachait à la juridiction temporelle. D'autres transactions intervinrent entre l'évêque et les habitants d'Albi, et reçurent, en 1269, l'approbation de Jean de Sollié, archevêque de Bourges [1]. Leurs principales dispositions s'appliquaient aux formes à observer pour l'élection des consuls, à la police locale, à la garde des portes et à la création des notaires publics [2].

superflue. Au jour convenu, les parties se trouvaient en champ clos. Les *nobles* combattaient à cheval et couverts de leurs armes; les *vilains* étaient à pied et n'avaient qu'un bâton. La mort était infligée au vaincu. L'accusé qui consentait à subir l'épreuve de l'eau froide était plongé dans une cuve; *le jugement de Dieu* déclarait l'accusé coupable, si le corps surnageait. L'épreuve de l'eau chaude était plus cruelle encore. Il fallait n'éprouver aucune douleur dans les flots d'eau bouillante. On faisait aussi porter un morceau de fer rougi au feu; les mains mises ensuite dans un sac ne devaient conserver aucune marque à l'expiration du délai fixé; dans l'autre cas, la condamnation était prononcée.

[1] Les évêques d'Albi étaient suffragants des archevêques de Bourges. Cette suffragance se maintint jusqu'à l'époque de l'érection de l'évêché d'Albi en archevêché.

[2] Un chapitre spécial sera consacré, dans la 2e partie de cet ouvrage,

Il est question de *la monnaie* d'Albi dès le xie siècle ; les bénéfices qui résultaient de sa fabrication furent, en 1035, donnés en douaire à Majore de Foix par Pons, son mari, comte de Toulouse. On frappait à Albi les *sols raymondains*; ils avaient cours dans l'Albigeois, en Rouergue et dans le Querci. Les *raymondains* cessèrent d'être fabriqués à Albi[1], au

aux *coutumes* de la ville d'Albi, à ses *priviléges* et *franchises*, aux *élections consulaires*, au *caractère des transactions commerciales*, au *prix des denrées*, aux *écoles publiques*.

Les documents intéressants que les vastes archives de la mairie renferment nous ont permis de reconstituer, pour ainsi dire, la vie complète des habitants d'Albi aux xiiie, xive, xve et xvie siècles. Les mœurs publiques, l'instruction donnée à la jeunesse, le mouvement commercial, l'état de l'agriculture, la législation civile et criminelle, avec ses modifications locales si multipliées, ont surtout fixé notre attention. — L'obligeance de M. Bertrand, secrétaire en chef de la mairie d'Albi, a souvent facilité nos recherches, et nous devons beaucoup à son zèle éclairé.

[1] On battit de nouveau monnaie à Albi, sous le roi Philippe-le-Hardi. Nous donnons ici la traduction de l'acte qui en dépose; il fixe la valeur de la monnaie fabriquée et renferme de curieux détails :

BAIL DE LA MONNAIE D'ALBI, PAR LE ROI, L'ÉVÊQUE ET SICARD D'ALAMAN.
1278.

« Que tout le monde sache que le révérend père B., par la grâce de Dieu,
» évêque d'Albi, agissant en son propre nom, et Philippe de Furcis, servi-
» teur d'illustrissime seigneur D. G., roi des Français, au nom duquel il
» agit, aussi bien qu'en celui de Sicard d'Alaman, fils de noble seigneur
» feu Sicard d'Alaman, ont vendu et concédé le droit de battre et fabriquer
» en la ville d'Albi leur monnaie des raymondains albigeois, à Navarro
» de Cassafort, bourgeois de Martel, et à Jean de Decimarius, bourgeois de
» Carrofens, ici présents, à dater de ce jour jusqu'à la fête de Noël pro-
» chaine, et depuis cette fête jusqu'à l'écoulement de deux années consé-
» cutives, sous les charges et conditions suivantes, savoir : que les susdits
» Navarro et Jean battront et fabriqueront, ou feront battre et fabriquer
» cette monnaie aux trois deniers d'alliage prescrits par la loi; que l'ar-

xiiie siècle ; les comtes de Toulouse firent alors battre leur monnaie au château de Castelnau-de-Bonafous.

Ce château devait son origine à Sicard d'Alaman, premier-ministre du comte Raymond vii. Le lieu où il fut construit vers le milieu du xiiie siècle, était désert et inhabité ; on

» gent sera aussi pur et aussi fin que celui des tournois où il entre quatre
» deniers moins une picte, et qui pèsent 18 sols et 8 deniers, au poids
» de marc d'après lequel le susdit roi livre sa monnaie et la met en
» circulation. Que si trois marcs de la susdite monnaie contenaient deux
» deniers de plus, elle n'en sera pas moins mise en circulation. Et
» dans chaque marc de ladite monnaie doivent être 12 deniers forts et 12
» deniers faibles ou barbares. Les deniers forts pourront être plus forts
» que 16 sols 7 deniers au marc, et les faibles plus faibles que 21 sols
» au marc.
» La dixième partie de cette monnaie pourra être fabriquée et frappée
» en oboles et on n'en pourra fabriquer davantage sans la volonté desdits
» seigneurs. Cependant ces oboles doivent être faites conformément à la
» loi des deniers mentionnée plus haut ; et si trois marcs en oboles ren-
» fermaient deux deniers de plus, cette monnaie n'en serait pas moins
» livrée et mise en circulation. En outre, l'évêque et Ph. de Furcis, ser-
» viteur du roi, au nom du roi et de Sicard d'Alaman, ont promis à
» Navarro et à Jean de faire recevoir ladite monnaie dans tous les lieux
» où les raymondains doivent avoir cours. Ils ne fabriqueront et ne lais-
» seront fabriquer par d'autres personnes, aucune autre monnaie dans
» le diocèse d'Albi après le temps concédé plus haut à Navarro et à
» Jean. On doit savoir pourtant que Navarro et Jean donneront et ont
» promis de donner auxdits seigneurs, pour chaque millier gros de cette
» monnaie qui sera frappé et fabriqué, trente livres de ladite monnaie.
» Or, le millier gros contient et doit contenir 1225 livres de cette monnaie.
» Et si quelqu'un veut acheter plus cher et posséder le privilége de ladite
» monnaie, il sera libre de le faire en donnant auxdits seigneurs, pour
» chaque millier gros à frapper et à fabriquer, dix livres de la monnaie
» susdite au-delà de ce que donnent et doivent donner lesdits Navarro
» et Jean, conformément aux conditions établies ci-dessus. En foi de ce,
» donné à Albi, le 8 des kalendes de juin (25 mai) de l'an de l'incarnation
» de N. S. 1278. » *(Trésor des chartes du royaume.)*

l'appelait le *Pui de Bonafocens*. Raymond VII l'inféoda à Sicard d'Alaman qui s'engagea à y construire un château ou une ville et sous l'albergue[1] de cent chevaliers et le service militaire de deux chevaliers et trois sergents. La fabrication de la monnaie d'Albi fut transportée dans le château de Castelnau-de-Bonafous, en 1248 ; on dit que les monnayeurs étaient placés dans la partie souterraine de l'édifice; il n'en reste aucune trace[2]. Le château de Castelnau-de-Bonafous fut

---

[1] Terme féodal. — Obligation de loger et défrayer le suzerain et un certain nombre de gens à son service.

[2] TRADUCTION D'UN ACTE D'ACCORD ENTRE LE COMTE DE TOULOUSE, L'ÉVÊQUE D'ALBI ET SICARD D'ALAMAN.

« Qu'il soit connu etc., que des incertitudes s'étant élevées sur les droits
» que le seigneur Raymond, D. G., comte de Toulouse, marquis de Provence,
» fils de la reine Jeanne, — Et le seigneur Durand, par la même grâce
» divine, évêque d'Albi, — Et Sicard d'Alaman, — disaient avoir sur la fa-
» brication de la monnaie des raymondains d'Albigeois, parce que des titres
» de chacun leurs droits respectifs sur ladite monnaie ne pouvaient être
» déterminés d'une manière précise ; les seigneurs susdits de leur propre
» consentement et de leur seule, propre et spontanée volonté, sont convenus
» amiablement de ce qui suit : — Ledit seigneur comte et ses successeurs auront
» en plein et perpétuel droit une troisième part dans ladite monnaie et
» dans ses rapports et provenances. De même, ledit seigneur évêque et ses
» successeurs, auront au même titre, en plein et perpétuel droit, une troi-
» sième partie de ladite monnaie et de ses rapports et provenances ; et
» l'autre troisième part, Sicard la tient en fief dudit seigneur évêque. Ils
» renoncent à tous droits antérieurs, afin que chacun d'eux ait parfaitement
» une troisième et égale partie sur ladite monnaie, et sont convenus que
» cette monnaie aura cours et sera reçue de tout le monde dans la ville
» d'Albi, dans toutes les terres dépendantes des diocèses d'Albi, de Rodez
» et de Cahors, et dans toutes leurs appartenances médiates ou immédiates,
» comme la propre monnaie de ces lieux. Ils ont de plus réglé que la-
» dite monnaie sera fondue et fabriquée en quelque lieu que ce soit du
» château neuf de Bonafous et non ailleurs (lequel château Sicard tient en

très-fortifié ; on couronna ses remparts de créneaux et de machicoulis. Une tour élancée et d'un effet pittoresque est encore debout. On retrouve dans l'intérieur de l'édifice quelques vestiges des gothiques cheminées que le ciseau du sculpteur avait embellies ; on y voit la grande salle voûtée où se réunissaient les chevaliers ; elle est ornée de fresques où l'on peignit, au moyen âge, des oiseaux, des raisins et des fleurs.

L'origine de la seigneurie de Castres remonte à 1212. Elle fut donnée par Simon de Montfort à Gui de Montfort, son frère. Les anciennes possessions des Trencavel, depuis la rive gauche du Tarn jusqu'à l'Agoût, formèrent le territoire de la seigneurie de Castres[1]. Cédée à la couronne, en 1226,

» fief du seigneur comte, lequel seigneur comte le tient en fief et propriété
» du seigneur évêque d'Albi), à moins que, pour cause, les trois parties ne
» viennent à s'accorder sur la désignation d'un autre endroit à cet effet.
» Furent témoins etc. Fait à Toulouse, au Château Narbonnais, le xi[e]
» jour des kalendes de juin 1248. » *(Trésor des chartes de Toulouse.)*

[1] La ville et les faubourgs de Castres, les vicomtés de Lautrec, d'Ambialet, de Paulin et de Murat ; les baronnies de Lombers, de Curvale et de Berens ; Boissezon, Brassac, St-Amans, Viane, Lacaune, Roquecourbe, Montredon, reconnaissaient l'autorité des seigneurs de Castres.

Les cartulaires de l'abbaye de Candeil, déposés aux archives de la préfecture, constatent qu'en 1294 le lieu de *Lacaune* avait déjà des consuls. Ils soumirent, cette année-là, à des arbitres, de concert avec l'abbé de Candeil, les différends qui s'étaient élevés entre eux à l'occasion des limites des bois et pâturages de N. D. de Lacaune et de St-Laurent de Solègre.

Philippe II de Montfort, seigneur de Castres, fit son testament en 1270, au château de *Roquecourbe*. Un accord passé en 1181 entre le vicomte Roger de Béziers et Sicard, vicomte de Lautrec, fait mention des seigneurs et chevaliers de *Montredon*. — Il n'y a rien d'authentique, antérieurement à ces deux actes, sur ce dernier château et sur celui de Roquecourbe.

L'époque de la construction du château de *Venés* est ignorée ; mais l'his-

elle fut plus tard inféodée par le roi St-Louis à Philippe 1er, fils de Gui de Montfort. Ses coutumes étaient réglées sur celles de Paris; cette législation fut modifiée en 1356, et la coutume d'Anjou mise en vigueur dans tout le ressort de la seigneurie [1].

Le territoire situé à la droite du Tarn et la ville d'Albi, à l'exception du Castelviel qui dépendait de la seigneurie de Castres, étaient compris dans les états qui furent conservés à Raymond VII, comte de Toulouse, par le traité qu'il conclut, en 1229, avec le roi St-Louis. En vertu des conditions stipulées, le comte donna sa fille au prince Alphonse de Poitiers, frère de St-Louis; mais au mépris du traité conclu et sans respect pour cette illustre alliance, Raymond VII prit les armes contre le roi, en 1242. La ville d'Albi et plusieurs seigneurs de l'Albigeois suivirent son exemple. Raymond, dont le seul but était de recouvrer ses anciens états, comptait que les succès des troupes anglaises, maîtresses de la Guienne et de la Saintonge, favoriseraient ses desseins; ces troupes ayant

---

toire constate son existence dès le XIIe siècle. Au commencement du XIIIe, Gui de Montfort, seigneur de Castres, veuf d'Héloïse d'Hybelin, épousa Briande de Monteil Adhémar, dame de Venés. La maison de Lautrec acquit ensuite le château de Venés; il devint plus tard la propriété de Bernuy, négociant toulousain, dont l'opulence était renommée. Ses fils furent membres du parlement de Languedoc. Pendant les guerres de la réforme, le château de Venés fut plusieurs fois pris et saccagé. Il appartenait encore à la famille Bernuy, avait titre de baronnie et donnait droit d'entrée aux états de la province.

[1] Les coutumes et priviléges du comté de Castres seront, dans la 2e partie de cet ouvrage, l'objet d'un chapitre spécial.

été battues par l'armée de St-Louis, à la célèbre bataille de Taillebourg, Raymond VII demanda la paix. Des commissaires vinrent alors dans la province pour recevoir sa soumission. De nombreux documents nous ont laissé le témoignage de leur passage dans l'Albigeois[1]. Raymond VII mourut en 1248; sa fille, Jeanne de Poitiers, fut son unique héritière.

Le comte Alphonse et Jeanne de Poitiers ne survécurent que peu d'années à Raymond VII; ils moururent sans postérité en 1271, et avec eux finit, après quatre siècles de durée, la domination souveraine et héréditaire des comtes de Toulouse. Alphonse avait distribué ses états en quatre sénéchaussées. Le Rouergue et la partie de l'Albigeois à la droite du Tarn étaient placés sous l'administration d'un sénéchal[2]. Le

---

[1] On remarque parmi ceux dont les commissaires reçurent le serment de fidélité dans l'Albigeois, *Pilfort de Rabastens*, *Pons Amélii*, *Guillaume Pierre de Berens*, *Maffre de Rabastens*, *Bertrand*, frère de Raymond, comte de Toulouse, et *Raymond de Comminiac*, qualifiés *barons d'Albigeois*; les chevaliers et bourgeois de *Rabastens*, les consuls et habitants de *Gaillac*, les nobles et habitants de *Cordes*, les habitants de *Puicelcy*, *Montaigut* et *Cahuzac* en Albigeois, et *Puylaurens* dans le Toulousain. Albi fit aussi sa soumission. St-Louis, revenant de la Terre-Sainte en 1254, passa dans cette ville; les habitants lui renouvelèrent leur serment de fidélité. Le roi convoqua un concile à Albi pour la destruction des restes de l'hérésie et le rétablissement de la discipline ecclésiastique. Mais le concile ne se réunit qu'après le départ de St-Louis.

[2] L'origine du mot *sénéchal* a été l'objet des recherches de tous les étimologistes. Les uns l'ont fait dériver de *senes caballus*, vieux chevalier; d'autres de *scalco* ou *siniscalco* qui signifie, en langue franke, *præpositus mensæ*. Le sénéchal fut en effet préposé, sous la première race, à tout ce qui tenait au service de la table royale; mais la charge de sénéchal ne devait pas tarder à devenir la première dignité de l'état. Les sénéchaux

territoire situé au midi de cette rivière dépendit de la sénéchaussée de Carcassonne, à l'exception du pays de Lavaur qui reconnaissait la juridiction de la sénéchaussée de Toulouse[1].

Les sénéchaux n'étaient institués qu'à titre d'office et tentèrent vainement d'obtenir l'hérédité de leur charge. Ils rendaient la justice, présidaient le tribunal de la sénéchaussée, composé de jurisconsultes et des principaux seigneurs; ils commandaient aussi la noblesse lorsqu'elle allait à la guerre. On divisa les sénéchaussées en vigueries et bailliages.

Les viguiers, anciens *vicaires* des comtes, continuèrent à exercer leurs fonctions judiciaires, sous les ordres des sénéchaux. Ils les représentaient dans un ressort déterminé qui fut appelé *viguerie*. Le viguier appartenait à la noblesse; son tribunal se composait d'un juge, d'un lieutenant principal, d'un lieutenant particulier, d'un procureur du roi, d'un substitut et d'un greffier. Le viguier d'Albi et celui de Gaillac se partagèrent l'administration de la justice dans l'Albigeois; le Tarn limitait leur juridiction. Lavaur eut aussi un viguier; cette

s'étaient substitués aux maires du palais; sous la troisième race, ils durent à leur tour faire place aux connétables.

Les grands vassaux avaient aussi leurs sénéchaux. Un acte de 1210 donne le titre de *sénéchal de Toulouse* à Raymond de Recaldo. Il n'y eut point de sénéchal antérieurement à cette date dans les états des comtes de Toulouse.

[1] L'Albigeois formait une sénéchaussée particulière, sous la domination des comtes Raymond VI et Raymond VII. La réunion du territoire à la droite du Tarn avec la sénéchaussée de Rouergue s'accomplit en 1252 et ne cessa qu'en 1264. Cette partie de l'Albigeois fut alors incorporée à la sénéchaussée de Toulouse. Son sénéchal avait le titre de *sénéchal de Toulouse et d'Albigeois*.

ville fut le siége de la viguerie ou judicature de Villelongue, dépendance de la sénéchaussée de Toulouse. Les ressorts de peu d'étendue étaient administrés par des *baillis* ou prévôts. On mettait les *bailliages* aux enchères, et ceux auxquels on les adjugeait se chargeaient d'y percevoir les revenus du prince et de rendre à tous bonne justice [1]. — Les sénéchaux de Languedoc portaient les grandes affaires devant le parlement de Paris, et l'exercice de cette juridiction occasionnait aux parties un déplacement coûteux et prolongé. En 1272, le roi Philippe-le-Hardi institua un parlement à Toulouse [2].

Les notions recueillies sur la guerre des *pastoureaux* nous donnent la mesure du fanatisme et de l'ignorance des peuples aux XIIIe et XIVe siècles. Vers 1250, on vit des pasteurs de troupeaux (*pastoureaux*), des paysans, des femmes et jusqu'à des enfants, se former par bandes et se répandre dans les provinces, dévastant les propriétés et se livrant aux plus grands désordres. Ils reconnurent d'abord l'autorité d'un aventurier, nommé Job; le luxe du clergé et des chevaliers était le texte ordinaire de ses déclamations. Job disait que le peuple seul

---

[1] Les comptes des domaines d'Alphonse, comte de Toulouse et de Poitiers, pour 1249, nous ont laissé l'indication du prix auquel plusieurs bailliages de l'Albigeois avaient été affermés.

BAILLIAGES D'ALBIGEOIS ADJUGÉS A D. PIERRE DE LAUDEVILLE :
Bailliages de Cordes, de Gaillac, de Causaco et de Castelnau, cum pertinentiis, 900 livres tournois (9,000 fr. de notre monnaie); Bailliage de Penne, 200 livres (2,000 fr.) — Il y avait alors 19 bailliages en Albigeois.

[2] La tenue du parlement de Toulouse fut bientôt interrompue. Philippe-le-Bel lui rendit son autorité en 1287. Suspendu de nouveau en 1291, ce parlement ne fut définitivement remis en vigueur qu'en 1428.

était digne de délivrer Jérusalem! Cette croisade, d'une forme nouvelle, trouva beaucoup d'enthousiastes; les pastoureaux marchaient avec l'étendard de la croix; le peuple les accueillait et faisait des vœux pour leur pieuse entreprise. Bientôt des malfaiteurs se joignirent aux pastoureaux; ils commirent de si grands désordres, et leurs bandes s'étaient grossies à un tel point, qu'il fallut une armée pour les disperser et les détruire!

Les pastoureaux reparurent au XIV° siècle, et désolèrent le Languedoc. Leur passage dans l'Albigeois offrit de curieuses circonstances. Nous les retracerons ici, car elles font bien comprendre tout ce qu'eurent de singulier ces apparitions de pastoureaux, secte ignorante et fanatique qui empruntait à la bible et aux prophètes, leurs noms, leur style inspiré et leurs vives images.

Vers la fin du mois de juin 1320, le château de Ramadiers, voisin de Puicelcy, fut en émoi; on entendit dans les champs qui l'environnaient une musique barbare, accompagnant des prières chantées par des voix innombrables et entremêlées des plus sauvages imprécations! On aperçut bientôt des bandes de pastoureaux, accoutrés d'une façon étrange, armés d'épées, d'arbalètes ou de simples bâtons. Moitié nus, assis pêle-mêle, ils s'écriaient: *Mort aux juifs; trois fois mort aux juifs!* A un signal donné, le silence régna parmi ces bandes qui semblaient indisciplinées, et un pastoureau sortit des rangs. Il attacha une branche d'arbre à sa pique, et on le vit s'acheminer vers le lieu de Ramadiers.

L'un des serviteurs du château fut recevoir, avec un empressement mêlé de crainte, cet étrange parlementaire; et lorsqu'il lui demanda quel était l'objet de sa visite, celui-ci s'écria : « Fils de Bélial ! le prophète, notre souverain pontife, » et Gédéon, notre chef, somment ton maître de leur livrer » les juifs qu'il cache dans son château, afin qu'ils deviennent » la pâture des oiseaux du ciel et des animaux de la terre. » Le serviteur affirma qu'aucun juif n'était dans le château. « Malheur, malheur ! dit alors l'envoyé, à ceux qui font de » leurs maisons un antre pour l'iniquité. Ils méritent d'être » chassés dans les champs de la mort et vers les flammes » de l'éternel abîme ! » A ces mots, arrachant la branche de sa pique, l'envoyé rejoignit les pastoureaux et rendit compte de son message.

Le seigneur de Ramadiers craignant qu'ils n'assiégeassent son château leur envoya le prieur de Lasclottes : « Vous qui vous » proclamez les serviteurs de Dieu, leur dit-il, écoutez ce » que le seigneur de Ramadiers vous fait dire par ma voix : » Les juifs sont abhorrés dans son âme ; et si vous croyez que » le mensonge souille mes lèvres envoyez au château quelques-» uns d'entre vous. Le seigneur de Ramadiers vous considère » d'ailleurs comme des soldats du Christ et veut vous payer » le prix de trois journées de chemin. » A ces mots, des cris de joie se firent entendre et, sur l'ordre des chefs, huit pastoureaux armés se dirigèrent vers Ramadiers. Ils ne tardèrent pas à revenir, déposant aux pieds des chefs l'argent reçu, et jurant, par Dieu et par la vierge, qu'aucun juif n'était caché dans le château.

Les pastoureaux s'étant remis en marche, se dirigèrent sur Albi ; ils remontaient le cours de la Vère, et le 25 juin

1320, leurs bandes campèrent sur les bords du Tarn, près de Castelnau-de-Lévis. Quand le soleil parut, les pastoureaux se prosternèrent, et leur chef fit la prière à haute voix. Il appela la vengeance du ciel sur les nobles, les prêtres et les Sarrazins, réclamant sa bénédiction pour les humbles paysans qui seuls avaient été jugés dignes de délivrer le saint sépulcre profané.

La nouvelle de l'arrivée des pastoureaux s'était rapidement répandue dans Albi. On vit aussitôt la foule quitter la ville avec empressement et venir dans leur camp. « Enfants de la cité » d'Albi, s'écriait le chef des pastoureaux, je vous le dis en » vérité, le temps est venu d'envoyer dans les champs arides » de la malédiction et de la mort ceux qui ne seraient pas » jugés dignes de travailler à la vigne du Seigneur ! » Le peuple écoutait ces paroles avec une sorte de vénération. Les pastoureaux firent dans Albi une entrée triomphale, en répétant : *Mort aux juifs; cent fois mort aux juifs!*

Cependant des mesures de sûreté avaient été réclamées des officiers royaux par le juge de la cour temporelle de l'évêque et par les consuls. Ils exposèrent : « Que beaucoup d'étrangers » et inconnus, se disant *pastoureaux*, venaient de pénétrer » dans la ville, où ne cessaient d'y entrer, et y commet- » taient de grands désordres. Les officiers royaux étaient » sommés d'y remédier au plus tôt, les exposants offrant » d'ailleurs de les aider de tout leur pouvoir. » On prit les armes à Albi pour s'opposer aux excès des pastoureaux. Ils pillèrent cependant dans cette ville les maisons habitées par les juifs. Deux de ces derniers, qui n'avaient pu se soustraire à leurs recherches, furent conduits au pied des remparts. Aussitôt un bûcher s'alluma; les pastoureaux y placèrent les deux victimes, et leur chef entonna un chant d'allégresse qui commençait par ces mots : « Que le souffle du » Seigneur, ainsi qu'un fleuve de bitume, enflamme ce bû- » cher ! » Les pastoureaux, pendant ce temps, battaient des mains en cadence, accompagnant leurs chants de cris sauvages.

Ils ne tardèrent pas à quitter Albi et se dirigèrent sur Gaillac; leur passage dans cette ville et à Rabastens fut marqué par des preuves nouvelles de l'aversion que les juifs leur inspiraient! Ils en tuèrent un très-grand nombre, livrant au pillage tout ce qu'ils possédaient. Les pastoureaux furent dispersés, peu de temps après, par les soins des officiers royaux des sénéchaussées de Beaucaire et de Carcassonne.

Dans ces temps de désordres, on vit Gui de Comminges, seigneur de Cadalen, Fiac et autres lieux, s'ériger en *tyran de l'Albigeois*. Il tenait à sa solde de nombreux écuyers ou gentilshommes qui se livraient au pillage et commettaient des meurtres. Gui de Comminges avait établi sa demeure au château de Giroussens[1]; il percevait illégalement des péages à Rabastens, Damiatte, St-Paul, Lavaur et autres lieux. « Gui » de Comminges, dit l'*Histoire générale de Languedoc*, se fit » appeler *roi d'Albigeois*, et non content d'avoir tué, blessé,

---

[1] Un acte de 1156, que l'*Histoire générale de Languedoc* rapporte, fait déjà mention de ce château. Le lieu de Giroussens devint plus tard la capitale de la terre basse d'Albigeois. Nous verrons, au XIVe siècle, les *routiers* s'emparer du château de Giroussens, s'y fortifier et ne l'abandonner qu'après avoir reçu des habitants de nombreux subsides.

» détroussé, rançonné et pillé un grand nombre de personnes,
» parmi lesquelles il y avait plusieurs ecclésiastiques et reli-
» gieux, et d'avoir vexé les monastères et les églises, entre
» autres, l'abbaye de Candeil, il s'était ligué avec les ennemis
» de l'état et donnait retraite à tous les malfaiteurs. » La sénéchaussée de Toulouse allait réprimer ces exactions, lorsque le duc de Normandie, qui commandait pour le roi dans la province, pardonna à Gui de Comminges.

La destruction de l'ordre des *templiers*, l'un des faits les plus remarquables du XIVe siècle, se lie à l'histoire de notre contrée, car les templiers possédèrent de riches établissements dans l'Albigeois. Le château de Vaour leur appartenait; il devint ensuite la propriété des chevaliers de Malte. On aperçoit encore les ruines du monastère que l'ordre du temple avait établi à Puicelcy. Ce lieu était fortifié; on y construisit sept tours et une vaste enceinte où de nombreuses meurtrières se trouvaient pratiquées. C'est par là qu'au moyen âge, les archers habiles portaient la mort au milieu des assiégeants [1].

---

[1] L'ancienne maison Coste, à Albi, fut autrefois un établissement de l'ordre des templiers. L'époque de sa construction paraît remonter à la fin du XIIIe siècle. Une maison de Castres est encore appelée *maison des templiers*. La tradition a consacré qu'elle appartenait autrefois à l'ordre du temple. « Cet édifice, dit M. Nayral, avait, il y a quelques années,
» trois ou quatre fenêtres ornées chacune de deux colonnes latérales en
» marbre blanc, sculptées d'une manière très-gracieuse. On y voyait aussi
» un portail et un escalier dont l'architecture était fortement empreinte
» des traces du moyen âge. Cette maison est encore debout; mais les
» marques de son antiquité et de sa destination ont disparu. »
(Chroniques castraises.)

Les templiers se propagèrent dans toute la chrétienté. Ils s'étaient couverts de gloire pendant les croisades[1], et le caractère religieux, dont leurs mœurs guerrières avaient l'empreinte, servit au développement de leur institution. Ils recevaient des legs considérables et devinrent souvent dépositaires de ces pieuses donations dont les abbayes, jusqu'alors, avaient eu seules le privilége. La foi des chevaliers du temple et la pureté de leurs mœurs furent, au dire de beaucoup d'historiens, profondément altérées par de trop grandes richesses. D'autres ont cru à leur innocence et affirment qu'ils succombèrent sous les coups de la calomnie[2]. Il y a, dans l'histoire des nations, des époques recouvertes d'un voile d'obscurité qu'aucun effort de l'esprit humain ne saurait faire disparaître; et il faudra longtemps se demander si les templiers étaient coupables des crimes odieux que Philippe-le-Bel leur imputa[3], ou s'ils furent les victimes de l'ombrage que leur puissance inspirait à la royauté.

---

[1] « C'étaient d'admirables cavaliers, les rivaux des mameluks, aussi » intelligents, lestes et rapides, que la pesante cavalerie féodale était » lourde et inerte. On les voyait partout orgueilleusement chevaucher sur » leurs admirables chevaux arabes, suivis chacun d'un écuyer, d'un page, » d'un servant d'armes, sans compter les esclaves noirs. Ils ne pouvaient » varier leurs vêtements, mais ils avaient de précieuses armes orientales, » d'un acier de fine trempe et damasquinées richement. » (M. MICHELET.)

[2] Le 17 juin 1310, ils furent déclarés innocents à Ravenne, le 1er juillet à Mayence, le 21 octobre à Salamanque.

[3] « L'ennemi des templiers les a lavés sans le vouloir; les tortures par » lesquelles il leur arracha de honteux aveux semblent une présomption » d'innocence. »   (M. MICHELET.)

Divers documents, dont la date remonte à l'époque de la destruction de cet ordre, constatent combien s'était alors accru le pouvoir temporel de l'évêché d'Albi. Deux sergents de l'évêque sont tués par les gens du seigneur de Labastide et Puygouzon; l'évêque d'Albi, Béraud de Farges, met aussitôt une armée sur pied; son bailli la commande; elle compte 50 chevaliers, 4,000 fantassins, et se met en marche pour assiéger le château de Puygouzon. On voit plus tard les officiers de Béraud de Farges tenter avec 5,000 soldats de s'emparer du Castelviel d'Albi qui appartenait au roi de France Philippe-le-Bel.

Les évêques de cette ville semblèrent ne vouloir reconnaître qu'une seule suprématie, celle de l'inquisition, qui courba sous son joug tous les prélats de Languedoc. Nous avons vu Innocent III instituer dans la province les premiers inquisiteurs, lorsque l'hérésie y régnait; un concile, assemblé à Toulouse en 1229, établit l'inquisition pour la recherche des hérétiques; et l'on vit ses rigueurs inflexibles occasionner des troubles dans l'Albigeois.

Frère Jean, de l'ordre des mineurs, et frère Pons, de l'ordre de St-Dominique, s'étaient rendus à Puylaurens, y avaient fait mourir plusieurs habitants et de plus ordonné, malgré les murmures du peuple, que les fortifications de la ville seraient rasées. En 1234, les habitants de Cordes virent arriver dans leurs murs trois inquisiteurs. Une femme, prévenue de manichéisme, comparut devant eux, fut convaincue d'hérésie et condamnée à périr par les flammes. L'arrêt s'exécute sur la place publique de Cordes. Un autre supplice se préparait, lorsque le peuple s'insurge et poignarde les trois inquisiteurs [1].

L'histoire a consacré le souvenir des supplices auxquels Pierre Cellani, frère de l'ordre des prêcheurs, condamnait les hérétiques; Gaillac et Rabastens virent son fanatisme et sa cruauté. Frère Catalan, inquisiteur plus redoutable encore, frappa de terreur les habitants de la ville d'Albi.

Il voulait faire exhumer les corps de plusieurs hérétiques et donna l'ordre, à cet effet, aux officiers de l'évêque de se rendre au cimetière de l'église de St-Étienne. Le peuple murmurait; les officiers effrayés refusèrent d'obéir. L'inquisiteur se transporte alors au cimetière et commence à procéder à l'exhumation des corps; laissant ensuite les officiers de l'évêque en devoir

[1] « Le pape, à l'occasion de ce triple assassinat, fulmina contre les
» habitants de Cordes un bref d'excommunication qui pesa sur leurs têtes
» jusqu'en 1321, c'est-à-dire pendant 87 ans. Le pape Jean XXI voulut
» mettre un terme à cet état de choses, et, en exécution des ordres qu'il
» donna, les inquisiteurs de Toulouse et de Carcassonne, assistés du vicaire-
» général de l'évêque d'Albi, se rendirent à Cordes sur la place du marché,
» ainsi que le provincial des jacobins qui prononça un discours en langue
» vulgaire, dans lequel il fit ressortir l'énormité du crime et la clémence
» du saint-père; après quoi les consuls, en robe et en chaperon, la tête
» nue et les genoux à terre, demandèrent très-humblement pardon à Dieu
» et aux hommes des meurtres et des impiétés dont leurs devanciers s'é-
» taient rendus coupables.

« Cela fait, ils reçurent l'absolution, à la charge par eux de faire
» murer le puits, et de faire placer au-dessus un piédestal surmonté
» d'une croix de fer dorée, de construire enfin une chapelle à laquelle
» serait attaché un prieur chargé de dire un certain nombre de messes
» pour le repos des âmes des inquisiteurs massacrés; le tout aux frais
» et dépens de la ville de Cordes. Ces choses furent ponctuellement
» exécutées. »

(Notice sur la ville de Cordes, par M. Mazars d'Alayrac, membre du conseil-général du Tarn.)

de suivre son exemple, frère Catalan se rend dans la cathédrale. Il y était à peine arrivé, lorsqu'on l'informe que le peuple indigné a chassé les officiers de l'évêque; l'inquisiteur, que rien ne peut ébranler, revient au cimetière. La foule l'entoure, le maltraite et s'écrie : « *Que ce traître sorte de la ville;* « *qu'il meure; il n'est pas permis de le laisser vivre!* » Frère Catalan échappa cependant à la fureur du peuple, et les historiens rapportent qu'il revint dans la cathédrale, où il excommunia toute la ville, en présence de l'évêque et des habitants! On vit, dans ces circonstances, ce prélat et le clergé d'Albi partager l'indignation que de telles rigueurs inspiraient.

La fondation de l'évêché de Castres, au xive siècle, vint diminuer l'importance de l'évêché d'Albi. Le pape Jean xxii créa beaucoup de siéges épiscopaux en France. L'évêché de Toulouse fut érigé en archevêché; l'abbaye de St-Benoît de Castres et l'église de St-Alain de Lavaur devinrent des évêchés. La juridiction des évêques d'Albi perdit alors 114 paroisses qui formèrent la dépendance de l'évêché de Castres; celui de Lavaur en reçut 88 précédemment attribuées à l'évêché de Toulouse [1]. La fondation de l'évêché de Castres eut aussi pour

---

[1] PRINCIPAUX LIEUX QUI RELEVAIENT DE L'ÉVÊCHÉ DE CASTRES.

St-Amans-de-Valtoret, Ambres, Arifat, Augmontel, Aussac, Berlats, Bez, Brassac-de-Belfortez, Boissezon-d'Augmontel, Boissezon-de-Malviel, Brasis, Brousses, Briatexte, Burlats, Cabannes, Cambounés, Carbes, Caucalières, Castelnau-de-Brassac, Cuq, Damiatte, Esperausses, Ferrières, Fiac, Frégeville, Gijounet, Gibrondes, Graulhet, Lasgraisses, Lalbarède, Lacaune, Lautrec, Labessière, Laboulbène, Lacabarède, Lacaze, Mandoul, Missècle, Mondragon, Montfa, Montredon, Montpinier, Murat,

effet de ralentir la construction de l'église de Ste-Cécile d'Albi, monument dont la splendeur fera l'admiration de tous les âges. L'évêque, Bernard de Castanet, posa la première pierre de cette église le 15 août 1282. Une assemblée générale du clergé, convoquée par ce prélat, régla quelles seraient les ressources qui devaient s'appliquer à cette gigantesque entreprise. Les nombreux bénéfices que renfermait le diocèse d'Albi durent contribuer aux dépenses pour un vingtième de leurs revenus. L'évêque et son chapitre donnèrent les premiers l'exemple en s'imposant des sommes considérables.

En détachant 114 paroisses de l'ancienne circonscription du diocèse d'Albi, l'évêché de Castres réduisit le nombre des bénéfices que l'assemblée générale du clergé avait taxés au vingtième. Les travaux, depuis lors, s'exécutèrent avec moins de rapidité. Ils durèrent 230 ans, et l'édifice, consacré le 23 avril 1480, ne fut terminé qu'en 1512.

Parisot, Peyregoux, Puycalvel, Pomardèle, Pujol, Roquecourbe, Rouairoux, Sauveterre, Senaux, Serviés, Senegatz, St-Julien-du-Puy, St-Jean-de-Vals, St-Gauzens, St-Gervais, Trévisy, Vabre, Valdurenque, Vielmur, Venés, Vintrou, Viane. Une partie de la ville de Lavaur dépendait aussi de l'évêché de Castres.

PRINCIPAUX LIEUX QUI RELEVAIENT DE L'ÉVÊCHÉ DE LAVAUR.

Une partie de la ville de Lavaur, Puylaurens, Dourgne, Sorèze, Mazamet, St-Amans-Labastide, Teyssode, St-Paul, Lempaut, Durfort, Arfons, Aiguefonde, Scopont, Belcastel, Lacroizille, Blan, Les Cammases, Semalens, Cambounet, Bertre, Montcabrier, Agut, Montgey, Massaguel, Escoussens, Cambon, Magrin, Belleserre, Palleville, Banières, Cuq-Toulza, Pechaudier et Mouzens.

L'évêché d'Albi étendait sa juridiction sur 327 paroisses qui composaient le reste de l'Albigeois.

Il n'appartient pas au plan de notre ouvrage de décrire les beautés de ce monument qu'éleva la piété des fidèles, des évêques et du clergé [1], et où le peintre, l'architecte et le sculpteur prodiguèrent les trésors de leur art. D'autres ont dépeint ces voûtes admirables où des êtres célestes, des vierges et des prophètes sont placés au milieu d'arabesques que rehaussent l'or et l'azur. Nous ne tarderons pas à voir le

---

[1] Bénéficiers du diocèse d'Albi qui seuls contribuèrent, après la fondation de l'évêché de Castres, aux dépenses de la construction de l'église de Ste-Cécile.

CLAVERIE D'ALBI.

Monseigneur l'évêque d'Albi; le vénérable chapitre de Ste-Cécile; le chapitre de St-Salvi; le prévôt de la cathédrale; celui de St-Salvi; l'archidiacre d'Albi; l'archidiacre du Puy-St-George; l'archidiacre de Montmiral; l'archidiacre de Lautrec; le chantre de la cathédrale; le sous-chantre; le pénitencier de la cathédrale; le prieur de N. D. de Fargues; le prieur de St-Affric; le prieur de Lescure; le prieur de Montsalvi; ceux de Gaulène, Lacapelle-Clapié, Sarmazes, la Toussimayrié, St-Geniès, Loupiac, Mareus, Brez, Cambon et Entremonts; le prieur ou commandeur de St-Antoine; le prieur de Conils; le recteur de Bezelles; le vicaire perpétuel du Brez; les recteurs de Mailhoc et de Carlus; le prieur et le vicaire perpétuel de Fonlabour; le recteur de St-Étienne d'Albi; les recteurs de Teulet, Marssac et Cunac; le vicaire perpétuel de Lescure; les recteurs de la Drèche, St-Julien d'Albi, du Castelviel; le vicaire perpétuel de Bernac; les recteurs de Saliés, Villeneuve, Villefranche, Taïx, St-Juéry, Ste-Croix, Ste-Martianne, du Puy-St-George, de Castelnau, Ste-Martianne d'Albi, Rouffiac, Fauch, Lacapelle-Clapié, Orban, Fréjairolles, Dénat, Pouzols, St-Dalmazi, Marsal et Lejos; le vicaire perpétuel de Dénat.

CLAVERIE DE GAILLAC.

M. l'abbé de Gaillac; le commandeur de St-Pierre; le chapelain de St-Michel; les prieurs de St-Sauveur et de St-Robert; ceux de Cestayrols et de Tersses; les recteurs de Seaux, d'Aussac, de la Grave et de Gabriac; le recteur perpétuel de St-Pierre de Gaillac; les frères de St-Pierre; le vicaire

cardinal de Richelieu dire son admiration à tous ceux qui l'entourent, à l'aspect du jubé et du chœur, ouvrages merveilleux dont la sculpture légère fait le désespoir des artistes.

Le portail de l'église, construit en 1380, sous l'épiscopat de Dominique de Florence, et les arcs, dont la réunion habilement combinée forme le portique extérieur, semblent vouloir préparer celui qui vient visiter l'édifice au spectacle

de St-Michel de Gaillac et le vicaire perpétuel de Cestayrols; les recteurs de Montans, Labastide-Montfort, Cadalen, Brozes, Brens, Cedel, Fayssac et Montels.

CLAVERIE DE LISLE.

L'archiprêtre de Lisle; les recteurs du Taur, Ladin, Montagut, Couttens, Avignonet, St-Géry, Avens et St-Étienne de Vernon.

CLAVERIE DE RABASTENS.

Les prieurs de Rabastens, Giroussens, Salvagnac et Raoust; les vicaires perpétuels de la Périère, Giroussens et Salvagnac; les recteurs de St-Amans, Lombers, Messenac, Senespe, Gourgouillac, Armissart, Bracou, St-Caprais, Guidal, Vertus et Rabastens.

CLAVERIE DE MONTMIRAL.

L'archiprêtre de St-Jacques; le prieur de St-Michel de Montmiral; ceux de Ste-Catherine de Mareus, St-Salvi de l'Herm, Roussergues et Laval; les recteurs de St-Bauzely, Campagnac, Tonnac, du Verdier, Puicelcy, Montmiral, Vieux, Salettes, Andillac, Cayrou, Cahuzac, St-Paul de Mamiac, Orbens, Penne et St-Michel-de-Vax; les prébendiers de Vieux.

CLAVERIE DE RÉALMONT.

La prieuresse de la Salvetat; les prieurs de Sieurac et de Saint-Martin-de-Coras; les recteurs de Saint-Lieux et de Lombers; les prébendiers de Réalmont; les vicaires perpétuels de Scieurac, Laboutarié et Réalmont.

CLAVERIE DE CORDES.

L'archiprêtre de Cordes; les vicaires perpétuels de St-Marcel et d'Assac; les prieurs de Cardonac, Mouzieys, Roumanou, Bournazel, St-Projet;

des richesses que l'art se plut à y réunir ; car un étonnement dont il ne saurait se défendre frappera son esprit à la vue de cette magnifique cathédrale ; et cet étonnement redoublera s'il cherche à se rendre compte des immenses ressources dont le moyen âge devait disposer pour d'aussi merveilleuses entreprises. « Notre temps — dit M. de Châteaubriand — » laissera-t-il des témoins aussi multipliés de son passage, que

Panens, Bleys, Sommart, Campes, Loubers, Itzac, St-Pierre-de-Mercens, Milhars, Alayrac, Corrompis, Vindrac, la Guépie, Donazac, Saut, Frausseilles, la Salvetat, Salles et Noailles.

CLAVERIE DE MONESTIÉS.

Le vicaire perpétuel de Baboutès; les prieurs du Ségur, des Planques, Narthous, Monestiés, Laval, Ste-Gemme, Mirandol, Virac, les Infornats, Jocaviel, Canezac, St-Faustus, Carmaux, Caucalières, Trévien, Lunaguet, Vers, Marsal, Pampelonne, Moularès, Pont-de-Cirou, Almairac, Suech et St-Christophe.

CLAVERIE DE VALENCE.

Le prieur de Tréban; les recteurs de Sérénac, Fraissines, Cadix, Aigou, Castelgarric, Assac, le Dour, Valence, Tels et Courris; le vicaire perpétuel de Tréban.

CLAVERIE D'ALBAN.

Les vicaires perpétuels de la Condamine et de Nègremont; les prieurs d'Alban, Ambialet, St-Salvi-de-Carcavès, St-Paul-de-Massuguiés, Lacapelle-d'Ambialet; les recteurs de Miolles, Carcasses, le Travet, Massals, Alban, le Truel, St-Gilles-d'Ambialet, Teillet, Bonneval, Ginestières, Massuguiés, Paulin, Energues et Janes.

CLAVERIE DE PUECHBEGON.

L'abbé de Candeil; les bénéficiers de St-Mémy; les recteurs de Rouzède, St-Louis-de-Jussens, Puechbegon, St-Pierre-de-Pax, Laurets, Ste-Foy, St-Martin-de-Grizac, la Genebrière et St-Mémy; les vicaires perpétuels de Parisot et de Técou.

» le temps de nos pères ? Qui bâtirait maintenant des églises
» dans tous les coins de la France ? Nous n'avons plus la foi
» qui a remué tant de pierres !... Une liberté d'industrie et
» de raison ne peut élever que des bourses, des magasins,
» des manufactures, des bazars et des cafés... Dans cinq ou
» six siècles, lorsque la religion et la philosophie solderont
» leurs comptes, lorsqu'elles supputeront les jours qui leur
» ont appartenu, que l'une et l'autre dresseront le pouillé
» de leurs ruines, de quel côté sera la plus large part de
» vie écoulée, la plus grosse somme de souvenirs ? »

Guerres désastreuses avec l'Angleterre. — La Noblesse de l'Albigeois se fait décimer à Crécy et à Poitiers. — Origine des États de Languedoc. — La Seigneurie de Castres érigée en Comté. — Courage et fidélité des Comtes de Castres. — Le sentiment national se manifeste dans l'Albigeois à la nouvelle de la captivité du Roi Jean. — Il s'impose les plus grands sacrifices. — Les Anglais menacent le Languedoc. — L'Albigeois se prépare à défendre son territoire. — Château de Combefa. — Les Routiers se répandent dans la Contrée, et désolent la ville d'Albi. — Fondation de Pampelonne. — Seigneurie de Paulin. — Coutumes de ses habitants. — Démêlés de Bernard de Casilhac et de Robert Dauphin, à l'occasion de l'Évêché d'Albi. — Château de la Verbie, ancienne résidence des Vicomtes d'Albi. — La ville de Cordes prise d'assaut et pillée par les troupes royales. — Doléances des États de Languedoc. — Impôts payés par l'Albigeois. — Ferme des Aides. — La Gabelle. — Droits de Fouage. — Le Compoix ou Cadastre. — Habillements des Nobles et des Bourgeois. — Luxe du Moyen Age. — François Ier en Languedoc. — Passage à Albi de Henri d'Albret et de Marguerite de Navarre. — Considérations générales sur les XIVe, XVe et XVIe siècles.

VI

ENDANT les guerres désastreuses que Philippe de Valois et le roi Jean eurent à soutenir contre l'Angleterre, le Languedoc donna d'éclatants témoignages de son dévouement par la grandeur de ses sacrifices. La peste cependant ravageait le pays, et malgré la désolation qu'elle causait, des subsides considérables et de nombreux soldats furent généreusement accordés par la province pour conjurer la ruine de la monarchie. La noblesse de l'Albigeois se fit décimer à Crécy et à

cette bataille de Poitiers de si funeste mémoire [1]. A la nouvelle de la captivité du roi Jean, les habitants du Languedoc prirent le deuil; les états [2] s'assemblèrent. On décida, disent les vieux chroniqueurs, « que homme ne femme du pays de
» la langue d'Oc ne pourterait par ledit an, si le roi n'estait
» avant délivré, or ne argent, ne perles, ne vair, ne gris,
» robes ne chapperons decoppés, ne autres cointises quel-
» conques; et que aulcuns menestrelz, jugleurs, ne joueraient
» de leur mestier. »

[1] Jean II, comte de Castres, combattit valeureusement à la bataille de Poitiers, et fut fait prisonnier avec le roi. La seigneurie de Castres, d'abord possédée par la maison de Montfort, était devenue l'héritage de la maison de Vendôme, et fut érigée en comté, le 25 août 1356, en faveur de Jean II. Les comtes de Castres, courageux et fidèles, marquèrent au premier rang des soutiens de la monarchie. Bouchard II, successeur de Jean II, fut capitaine-général pendant la guerre avec les Anglais qui faisaient de continuelles entreprises dans le Languedoc. Il mourut en 1400 sans postérité; en lui s'éteignit la branche masculine des comtes de Castres de la maison de Vendôme. Le comté de Castres appartint ensuite à la maison de Bourbon et aux d'Armagnac. Louis XI le donna, en 1477, à Bouffil de Juges, et il ne fut réuni à la couronne qu'en 1519.

[2] « On trouve l'origine des états de Languedoc dans la convocation qui
» eut lieu à Carcassonne, le 11 août 1269, et nous pensons que l'assemblée
» qui se forma alors fut la première de ce genre. Voici comment elle fut
» composée : — 7 évêques de la province, 22 abbés, 2 commandeurs
» de l'ordre de la milice du temple ou des hospitaliers de St-Jean, 25
» seigneurs, et un certain nombre de consuls des 27 principales
» villes du pays représentaient les communes. On délibéra dans cette
» assemblée sur la quotité du subside à accorder et sur la manière de
» le lever, et quoique les communes n'y fussent représentées que par quelques
» magistrats, on ne doit pas hésiter à regarder cette assemblée comme
» le type réel des états de Languedoc. »
(*Histoire de la ville de Toulouse*, par M. D'ALDÉGUIER.)

RUINES DU CHATEAU DE COMBEFA,
Ancienne résidence des évêques et archevêques d'Albi.

On peut juger du sentiment national qui dut alors se manifester dans l'Albigeois par ce que firent les cordeliers de Castres. La rançon fixée par les Anglais, pour la délivrance du roi Jean, s'élevait à trois millions d'écus d'or. Ces religieux vendirent leur argenterie et presque tous leurs biens. Ils réunirent ainsi quarante mille livres, somme très-considérable alors. Le gardien du couvent la porta au dauphin Charles pour qu'elle contribuât à la rançon du roi son père.

L'Albigeois était dans la consternation ; les Anglais, maîtres de l'Aquitaine, menaçaient le Languedoc. Le comte d'Armagnac qui y commandait au nom du dauphin, régent du royaume, assembla les états de la province à Albi, le 22 juillet 1357 ; ils arrêtèrent des mesures de défense contre les entreprises des Anglais. L'évêque d'Albi, Hugues d'Albert, pourvut à la sûreté de ses possessions ; on fortifia le château de Combefa [1] ; sa garnison fut augmentée et les habitants de Cramaux reçurent l'ordre de se retirer à Monestiés [2]. La paix toutefois ne

---

[1] Le château de Combefa fut construit vers la fin du XIIIe siècle. Il appartenait d'abord aux vicomtes d'Albi qui ne tardèrent pas à en faire don aux évêques. L'enceinte était fortifiée. Les évêques d'Albi se plurent à embellir l'intérieur de l'édifice. Louis d'Amboise y résidait habituellement ; Les peintures de la chapelle, les statues et les vitraux qui l'ornèrent furent des témoignages de la magnificence de ce prélat. Dominique de Larochefoucauld, archevêque d'Albi, fit exécuter de grands travaux à Combefa ; il y employa 60,000 livres de ses revenus. Ce château, que le cardinal de Richelieu avait visité en 1629, fut démoli en 1762 par les ordres de M. de Choiseul, archevêque d'Albi. On voit encore à Combefa les ruines de cet édifice ; les débris des murs qui s'écroulent ont comblé le fossé qui l'entourait.

[2] « Monestiés était alors le seul lieu notable et fortifié, depuis Gaillac » jusqu'à Rodez. » *(Histoire générale de Languedoc.)*

tarda pas à être signée; la France l'acheta par le désastreux traité de Brétigny.

L'Albigeois venait à peine d'échapper aux rigueurs de la guerre, lorsqu'il fut désolé par des bandes de *routiers*. Des malfaiteurs, des aventuriers, auxquels on donna des dénomination diverses, telles que *routiers*, *malandrins*, *mille diables*, *guillerys* ou *mainades*, s'étaient répandus dans les provinces et y portaient la désolation. Beaucoup de soldats anglais, licenciés après le traité de Brétigny, vinrent se joindre aux routiers; les bandes où ils s'enrôlèrent reçurent le nom de *grandes compagnies*. Les routiers tenaient la ville d'Albi assiégée en septembre 1362. L'évêque était alors en guerre avec Sicard, seigneur de Lescure, Gilbert de Curvale et les seigneurs de Cunac. Les routiers servirent l'animosité de l'évêque et ravagèrent les terres de ces derniers. Ils désolèrent longtemps l'Albigeois et s'emparèrent de Sorèze en 1377; un grand nombre de châteaux ou points fortifiés étaient en leur pouvoir, entre autres ceux de *Thuriés* aujourd'hui Pampelonne [1], Tersac, Penne, Curvale, Giroussens et Paulin [2]. Les habitants, fatigués de leurs exactions, s'imposèrent des subsides et leur en firent don. Les routiers quittèrent alors la contrée.

---

[1] Un document authentique, déposé dans les archives de la mairie de Cordes, constate que le lieu de Pampelonne fut fondé, à la fin du XIIIe siècle, par Eustache de Beaumarchais, sénéchal de Toulouse et d'Albigeois.

[2] La seigneurie de Paulin appartenait, au XIIIe siècle, aux vicomtes de Lautrec. Des documents de cette époque constatent l'affranchissement des habitants de Paulin et de la terre de Paulinet, moyennant certaines obligations qui leur furent imposées. On remarque dans la disposition de ces

D'autres calamités ne tardèrent pas à se joindre aux maux que leur présence avait causés dans l'Albigeois. La peste et de fréquentes disettes appesantirent leurs rigueurs sur cette malheureuse contrée, et malgré les nombreux subsides par lesquels les habitants avaient cru acheter leur tranquillité, de nouvelles bandes reparurent dans le pays en 1422. Les routiers ne purent cependant s'emparer d'Albi qu'ils assiégeaient, mais ils incendièrent le Castelviel. On les vit en 1434 pénétrer dans cette ville et y prendre part aux démêlés qu'occasionnait la vacance du siége épiscopal.

Le chapitre, usant du droit que lui conféraient les décrets du concile de Bâle, avait appelé à l'évêché d'Albi Bernard de Casilhac, prévôt de la cathédrale. La nomination, cassée par le pape Eugène IV, fut maintenue par le concile. Le pape n'en tenant nul compte donna l'évêché d'Albi à Robert Dauphin, évêque de Chartres. Celui-ci se rendit à Albi immédiatement, suivi du sénéchal de Carcassonne et d'un corps de troupes; mais les habitants avaient pris parti pour Bernard de Casilhac et refusèrent de recevoir le nouvel évêque. Robert Dauphin, ne se décourageant pas, appela à son aide Rodrigo de Villaudrant, célèbre chef de routiers. 7,000 d'entre eux entrèrent à Albi sous la conduite de Rodrigo, établirent Robert

---

actes la permission donnée aux vassaux des vicomtes de chasser à coups de pierres les bestiaux étrangers et leurs conducteurs qui entreraient sur le territoire de Paulin; *Que per lour propriar authoritat los puesca gitan peyros sans mal a farn.*

Paulin eut longtemps des vicomtes. Son château fut détruit pendant les guerres de religion.

Dauphin sur son siége et portèrent la désolation dans tout le pays.

Bernard de Casilhac ne tarda pas de son côté à réunir des troupes et s'empara du château de Combefa qui dépendait de la temporalité de l'évêque. Ses adhérents pénétrèrent ensuite dans Albi; ils forcèrent la cathédrale dont le trésor fut pillé [1], incendièrent l'officialité et assiégèrent le château de *la Verbie* [2].

Robert implora alors la protection royale, et sur l'ordre du roi Charles VII, les sénéchaux de Toulouse, de Rouergue et de Carcassonne vinrent assiéger Cordes où Bernard de Casilhac s'était réfugié, suivi de ses partisans. Après une vive défense la ville fut prise d'assaut et pillée. Bernard de Casilhac se sauva à demi-nu par une porte secrète. — Divers arrêts du parlement intervinrent sur les prétentions des deux évêques; la mort de Robert Dauphin termina leurs différends en 1461.

Les désordres qui affligeaient la province au XVe siècle, le passage continuel des gens de guerre, la dépréciation des monnaies, les charges considérables imposées aux habitants, furent souvent l'objet des doléances des états de Languedoc. L'autorité royale, en absorbant à son profit l'ancien pouvoir

---

[1] Il renfermait 5,000 écus d'or. L'église de Fargues et son trésor, qui valait 1,500 écus, furent aussi mis au pillage.

[2] Le château de *la Verbie* fut construit au XIe siècle par les vicomtes d'Albi; il devint la propriété des évêques d'Albi vers la fin du XIIIe siècle. Lorsqu'il fut assiégé par Bernard de Casilhac, on employa pour le réduire des *canons*, *bombardes* et *arbalètes*. Parmi les seigneurs de l'Albigeois qui appuyaient les prétentions de ce prélat on remarque ceux de *Cestayrols*, *Tonnac*, *Mailhoc*, *Verdier* et *Sayssac*.

tutélaire des comtes de Toulouse et celui de leurs principaux vassaux, en resserrant les limites de l'organisation démocratique des communes, n'avait laissé d'autre compensation, pour tant de libertés perdues, que l'institution des états de Languedoc. Ils remplirent fidèlement leur mission. Ce qu'il nous reste des travaux de ces assemblées atteste que leurs résolutions furent toujours dictées par un esprit éclairé qu'animait l'amour du bien public.

Le cahier de leurs doléances, présenté au roi Charles VII en 1424, témoigne aussi que les états de Languedoc savaient allier le respect de la royauté à la plus vive sollicitude pour les droits et les intérêts des citoyens. — « Nous avons eu, disaient-
» ils, et nous avons encore la bonne volonté, l'inclination
» naturelle, de supporter en sujets vraiment fidèles, les néces-
» sités de la guerre et les embarras qui s'augmentent de jour
» en jour. Cependant le Languedoc est dépeuplé et appauvri,
» plus qu'il ne le fut jamais, tant par les mortalités, la
» stérilité des fruits, les guerres, les charges diverses, que
» par la fréquente altération des monnaies. Nous prenons
» toutefois en considération les grandes charges et affaires
» que le roi a souffertes et supportées, celles qui de jour en
» jour lui adviennent; et nous faisons de nécessité vertu[1]! »

Ce préambule ne cachait point de trompeuses promesses; les états votaient immédiatement, pour les besoins de l'état,

---

[1] « Vezens et considerans las grans cargas et affaires que lo rey a
» suffertat et ha supportat, et que de jorn en jorn li advenon, fezens de
» necessitat vertut. »
(Cahier des doléances de la province de Languedoc. 1424.)

un nouveau subside de 150,000 livres tournois [1]. Ils faisaient cependant, en accordant cette somme, leurs réserves et supplications. — « Nous demandons, disaient-ils, que tous contribuent » dans la province à la somme accordée, qu'ils soient officiers, » monnayeurs, préposés aux sels, clercs, sergents et autres » gens, d'ordinaire exemptés ou non exemptés, à l'exception » pourtant des nobles de *noble lignage*, de ceux qui suivent » la carrière des armes, et des gens d'Église ayant des béné- » fices [2]. » Les trois états exprimaient aussi le vœu que les receveurs fussent obligés de prendre pour payées les taxes de ceux des officiers, monnayeurs, préposés aux sels, etc., qui refuseraient d'acquitter leur part du subside, les villes n'étant nullement tenues de compenser le montant de ces taxes.

Avant le commencement du xve siècle, les impôts que payait le Languedoc étaient réglés par sénéchaussées et vigueries. Leur division par diocèse ne tarda pas à s'établir [5]. La

---

[1] 1,200,000 fr. environ de la monnaie actuelle.

[2] « Que tota manieyra de gens pagaran e contribuyran à ladite somma » autrejada, sian officiers, monediers, saliniers, clercx, sargants, et » autres gens, exemptas et non exemptas, exceptats nobles natz de nobla » lineya et frequentans las armas, gens de gleysa à causa de lors be- » nefices. »

[3] Sommes payées par l'Albigeois, dans *le département*, ou répartition de la somme de 72,000 livres tournois (504,000 fr. environ de la monnaie actuelle) octroyée au roi par les états de Languedoc, pour l'année 1468.

Diocèse d'Albi.... 8,248 l 13 s 9 d (environ 57,740 f 80 c)
Diocèse de Castres. 5,500 » » (environ 38,500 »)
Diocèse de Lavaur. 5,200 » » (environ 36,400 »).

ferme des *aides*[1] avait déjà mis en usage ce mode de répartition. On ne connaissait point encore les tarifs proportionnels qui fixèrent, plus tard, le contingent d'impôts de chaque ville ou bourg de la province. L'assemblée diocésaine réglait les taxes par approximation. — L'imposition par feu ou *fouage*[2] fut en vigueur jusqu'au règne de Charles VII. D'effrayantes mortalités et les fléaux de la guerre avaient rendu peu équitable la répartition de ce fouage, perçu d'après les relevés diocésains. L'impôt restait le même malgré la population décimée. Le fouage fut enfin aboli; on lui substitua le *compoix*

---

[1] L'impôt des *aides* ne fut d'abord prélevé que sur les boissons, mais ne tarda pas à s'appliquer aux marchandises. Les aides étaient payées par toutes les classes indistinctement.

L'origine de *la gabelle*, ou impôt sur le sel, remonte à Philippe-le-Bel. Les habitants de la campagne avaient cet impôt en horreur; beaucoup d'entre eux attribuaient à la gabelle leurs malheurs domestiques, la disette des grains, l'incendie des granges. — « Un curé de Bretagne, dit Mme de » Sévigné, avait reçu, devant ses paroissiens, une pendule; ils se mirent » tous à crier que c'était la gabelle, et qu'ils le voyaient fort bien. Le curé » habile leur dit, et sur le même ton : Point du tout, mes enfants, ce » n'est pas *la gabelle*, c'est *le jubilé*. En même temps les voilà tous à » genoux. Que dites-vous du bon esprit de ces gens-là? »

[2] La famille qui possédait 10 livres tournois de revenus en fonds de terre constituait un *feu*. Les familles dont les revenus étaient moindres n'étaient point comptées au nombre des feux; elles contribuaient aux impôts prélevés dans la mesure de leurs ressources. — 10 livres tournois, au milieu du XIVe siècle, valaient environ 90 fr. de notre monnaie actuelle.

ÉTAT DU NOMBRE DES FEUX DE L'ALBIGEOIS DEPUIS LE MILIEU JUSQU'A LA FIN DU XIVe SIÈCLE.

Dans la jugerie d'Albigeois....... 11,240 feux.
Dans la viguerie d'Albi.......... 1,704 feux.
Dans le comté de Castres........ 11,619 feux.
Dans la jugerie de Villelongue.... 4,147 feux.

ou cadastre. Il servit à répartir les impôts, sur l'évaluation qu'avait reçue la propriété générale du territoire.

Le luxe des habillements fut sans exemple aux XIVe et XVe siècles; il pénétra dans toutes les provinces et il fallut le réprimer par des édits royaux [1]. Les mœurs du moyen âge avaient d'ailleurs donné aux différentes classes de la nation des costumes distincts dont rien ne rappelle, de nos jours,

---

[1] EXTRAITS DE LA LETTRE DU ROI CHARLES V, PORTANT APPROBATION DU RÈGLEMENT QUE FIRENT LES CONSULS DE MONTPELLIER, POUR METTRE UN FREIN AU LUXE DES FEMMES DE CETTE VILLE.

« Nulle femme mariée ne pourra porter aucune espèce de perles ou
» pierres précieuses, si ce n'est aux bourses, ceintures et anneaux que
» l'on porte aux mains.....
» *Item*, que ni homme ni femme ne s'avise de porter aux manches des
» revers de fourrure d'hermine, ou d'autres peaux, ou d'étoffes de soie...
» *Item*, qu'aucune femme ne s'avise de porter sur ses habits, autour
» des pieds ou ailleurs quelque bande (passe-poil) de peau ou d'étoffe de
» soie ou de laine, des broderies, ramages ou autres ouvrages quels
» qu'ils soient....
» *Item*, qu'aucune ne s'avise de porter au capuchon, ou ailleurs sur ses
» habits, aucune espèce de rubans d'or ou d'argent, ni des broderies quel-
» conques....
» *Item*, qu'aucune demoiselle ne s'avise de porter des parures ornées
» de perles ou de pierres précieuses.....
» *Item*, que ni homme ni femme ne s'avise de porter à ses pantoufles,
» à ses souliers ou à ses bottines des pointes dites de *poulaine*.
» *Item*, si quelque pelletier, savetier, tailleur, orfèvre ou autre s'avise
» de faire pour les habitants des ornements contraires au présent règle-
» ment, il sera sévèrement puni, sans aucune grâce, dans sa personne et
» dans ses biens. Notre bien-aimé et fidèle évêque de Maguelonne, dans
» le diocèse duquel se trouve ladite ville, ou son vicaire spirituel, approu-
» vera ledit règlement, en ce qui le concerne, et prononcera la sentence
» d'excommunication contre les rebelles qui désobéiront, etc.
» Donné à Paris, le 17 octobre 1367. »

l'ensemble pittoresque [1]. Les chevaliers étaient couverts d'armures étincelantes; les seigneurs de riches fourrures. Les dames rehaussèrent leurs gracieux ajustements par les pierreries, le menu-vair, l'hermine et les étoffes de brocard. Les habits de velours donnaient à la bourgeoisie un air d'élégance mêlé de gravité. Une casaque grise, la jaquette et le sayon de peau composaient d'ordinaire l'habillement des artisans et du cultivateur.

Les nobles et le clergé faisaient usage du capuchon qui servit aussi fréquemment à l'investiture des fiefs [2]. Un concile assemblé à Lavaur, en 1368, défendit aux ecclésiastiques de porter le capuchon boutonné et les manches étroites. Les souliers eurent longtemps la pointe très-relevée; elle était ornée d'arabesques; on y représentait, par de légères découpures, des vitraux d'église ou des animaux fantastiques. Cette chaussure s'appela *la poulaine*; la mode l'exagéra à un tel

---

[1] « Les différentes classes de la société, dans le moyen âge, se distin-
» guaient par la forme des habits; les populations n'avaient pas cet aspect
» uniforme qu'une même manière de se vêtir donne, à cette heure, aux
» habitants de nos villes et de nos campagnes. La noblesse, les chevaliers,
» les magistrats, les évêques, le clergé séculier, les religieux de tous les
» ordres, les pélerins, les pénitents gris, noirs et blancs, les ermites,
» les confréries, les corps de métiers, les bourgeois, les paysans, offraient
» une variété infinie de costumes..... Sur ce point il s'en faut rapporter
» aux arts : que peut faire le peintre de notre vêtement étriqué, de notre
» petit chapeau rond et de notre chapeau à trois cornes? »
(M. DE CHATEAUBRIAND.)

[2] « En 1413, le sénéchal de Toulouse mit Pierre de Gaillac, écuyer, en
» possession de la charge de châtelain de Puicelcy, en lui donnant le ca-
» puchon (*capucium*) de Pierre Raymond de Rabastens, qui lui avait
» résigné cet office. » (*Histoire générale de Languedoc.*)

degré qu'il devint impossible de marcher sans relever la pointe du soulier ; on l'attachait au genou avec une chaîne d'or ou d'argent. Des édits prohibèrent cette chaussure qu'une bulle du pape interdit sous des peines sévères. En 1369, Hugues, évêque de Montpellier, avait défendu l'usage du fard dans son diocèse. « Les dames et damoiselles, dit Juvénal des Ursins,
» menaient, en 1417, grands et excessifs estats, et cornes
» merveilleuses hautes et larges, et avaient de chascun costé,
» en lieu de bourlées, deux grandes oreilles si larges, que
» quand elles voulaient passer l'huis d'une chambre, il fallait
» qu'elles se tournassent de costé, et baissassent, ou elles
» n'eussent pu passer. »

Le luxe de cette époque semblait ne pas vouloir quitter les hommes, même après qu'ils n'étaient plus. Une inscription placée sur le tombeau qu'on éleva au connétable Bernard d'Armagnac, dans l'abbaye de Bonneval, en Rouergue, nous apprend que neuf cents prêtres lui rendirent les honneurs funèbres, à la lueur de vingt-deux mille torches. L'église avait été parée de cent quarante draps d'or ou de soie [1].

Les mœurs du XVIe siècle ne furent pas inférieures en magnificence aux temps qui avaient précédé. Il s'y joignit plus d'élégance et de recherche. Le voyage en Languedoc de François Ier peut en rendre témoignage. Le roi vint à Toulouse, en 1533, en passant par le Rouergue et l'Albigeois [2]. Au Puy,

---

[1] « Exequiis interfuerunt DCCCC presbyteri et fuit ecclesia hujus mona-
» sterii Bonnævallis CXL pannis cincta aureis vel sericis, et XXIIM arden-
» tibus facibus illustrata. » *(Inscriptions tumulaires de l'abbaye de Bonneval.)*

[2] Il traversa sans s'arrêter Villefranche d'Albigeois, Albi, Gaillac et

en Velai, quinze cents jeunes enfants, vêtus des couleurs et livrées royales, s'étaient trouvés sur son passage. Rodez mit six cents hommes sous les armes; on remarquait dans le cortége « trente notaires ou bourgeois *accoutrés* de velours

Rabastens. François Ier fut chéri des peuples de Languedoc. On prit le deuil dans la province à la nouvelle de la bataille de Pavie où ce prince fut fait prisonnier et la noblesse de Languedoc combattit avec beaucoup d'intrépidité et de dévouement dans les guerres qu'il eut à soutenir contre l'empereur Charles-Quint.

BAN ET ARRIÈRE-BAN DE LA NOBLESSE DE L'ALBIGEOIS
comprise dans la sénéchaussée de Carcassonne.

HOMMES D'ARMES D'ALBIGEOIS.

Monsieur l'évesque d'Albi, deux hommes d'armes et six archiers. Monsieur le comte de Castres, dix hommes d'armes et six archiers. Monsieur le vicomte de Lautrec, deux hommes d'armes et six archiers. Monsieur d'Ambres, un homme d'armes et deux archiers. Le seigneur d'Albigeou seigneur de Groilhet, deux hommes d'armes et six archiers. Le seigneur de Montredon en Albigeois, un homme d'armes et deux archiers. Le vicomte d'Ambilet, un homme d'armes et deux archiers. Le vicomte de Paulin, un homme d'armes et deux archiers. Le seigneur de la Case, un homme d'armes. Le seigneur de Monfa, vicomte de Lautrec, un homme d'armes. Le seigneur de Burlas, un homme d'armes et deux archiers. Le seigneur de St-Amans, un homme d'armes. Le seigneur de Massuguier, un homme d'armes. Le seigneur de Brassac, un homme d'armes. Le seigneur de Boisseson, un homme d'armes.

LES ARCHIERS D'ALBIGEOIS.

Le seigneur de Rocairole avec Bernard Albert de Senegas, un archier. Le seigneur de St-Germier. Le seigneur de la Volbaine. Le seigneur de Montpigné. Bringuié Soubeyran, conseigneur de Brassac. Jehan Soubeyran, conseigneur de Brassac et seigneur de Montpigné. Vidal, conseigneur de Serviez. Le seigneur de Lagrifol. Le seigneur du Bousquet. Raymond Rogier de Cuminges. Aymeric d'Aura, conseigneur de la Motha. Le seigneur de Caucailieiras. Le seigneur de Ferreiras. Le seigneur del Travet. Le seigneur de St-Sernin, en Rouergue. Le seigneur du Celier. Le seigneur de Senegas. Le seigneur de la Bruyere. Pierre Durand, conseigneur de la Bruyere. Le seigneur

» ou de satin ; quatre-vingts marchands magnifiquement *accou-*
» *trés*; trente-six jeunes gens vêtus de damas blanc, criant
» toujours *vive le roi*; douze suisses; douze trompettes et
» douze fifres. Les rues étaient tapissées ; des tentes, dressées
» sur le passage du roi, étaient couvertes de draps de soie
» et de velours que rehaussaient des broderies d'or. De jeunes
» filles, placées sous ces tentes et vêtues en nymphes ou en
» sibylles, haranguèrent le roi en vers *français, grecs* ou
» *latins*[1]. »

La réception faite à Albi, en 1535, à Marguerite de Valois, sœur de François Ier, et à son mari, Henri d'Albret, roi de

de Enajas. Le seigneur de Rouerois. Le seigneur de Paulin. Le seigneur de Roquefer. Le seigneur de Senaux. Bertrand de St-Paul, conseigneur de Bonneval. Le seigneur de Verdu. Le seigneur de Fabas, Jehan de Bonayde et le seigneur de Pannis. Le seigneur de Bezacons. Le seigneur de Nogaret. Le seigneur de St-André-lez-Trevas et St-Maurice. Le seigneur de Cuq. Le seigneur d'Arifat. Le seigneur de Montledier. Le seigneur de Labessiere et Antoine Martin. Le seigneur de Barre. Le seigneur d'Autariba. Le Seigneur de Campans. Le seigneur de Margarit. Guillaume de Tourena de Castres, seigneur de Naves. Le seigneur de Castelfranc. Le seigneur de Montcuquet. Le seigneur de Feneyrols. Le seigneur de Montesquieu. Isarn de Brassac, conseigneur de Crusy, héritier d'Antoine de Roquefort, seigneur de Serinhac. Antoine, conseigneur de Murasson, et Philippe Jehan de Puisserguier, seigneur de Cambonez. Le seigneur de Roffiac.

LES ARCHIERS DE LA VIGUERIE D'ALBI.

Germa Mas, seigneur de Marsals. Le seigneur de Rodorel, etc.

---

[1] « A la plaça de la Leigna, sur un tabernacle, y avia una bella de-
» moisella, filla dé mons dé Resseguier, moulher dé mons dé la Bois-
» siéra, ambé douzé petits enfans, tous accoutrats dé damas et d'autrés
» bels habillamens, laqualla presentet lé don al rey, qu'era trés claux
» d'or, et una coupa d'argen brumat d'or. » *(Archives de la ville de Rodez.)*

Navarre, fut très-remarquable. Ils se rendaient en Rouergue pour visiter leur comté de Rodez. La reine arriva la première, dans une litière couverte de velours noir et que traînaient des mules magnifiquement harnachées; elles étaient montées par des pages d'honneur. Marguerite avait auprès d'elle la sénéchale de Poitou; elle était suivie de l'évêque de Rodez et d'un grand nombre de seigneurs ou gentilshommes. Le viguier d'Albi, le juge de la temporalité, les consuls et les principaux bourgeois de la ville allèrent recevoir la reine; un dais en damas cramoisi fut placé au-dessus de la litière, et les consuls le portèrent jusqu'à l'église de Ste-Cécile, où la reine de Navarre se rendit.

Henri d'Albret ne tarda pas à arriver et fut reçu avec les plus grands honneurs. *Les dames d'estat* de la ville assistèrent le lendemain au petit lever de Marguerite de Navarre et l'accompagnèrent au sermon qui fut prêché dans la cathédrale par son aumônier. Le soir, les mêmes *dames d'estat* retournèrent chez la reine pour lui tenir compagnie ainsi qu'à *ses demoiselles*. Henri d'Albret et Marguerite quittèrent Albi le lendemain et se rendirent en Rouergue.

Leur passage dans l'Albigeois a conduit notre récit presque au milieu du xvie siècle. La réforme religieuse ne doit pas tarder à pénétrer en France. Son rapide développement, ses conséquences politiques et son influence sur la société constituent, dans l'histoire, une démarcation profonde entre les temps qui précédèrent le milieu du xvie siècle et ceux qui le suivirent. Les mœurs des croisades et tout ce qui caractérisait le moyen âge sont déjà bien loin de nous. Il ne reste plus rien de ces siècles d'imagination, dès que la réforme apparait. Nous avons vu les hérésies essayer de troubler l'Église; mais eurent-elles jamais l'audacieuse pensée de changer la destinée des états? La réforme tentera cette œuvre difficile, et le succès viendra couronner ses efforts. Rien ne doit plus ressembler au passé. Les priviléges de la bourgeoisie vont bientôt s'absorber dans les idées d'émancipation générale que la découverte de l'imprimerie a préparées et que la réforme religieuse fécondera. Plus de guerres féodales; les cloîtres, asiles de l'étude, ont vu leur influence décliner. Les clochers aux longues flèches élancées dans les airs et les hautes tours des cathédrales restent seuls debout.... Représentants impérissables des siècles qui gardaient une foi vive, ils sembleront vouloir défier l'impuissance des temps où le doute aura pénétré dans les esprits!

Origine de la Réforme. — Naissance et progrès du Calvinisme. — Il pénêtre dans la ville de Castres. — Supplice de Martini. — Premières tentatives du Calvinisme à Albi. — Le commerce du Pastel florissant dans cette ville au XVIe siècle. — Bibles et Psaumes de Marot envoyés par la Flandre et l'Allemagne en échange du Pastel. — Colloque à Roquecourbe. — Les Religionnaires de l'Albigeois prennent les armes. — Ils s'emparent, à Castres, de l'église de la Platé. — Pillage des églises de Rabastens. — Réalmont, Puylaurens et Mazamet tombent au pouvoir des Religionnaires. — Supplice de plusieurs Calvinistes à Albi. — Leurs Livres y sont publiquement brûlés. — Les Protestants s'emparent de Castres et de Lavaur. — Massacre des Religionnaires de Gaillac. — Prise du Château de Lacaze. — Combat de Venés. — Caractère de la Guerre civile. — La Peste à Castres. — Destruction de la Chartreuse de Saix. — Établissement, à Castres, d'une Cour souveraine. — Le vicomte de Paulin s'empare de Gaillac. — Puech de St-Géry, hebdomadier de Ste-Cécile, lève des troupes contre les Calvinistes. — Ses expéditions sur Carlus, Ambialet, Valderiés et Orban. — Prise de Brassac. — Montgommery gouverneur de Castres. — Pillage de Labruguière. — Violences du Parti catholique après la St-Barthélamy. — Le jurisconsulte Coras, né à Réalmont. — Siége de Sorèze. — Prise de Castres. — Malheurs publics de cette époque. — Les Diocèses privés de leurs Évêques. — Vénalité des Magistrats. — L'opinion politique dicte leurs arrêts. — Misère des Peuples. — La ville d'Albi seule à l'abri de tant de maux. — Prospérité de son Commerce. — Ses Écoles publiques. — Notes biographiques. — Le poète Auger Gaillard.

VII

ous n'entreprenons point d'écrire l'histoire de la réforme. Retrouver la trace de ses premières tentatives dans la contrée; étudier ses développements; retracer les guerres dont elle fut l'occasion dans le pays castrais et dans le reste de l'Albigeois; rapporter tous les faits avec une fidélité rigoureuse, et bien se redire qu'il faut ici, avant toute chose, la plus extrême impartialité; — voilà le plan que nous nous sommes proposé et le seul sentiment qui guidera notre plume.

Les causes qui amenèrent la réforme ont été diversement définies. Les uns n'ont vu dans ce grand mouvement religieux et politique du xvi⁰ siècle que la conséquence d'un fait presque personnel ; on a beaucoup écrit que la cour de Rome mécontenta les augustins en confiant à l'ordre de St-Dominique la vente des indulgences; un moine augustin — Luther — épousant la querelle de son ordre, aurait alors ouvert les voies de la réforme. La pensée de rendre au christianisme la pureté des premiers jours, qu'il avait dès longtemps perdue, et les abus de l'Église, auxquels il fallait mettre un frein, furent, disent les partisans de Luther, les fondements de l'entreprise que tenta son génie.

Ces éléments divers, auxquels on a voulu donner une portée si grande et un caractère évidemment trop exclusif, ne furent en réalité que très-accessoires. Le mouvement qui s'accomplit dans la société religieuse et civile du xvi⁰ siècle tenait à de plus grandes causes. L'imprimerie avait donné à la pensée un libre essor; on avait multiplié les écoles; l'Église elle-même se trouvait associée aux progrès des esprits; et c'était de son sein que Luther s'échappait, lorsqu'il révéla ses idées de réforme à l'Europe étonnée. La pensée alors aspirait sans relâche à briser les barrières que le passé semblait avoir voulu rendre infranchissables. Le droit d'examen prenait aussi naissance et prétendait soumettre aux règles de la logique ces croyances religieuses que les siècles avaient respectées. — Tels furent les éléments constitutifs de la réforme.

Tout révèle cette origine. La tendance des esprits était la cause essentielle ; Luther ne fut qu'un instrument habile.

N'étaient-ce pas des nobles ou des savants, des prêtres et des magistrats qui les premiers embrassèrent la réforme? Les princes d'Allemagne, Marguerite de Navarre, en France, adoptaient les nouvelles doctrines, lorsque le peuple ignorait encore ce qui se passait autour de lui. Ce fait est caractéristique, et seul il pourrait suffire pour démontrer que le mouvement civilisateur du xvie siècle dut engendrer la réforme. Ce n'était point ainsi que le christianisme avait commencé; l'Évangile fut d'abord prêché aux humbles de la terre, à des femmes, à de petits enfants. De pauvres artisans et quelques pêcheurs devinrent les premiers apôtres d'une religion qui devait être immortelle.

Ce rapide aperçu nous paraissait nécessaire. La guerre civile qui désola notre contrée aux xvie et xviie siècles était le fruit des dissensions religieuses; et nous devions remonter à leur origine pour bien apprécier son caractère et ses résultats.

La politique du royaume commandait à François Ier de ménager les princes luthériens d'Allemagne; aussi toléra-t-il d'abord les nouvelles doctrines. Mais la réforme avait à triompher des rigueurs de la Sorbonne, des arrêts du parlement et des persécutions du clergé. On la vit surmonter tous les obstacles; ses progrès furent tels qu'ils durent apporter un terme à la tolérance royale, et de nombreux édits vinrent bientôt se joindre aux efforts de l'Église.

Calvin parut alors. La renommée de Luther agitait son âme. Plein d'ambition et d'ardeur, il voulait, lui aussi, échapper à l'obscurité. Calvin ne tarda pas à modifier les doctrines luthériennes; il compléta la réforme et fit prévaloir le calvinisme.

On vit cette religion nouvelle pénétrer rapidement en Languedoc, et dès l'année 1550 Calvin comptait des adhérents dans la ville de Castres. Mais ils étaient bien éloignés encore de toute manifestation publique; ils n'avaient point de prêche et n'osaient se réunir.... Le libre exercice du culte calviniste devait s'acheter par cinquante ans de guerres désastreuses et par les plus grands sacrifices.

L'inquisition s'était maintenue en Languedoc; la réforme lui offrit un nouvel aliment. La terreur qu'elle inspirait était grande et ralentissait le développement extérieur du calvinisme, qui gagnait cependant les esprits. Le clergé et les ordres monastiques ne furent pas à l'abri de son influence; et ce fut sur eux que s'appesantirent d'abord, à Castres, les rigueurs de l'inquisition.

En 1554, un jacobin, nommé Martini, prêchant dans une église de Castres, avança qu'il n'y avait point de purgatoire. Saisi par les inquisiteurs, Martini fut brûlé vif sur la place de l'Albinque. Madaule, prêtre de Burlats, fut, peu de temps après, condamné à *porter le fagot* et à faire amende honorable. La lecture de la bible était sévèrement interdite. On n'aurait pu, sans danger, donner asile à un prédicateur calviniste.

La réforme comptait aussi des partisans dans la ville d'Albi; elle était en faveur parmi les avocats [1]. Beaucoup d'entre eux

---

[1] Jamais n'y eut si grande occasion
D'enregistrer les cas ou faicts nouveaux,
Comm' à présent de la sédition
Despuys deux ans qu'ont faict les hugonneaux.

Ce grand malheur, venu soudainement

avaient eu pour maitre le célèbre Caturgue, bachelier en droit civil, qui fut brûlé vif à Toulouse pour crime d'hérésie. Un cordelier et un carme d'Albi avaient apostasié. Le commerce du *pastel* florissait alors dans cette ville; ses négociants allaient le vendre en Flandre ou en Allemagne, rapportant souvent en échange, dit un vieux manuscrit, « quantité de livres » hérétiques, peints et surdorés, tels que bibles, vieux et » nouveaux testaments, psaumes de Marot et de Bèze, et » autres livres *sentant le fagot.* » Les jeunes gens, que l'attrait de la nouveauté séduisait, adoptaient presque tous les idées de la réforme [1]. Mais les efforts du calvinisme, dans la ville d'Albi, devaient être frappés d'impuissance; l'influence épiscopale y était traditionnelle, et le cardinal Strozzi, qui

    Comm' ung torrent par tout pays de France,
Partout passant n'a laissé seulement
Ung vilaigeot où n'ayt dressé sa lance.
    Plusieurs docteurs, médecins et légistes,
Théologiens estimés très savants,
Voire de ceux qui estaient sorbonistes,
A ce malheur se sont rendus fervents;
    Ce n'eut esté la pauvre populace,
Réservée pour soubstenir la foy,
Ja n'y aurait en France aulcune place
Qui voulsist estre obéissant au roy.
    (*Livre des Consuls*, 1562. *Archives de la mairie d'Albi*.)

[1] « Ils faisaient des placards et libelles diffamatoires. Il advint, un soir » du jeudi saint, qu'ils mirent et jetèrent une fiole d'encre noire dans le » bénitier de Ste-Claire, de façon que ceux qui allaient, de nuit, prier » Dieu devant le saint-sacrement, pensant prendre de l'eau bénite, se » mouillaient et entachaient; et crois que lors Montauban n'eût su être » ni pire ni plus mauvais. » (*Manuscrits de M. Jacques* Dupuy.)

occupait alors le siége, réunissait à l'énergie de la volonté l'habileté dans l'exécution. Sa vigilance s'appliqua à préserver du calvinisme le diocèse qu'il gouvernait, et le succès récompensa sa fermeté inébranlable [1].

Geoffroi Lebrun fut le premier ministre protestant [2] qui parut à Castres. Sa présence anima l'ardeur des religionnaires. En 1560, ils se réunissaient secrètement, la nuit, pour écouter ses prédications. Le parlement de Toulouse s'associait aux efforts de l'Église et mettait tout en œuvre pour nuire au développement du calvinisme. Le procureur général s'était rendu à Castres dans ce but; mais ses tentatives furent sans résultats, et l'on vit les consuls de Castres abjurer publiquement la religion catholique.

Dès l'année 1561, les dissentiments religieux avaient formé

---

[1] Albi jadis fut fort envenimée
Par les Vaudois d'une infecte hérésie ;
Maintenant est partout très renommée
D'avoir chassé la hugonnauderie.

A ce nous a tout premier secouru
Notre prélat monsieur le cardinal
De Strozcy qui, si ne fut tost venu,
Eussions perdu l'ordre sacerdotal.

Estant chassés les faux séditieux,
Vers Montalban ung chasqun se retire
Et vers Castres et quelques autres lieux
Pour retorner en troupe fère pire.

Mais cependant l'évesque très prudent,
La ville aussi qu'avait pour capitaine
Ung des bourgeoys prévoyant l'accident
A nous garder ont mis debvoir et peine.

Les repousser ils se sont préparés
Virilement, ne dormant jour ne nuict;
Bolets, mosquetz munis et réparés,
Pieres à feu en bon ordre réduict.

Deux portes ont ouvertes seulement,
Du Bout du Pont et celle de Verduce,
Et les aultres murées subitement,
En démonstrant de la guerre l'astuce.

(*Livre des Consuls*, 1562. *Archives de la mairie d'Albi.*)

[2] La qualification de *protestants* fut donnée aux partisans de Luther, en 1529, lorsque les principaux chefs de la réforme eurent *protesté* contre un décret de la diète de Spire, qui condamnait les doctrines luthériennes. Cette qualification s'appliqua plus tard aux calvinistes.

dans cette ville deux partis distincts. La famille Bouffard, l'une des plus considérables de la contrée, venait, à l'exemple des consuls de Castres, d'embrasser le calvinisme. En elle se résuma d'abord toute l'action du parti protestant. Antoine de Martin, seigneur de Roquecourbe, se faisait alors distinguer parmi les principaux chefs des catholiques.

La conjuration d'Amboise fut le signal de la guerre civile. Les bornes de ce précis ne sauraient nous permettre de retracer le mouvement de la réforme en France, le rôle du pouvoir royal dans les luttes qu'elle occasionna, la rivalité des Guise, des Montmorency, des Condé, des Coligny. Qu'il nous suffise de redire, avec les meilleurs historiens, que leur insatiable ambition et leurs inimitiés profondes, se couvrant tour à tour du voile de la religion, surent habilement mettre à profit le fanatisme de cette époque.

La liberté du culte protestant et l'abaissement des Guise étaient le but que les conjurés d'Amboise se proposèrent. La cour essaya vainement d'arrêter la guerre civile; un édit de pacification, promulgué dans ce but, resta de nul effet et ne put être publié à Castres. Un *colloque* s'assembla à Roquecourbe; les calvinistes prenaient les armes; les scènes de violences allaient commencer en Languedoc!

En septembre 1561, les protestants de Castres s'emparent de l'église de la Platé, détruisent ses autels, y établissent leur prêche. Forcés bientôt après de restituer cet édifice, ils réclament des temples. Leur demande n'est pas accueillie; ils recommencent alors les hostilités. A la fin de 1561, les autels et les images de la cathédrale de St-Benoît sont détruits; les religieuses de Ste-Claire, chassées de leur couvent, sont conduites au prêche ; les religionnaires, dont l'irritation n'a plus de bornes, commettent à Castres les plus grands excès ! Le calvinisme a pris de nouvelles forces dans tout le royaume. Charles IX est contraint d'accorder aux protestants le libre exercice de leur culte. Un édit de janvier 1562 autorise leurs assemblées.

Le massacre de Vassi détruisit toutes les espérances que cet édit semblait promettre ; la guerre civile recommença. Les protestants de l'Albigeois dominaient à Rabastens, où ils avaient pillé les églises, à Réalmont, Puylaurens, et Mazamet ; mais Albi et la partie septentrionale de son diocèse restaient fidèles au catholicisme. Les calvinistes de cette dernière ville expièrent quelquefois leur témérité dans les supplices ; d'autres durent faire amende honorable devant la cathédrale de Ste-Cécile[1]. On brûlait sur la place du Vigan, avec un appareil solennel, beaucoup de livres calvinistes apportés à Albi de Genève ou d'Allemagne[2].

---

[1] « Le cardinal Strozzy fit pendre deux bonnetiers de Roquecourbe, et, » à cause qu'ils blasphémaient, il leur fit attacher un filet à la bouche qui » les empêchait de parler. On pendit aussi un certain augustin, de Lisle » d'Albigeois, à la place du Vigan, pour être hérétique et s'être défroqué. » En même temps firent amende honorable au devant de l'église de Ste-» Cécile, un libraire et un menuisier nommé *Quatre-doigts-et-demi*, et tous » huguenots. » (*Manuscrits* de M. Jacques Dupuy).

[2] « Carvassal, grand huguenot et homme de grand négoce, qui trafi-» quait en Pays-Bas et en Allemagne, avait toujours des serviteurs de par-» delà et, par ce moyen, il tenait procuré tout le pays de telle marchan-» dise. » (*Manuscrits* de M. Jacques Dupuy.)

Le prince de Condé venait d'être déclaré chef de tous les religionnaires du royaume, et sur ses instructions secrètes, les calvinistes résolurent de s'emparer de Castres. Pendant la nuit, et après s'être concertés, les protestants de Brassac, Vabre, Lacaune, St-Amans, Mazamet, Angles, Lacabarède et Viane arrivent à Castres. Les portes leur sont ouvertes par les consuls, et ils se trouvent, au point du jour, en possession de la ville, sans que les catholiques aient pu encore soupçonner leurs desseins. Les églises et l'évêché tombent au pouvoir des religionnaires; ils établissent un consistoire. Les cloches des églises sont fondues et fournissent des canons; les métaux précieux que ces édifices renfermaient assurent la paie des troupes; Guillot de Ferrières est nommé gouverneur de Castres.

Lavaur était en proie aux violences des deux partis, lorsque le capitaine Lagarde, religionnaire fougueux, lève des troupes dans les lieux environnants et s'empare de cette ville. L'évêque et les officiers du roi sont contraints d'accepter le libre exercice du culte calviniste. Le couvent des cordeliers tombe au pouvoir des religionnaires; on maltraite les religieux; La Barthe, ministre protestant, établit une prêche dans leur église. Mais le parti catholique ne tarda pas à reprendre l'avantage. Sur ses vives instances, des troupes arrivèrent à Lavaur; le seigneur d'Ambres les commandait; il replaça la ville sous l'autorité royale et rétablit dans Lavaur la prépondérance du culte catholique.

Il y avait peu de calvinistes à Gaillac; aussi étaient-ils armés et se tenaient-ils en garde contre les entreprises de leurs adversaires. Les succès des protestants, à Lavaur et à Castres, les enhardirent. Le 17 mai 1562, veille de la pentecôte, ils s'emparèrent de la porte de St-Pierre et y célébrèrent la cène; ils voulurent ensuite pénétrer dans l'église de St-Michel. Aussitôt le tocsin sonne; les vignerons et les artisans du château de l'Om, tous ardents catholiques, prennent les armes. Soutenus par cinquante soldats italiens à la solde de l'évêque d'Albi, le cardinal Strozzi[1], ils pénètrent au milieu des calvinistes assemblés; l'arrestation de ces derniers est le prélude des scènes de violences et de meurtre. Les catholiques se répandent dans Gaillac et massacrent les religionnaires; les femmes sont insultées ou percées de coups; on n'épargne ni les enfants ni les vieillards[2]! Jean Cabrol, l'un des consuls

---

[1]
Al cardinal d'*Estrossy* aguerou lous recours,
Qu'alors ero abesque del pays d'Albiges,
Home rusat e fi, mai sabio qu'ung pages.
A ta leu quel aguec lous abertissomens,
D'italiens capitains qu'el abio fort balens,
Mandec al dich Gaillac un appelat *Miquel*,
Boun counduchie de guerro, home de boun cerbel,
An cinquanto souldats, e noun pas dabantatge,
Aguerrits amay brabes, touts abio boun couratge.
(*Manuscrit du chanoine* BLOUIN, *de Gaillac, écrivain contemporain.*)

[2] COUSSI LOUS PAPISTOS AYANT AGUDO LA BITOIRO SU'LS IGOUNAUTS, FASIOAU FORSO MURTRES E DESORDRES.
On n'ausio pel la bilo que planchos et que plours,
On nou besio que murtres, que tourmens, que doulours.
Be calho qu'a gez cor, lou que n'ero embahit;
Car la moulhe cridabo : Helas! lou meu marit!
E la fillo cridabo : Eh! lou meu paure païre!
E la sor de qualqu'autre disio : Eh! lou meu fraïre!
Peix la maïre cridabo : Eh! lou meu jou petit!
(*Manuscrit du chanoine* BLOUIN.)

de Gaillac, veut essayer de mettre un terme à tant d'excès; les flèches et les rapières des catholiques répondent à ses énergiques remontrances et lui otent la vie.

Près de 80 prisonniers furent ensuite amenés dans l'abbaye de St-Michel; la galerie de cet antique édifice domine un rocher escarpé que baignent les eaux du Tarn; les catholiques y conduisirent les victimes et les précipitèrent dans la rivière, aux applaudissements de la foule qui couronnait les hauteurs ou bordait les deux rives. La plupart périssaient sur les angles des rochers avant de disparaître sous les eaux; quelques-uns, plus heureux en apparence, essayèrent de se sauver à la nage; mais le parti vainqueur n'avait gardé nulle pitié; on vit les catholiques monter sur des bâteaux, saisir les rames et assommer les infortunés qui tentaient de gagner les bords !

Le château de Lacaze appartenait à l'évêque de Castres; les calvinistes jugeant qu'il importait de s'en rendre maîtres, l'assiégèrent et s'y établirent. Une action sanglante s'engagea bientôt après aux environs de Venés; 60 prisonniers catholiques, amenés à Castres après le combat, furent impitoyablement mis à mort. Les représailles ne tardèrent pas. Plusieurs compagnies de soldats protestants, surprises du côté de Frégeville par un parti de catholiques, furent décimées. Les religionnaires de Castres tentèrent ensuite sans succès de s'emparer de Labruguière; plus heureux devant Puylaurens qu'ils prirent d'assaut, ils assurèrent au calvinisme un point d'une extrême importance.

On chercherait vainement dans ce précis historique les circonstances détaillées des innombrables combats que les deux partis se livrèrent. Les guerres de religion qui désolèrent le pays castrais, le diocèse de Lavaur, Réalmont et beaucoup d'autres villes de l'Albigeois, durèrent cinquante ans; et il faudrait des volumes pour retracer tous les siéges, tous les combats, pour décrire toutes les entreprises. Aussi nous sommes-nous proposé de ne mettre en relief que les principaux événements de la guerre. Les combats partiels n'auront point place dans nos récits; leur monotonie ne nous a pas d'ailleurs échappé. On voit tour à tour catholiques et protestants éprouver les alternatives du succès et de la défaite; les villes sont prises et reprises; la plupart d'entre elles n'ont aucune importance, et les incidents qui s'y rattachent ne fournissent à l'histoire aucun fait caractéristique, aucun utile enseignement. Ce qu'il importait beaucoup plus de constater, c'était, à notre sens, le caractère même de la guerre. Ce sentiment a guidé toutes nos investigations, et nous voudrions que notre travail en eût gardé les vives empreintes; car la physionomie des guerres civiles, dont nous retracerons les principaux faits, peut donner fidèlement la mesure des malheurs publics qu'entraînèrent les dissensions religieuses du XVIe siècle. — Le pillage des villes prises et le massacre des vaincus sont la règle du vainqueur; les haines deviendront héréditaires; tous les châteaux ont leur garnison; les villages sans défense sont incendiés; le commerce est détruit, les terres restent en friche.... La guerre des religionnaires de l'Albigeois aura souvent le caractère d'une véritable guerre de partisans. Des rochers inaccessibles leur donneront asile, s'ils sont poursuivis ou trop faibles pour tenir la campagne; les gorges de la Montagne-Noire leur fourniront des défilés où les troupes catholiques seront décimées. Nulle église ou abbaye n'échappera à la destruction; les calvinistes de l'Albigeois vengeront sur les édifices religieux les persécutions qu'ils endurent ou l'assassinat de leurs frères. Des deux côtés, les plus terribles excès viennent s'offrir à notre plume, et l'on ne voit que sanglantes représailles !

La paix fut conclue en 1563. Les conditions étaient favorables aux calvinistes et consacraient le libre exercice de leur culte; elle allait ramener le calme dans la ville de Castres, lorsque la peste s'y manifesta. Les mémoires que Gaches nous a laissés rapportent que 4000 habitants furent victimes de ce fléau. Dès qu'il eut amoindri ses rigueurs, le vicomte de Joyeuse entra dans Castres et y mit garnison au nom du roi. Le maréchal de Damville, fils du connétable de Montmorency, venait d'obtenir le gouvernement de Languedoc; il parcourut l'Albigeois, vint à Albi et se rendit à Castres. Le parti catholique ressaisissait dans cette ville son ancienne prépondérance. L'évêque, Claude d'Oraison, y rentra en procession solennelle et célébra l'office divin sur la place de St-Vincent. Mais la modération ne marqua pas le triomphe des catholiques. On insulta les protestants; les soldats du vicomte de Joyeuse commirent contre eux beaucoup d'excès.

Les conditions de la paix conclue semblaient promettre au calvinisme de meilleurs résultats. Les consuls des villes, où les deux cultes étaient en vigueur, devaient être indistinctement choisis dans les deux religions. Au jour de l'élection, les catholiques de Castres se rendent secrètement à Saïx, laissant ignorer le lieu de l'assemblée à leurs adversaires. L'élection s'accomplit et les nouveaux élus sont exclusivement choisis parmi les catholiques. — Que de fois, dans ces temps désastreux, on vit la modération manquer aux vainqueurs, rendre impossible le maintien de la paix publique, et préparer de cruelles représailles!

On attendait le roi en Languedoc. Les protestants de la province espéraient de sa présence une consécration plus efficace de leurs droits méconnus. Charles ix vint à Toulouse, écouta leurs doléances; mais rien ne s'améliora. La cour projetait alors d'anéantir le parti calviniste par un coup décisif.

L'année 1566 n'a rien de saillant; les ressentiments sont loin de s'éteindre; le peuple suit l'exemple de la cour. Catherine de Médicis a laissé percer ses desseins. Les protestants se préparent à la guerre. Le parti catholique voit avec inquiétude leurs précautions et leur mystérieuse activité. Il exige que les remparts de Castres soient démolis, car il présage que cette place ne tardera pas à devenir l'un des boulevards du protestantisme.

La guerre civile se renouvela en 1567. Le prince de Condé avait transmis des instructions secrètes aux calvinistes. Le 29 septembre, Ferrières et Montlédier entrent à Castres à la tête des troupes qu'ils ont pu rassembler aux environs de Roquecourbe et de Mazamet. Aidés des calvinistes castrais, ils s'emparent de la ville et arrêtent Claude d'Oraison dans son palais épiscopal. On épargne le clergé; mais on exige qu'il contribue à la solde des troupes protestantes. Le même jour, Lavaur, Mazamet, Réalmont, Damiate, Puylaurens, Lombers, Fiac et St-Paul se déclarent en faveur des calvinistes. La chartreuse de Saïx est assiégée et se soumet aux protestants. L'annaliste Lafaille a prétendu que les religieux furent mis à mort, à l'exception de quatre d'entre eux ; l'historien Gaches affirme qu'il eurent tous la vie sauve. La chartreuse de Saïx fut pillée et démolie.

Toulouse, Albi, Gaillac et beaucoup d'autres villes du Haut-Languedoc, où les catholiques dominaient, mettaient sur pied de nombreuses troupes; elles prirent bientôt l'offensive. Louis d'Amboise, comte d'Aubijoux, et François de Voisins, seigneur d'Ambres, les commandaient. Soual fut assiégé et tomba au pouvoir des catholiques; Puylaurens, dont ils voulaient s'emparer, se défendit héroïquement. L'artillerie des assiégeants joua vainement pendant sept jours. Castres envoyait des secours aux calvinistes assiégés ; les catholiques découragés se retirèrent.

La paix ne tarda pas à être signée à Longjumeau. Les calvinistes toutefois l'accueillirent avec défiance ; le roi cependant proclamait la liberté de conscience. Montauban refusa de se soumettre et Castres suivit son exemple. François de Voisins essaya vainement de pénétrer dans cette dernière ville dont le roi le nommait gouverneur ; les consuls refusèrent de le recevoir. Les appréhensions des religionnaires n'étaient point sans fondements ; la cour méditait alors l'arrestation du prince de Condé et de Coligny; secrètement prévenus, les deux chefs du parti calviniste se réfugièrent à La Rochelle; ce fut le signal d'une nouvelle guerre civile.

Castres s'était maintenu dans l'indépendance du pouvoir royal ; les protestants de l'Albigeois se hâtèrent d'envoyer leurs députés dans cette ville. Le parlement de Toulouse restait hostile aux religionnaires ; quelques-uns de ses membres qui professaient le calvinisme quittèrent Toulouse, vinrent à Castres, et sur l'ordre du prince de Condé, s'instituèrent en cour souveraine. Ils rendirent la justice aux religionnaires du ressort et se maintinrent à Castres jusqu'à la paix.

Le vicomte de Paulin, l'un des principaux chefs des calvinistes de l'Albigeois, vint assiéger Gaillac en septembre 1568. Son parti avait des représailles à y exercer. En 1562, les catholiques de Gaillac avaient fait mourir dans cette ville un grand nombre de protestants. Gaillac se rendit, et le vicomte de Paulin fut sans pitié pour les vaincus; les flammes détruisirent le faubourg de l'Om, on pilla la ville; beaucoup de catholiques furent mis à mort.

Pendant ce temps un détachement de troupes protestantes s'emparait de Cordes ; plusieurs villes ou châteaux environnants se rendirent aux calvinistes. Ils vinrent jusqu'aux portes d'Albi dont ils pillèrent même les faubourgs[1]. Tout le diocèse de Castres

---

[1] ÉTAT DES LIEUX DU DIOCÈSE D'ALBI OCCUPÉS PAR LES RELIGIONNAIRES, EN 1568.

« Nous Philippe Rodolphe, évêque et seigneur temporel d'Albi, commandant pour le service du roy au pays et gouvernement d'Albigeois, en l'absence de M. le vicomte de Joyeuse, chevalier de l'ordre du roy, capitaine de cinquante hommes d'armes de ses ordonnances, et lieutenant-général pour sa majesté au pays et gouvernement de Languedoc, attestons à tous qu'il appartiendra, que Tresvas et Villeneuve du Tarn, Albain et S. Andrieu, Milec, S. Jehan de Gemiés et Telhet, Paulin village et château, le Travet et S. Anthoine de la Calm, Massuyviez, le Masnau dudit Massuyviez, Roumegous, Fauch et Mosueis, Realmont, Lombers, Poulan, Pousolz, Orban, Marsac, Cadaloin, Puybegon, Annay, Bonnebal, S. Benezet, Gailhiac,

leur était soumis, à l'exception de Graulhet qui résista à leurs armes. Ils pillèrent Lautrec et Vielmur que les catholiques occupaient; Viviers fut impitoyablement saccagé.

Philippe Rodolphe, évêque d'Albi, neveu du cardinal Strozzi et son successeur, appliquait ses efforts à préserver son diocèse des empiétements du calvinisme. Le clergé seconda le zèle de ce prélat. Sur la fin de 1568, on vit le capitaine Puech de St-Géry, prêtre et hebdomadier de Ste-Cécile d'Albi, lever une compagnie et faire diverses expéditions sur Carlus, Poulan, Ambialet, Orban et Valdériés, où les calvinistes comptaient des adhérents [1].

La bataille de Jarnac, dans laquelle le prince de Condé per-

Cordes, Cahusac, Pene, Campagnac, lo Verdier, Monestiés, Salvagnac, Maloc, Tonnac, village et château, Milhars prez S. Anthonin, Villeneuve prez Cordes au diocèse d'Albi, et les fauxbourgs d'icelle ville, puis l'année passée en octobre MDLXVII sont pris et occupez par les séditieux et rebelles, eslevez en ce présant royaulme, et icelles villes et villages ont pris, pillé et saccagé, meurtri tout ce qu'ils ont peu trouver en iceulx; de sorte que, par leurs invasions, volleries et damnables affections, ils sont cause que les receveurs particuliers, fermiers de l'équivalent, et collecteurs des tailles et deniers royaulx, ne peuvent recepvoir ni apercevoir aulcuns deniers de leursdites charges, qu'est un grand interest et perte des finances de sa majesté. En temoin de quoy nous avons signé la présante, et fait mettre le scel de nos armes, ce XIV jour de decembre MDLXVIII. »

[1] « Audit an 1569, les Messieurs du chapitre de Ste-Cécile d'Albi priè-
» rent le capitaine Puech d'aller fortifier le lieu d'Orban, afin qu'ils pussent
» jouir de leur arrentement. Ledit capitaine y alla avec 25 argoulets à
» cheval, avec des casaques, le moine en tête. Il y demeura le long de
» la cueillette et prit force pastel des Messieurs d'Aussaguel, qui étaient
» de la religion, et de beaucoup d'autres. »
(*Manuscrits de* M. Jacques DUPUY.)

dit la vie, avait jeté le découragement dans le parti protestant; la présence à Castres de Gontaut de Biron, l'un des principaux chefs de ce parti, ranima le courage des calvinistes de l'Albigeois. Biron assiégea Burlats dont il brûla le château; Montfa et Montpinier tombèrent en son pouvoir; Brassac ne put lui résister. La garnison qui défendait la ville fut passée au fil de l'épée; un soldat calviniste tua, sans nulle pitié, Catherine de Narbonne, mère de Sébastien de La Palu, seigneur de Brassac. Biron, rentré à Castres, méditait de nouvelles expéditions, lorsqu'il reçut l'ordre de rejoindre incontinent l'armée des princes. Il fut remplacé dans le gouvernement de Castres par Gabriel de Montgommery [1].

La guerre civile désolait tout le Languedoc; on voit, à cette époque, le célèbre Montluc, capitaine expérimenté et fougueux catholique, se rendre la terreur des religionnaires. Le maréchal de Damville le seconde; ses troupes s'emparent de Fiac et de Lautrec. Les habitants de Castres commencent à craindre pour la sûreté de la ville; leurs consuls travaillent sans relâche à faire relever les remparts [2]. L'amiral de Coligny a perdu la bataille de Montcontour; l'armée des princes

---

[1] En 1569, Gabriel de Montgommery blessa involontairement Henri II dans un tournoi. On sait que ce prince mourut, peu de jours après, des suites de la blessure qu'il avait reçue.

[2] « Les canonnades de Fiac et Mazères obligèrent les consuls de Castres
» à travailler aux fortifications, lesquels firent faire sept terrasses ou
» bastions, savoir: quatre devers Villegoudou, à *Empare*, *La Guitarde*,
» *Fuziès* et *Le Coude de Ste-Claire*; devers Castres, à *La Portanelle*, *Ardenne* et *Tour du Trésor*. »   (*Mémoires de* GACHES.)

se rend en Languedoc. Sur les instances des religionnaires de l'Albigeois, elle envoie des secours à la ville de Castres et détache des reîtres sur Gaillac. Ferrières, gouverneur de Castres, que ce renfort a enhardi, s'empare de Labruguière et met la ville au pillage.

L'armée des princes se dirigea ensuite sur Paris et obtint, en Bourgogne, de brillants avantages sur les troupes royales. La cour effrayée de ce succès imprévu se hâta de négocier; la paix fut conclue. Le traité qui intervint consacra de nouveau l'exercice public du culte protestant. Les calvinistes, de leur côté, s'obligèrent à se dessaisir de la ville de Castres; l'autorité royale y fut reconnue le 30 septembre 1570.

La fatigue commune, les garanties données aux protestants maintenaient la paix publique, lorsque la Saint-Barthélemy vint ranimer toutes les haines. « Cette exécrable journée — » dit M. de Châteaubriand — ne fit que des martyrs; elle donna » aux idées philosophiques un avantage qu'elles ne perdirent » plus sur les idées religieuses, et en rendant les catholiques » odieux elle augmenta la force des protestants. » A la nouvelle du massacre dont Paris avait été le théâtre, les calvinistes de l'Albigeois furent dans la consternation; les ministres de l'Église de Castres, ne se croyant plus en sûreté dans cette ville, se refugièrent à Roquecourbe ou à Réalmont. Lacrouzette, gouverneur de Castres, mettait cette panique à profit; par ses soins, la déclaration de Charles IX fut publiée; elle ne désavouait pas les meurtres abominables de la St-Barthélemy; le culte calviniste était banni du royaume. Castres, Mazamet,

Vabre, St-Amans n'eurent plus de prêches. Lacaune, Réalmont, Puylaurens et Castelnau-de-Brassac résistèrent cependant à l'autorité royale. A Toulouse, Gaillac et Rabastens, où les catholiques dominaient, beaucoup de protestants furent impitoyablement mis à mort[1].

Ces violences devaient porter leurs fruits ; les protestants reprirent les armes. Nîmes, les Cevennes et plusieurs villes du Vivarais, Roquecourbe, Mazamet se déclarèrent contre l'autorité royale. Le jeune prince de Condé, fils de Louis de Condé tué à Jarnac, venait de se réfugier en Allemagne ; Henri de Navarre était gardé à vue par la cour. De nouveaux chefs devinrent nécessaires. Une assemblée calviniste, convoquée le premier novembre 1572, à Pierre-Ségade, proclama le vicomte de Paulin général de tous les religionnaires de l'Albigeois et des contrées voisines. Réalmont fut choisi pour centre de ses opérations. Le château de Lombers, Lasgraisses, Terssac, Lagrave et Valdériés tombèrent au pouvoir des protestants ; on fortifia Teillet ; les garnisons de Roquecourbe, St-Paul et Mazamet furent renforcées.

---

[1] On comptait parmi les victimes le célèbre jurisconsulte Coras, conseiller au parlement de Toulouse. « Jean Coras était né à Réalmont en
» 1513. Nul homme ne montra plus de talent que lui pour la jurispru-
» dence. A l'âge où les jeunes gens sont encore sur les bancs de l'école,
« il donnait à Toulouse des leçons publiques de droit. Coras fut succes-
» sivement appelé à Angers, Orléans, Paris, Padoue et Ferrare ; il y
» laissa les plus honorables souvenirs et revint se fixer à Toulouse. Le
» calvinisme avait pénétré dans le midi de la France ; on vit Coras se
» prononcer en sa faveur, ce qui lui attira de nombreux et puissants
» ennemis. »   (*Biographies Castraises*, par M. NAYRAL.)

Le comte de Montberaud commandait à Castres pour le roi, lorsque Bouffard-Lagrange et Bouffard-Lagarrigue, protestants zélés et pleins de courage, formèrent le hardi projet de remettre cette ville au pouvoir des religionnaires. 1,200 hommes se placèrent sous leurs ordres ; ils devaient surprendre Castres par escalade et opérer en même temps un débarquement sur les bords de l'Agoût. Le comte de Montberaud découvrit leur projet et fortifia toutes les avenues. Cependant les protestants, réunis à Roquecourbe, se mettent en marche, et deux barques montées par les plus déterminés ne tardent pas à paraître. Mais lorsqu'elles s'approchèrent de la ville, le comte de Montberaud fit jouer son artillerie. Déconcertés par ses mesures, les protestants durent renoncer à leur expédition et s'éloignèrent.

La cour redoublait d'efforts pour anéantir le parti calviniste. Le maréchal de Villars assiégeait Caussade et menaçait Montauban. Les protestants convoquèrent une nouvelle assemblée à Réalmont ; le Haut-Languedoc, le Rouergue et le Quercy y envoyèrent des députés. Ils arrêtèrent des mesures de défense et jurèrent de résister à l'oppression. La guerre continua ; les calvinistes s'emparèrent de Sorèze [1], mais ils tentèrent vainement pendant deux fois de surprendre la ville de Castres.

---

[1] « Le 5 de juin, Thomas de Durfort, sieur de Deyme, fit une entre-
» prise sur Sorèze qu'il prit par escalade, après avoir passé le fossé au
» moyen d'un pont lequel se trouvant court, il se rencontra en sa troupe
» un soldat fort et déterminé qui supporta le pont d'un bout sur ses
» épaules et donna moyen à Deyme de passer de de-là et à ses gens,
» pour donner l'escalade qui réussit. »   (*Mémoires de* GACHES.)

« A peine établis dans cette ville, dit le docteur CLOS, dans sa *Notice*

L'union des *politiques*, ou catholiques mécontents, avec le parti protestant augmenta sa puissance ; les calvinistes de la contrée tinrent un synode à Milhau et l'on vit le maréchal de Damville, gouverneur du Languedoc, abandonner pour eux la cause royale. Cette alliance imprévue ne mit plus de bornes à·leurs desseins. Pour la quatrième fois ils tentèrent de surprendre Castres, et le succès couronna cette fois leurs efforts. Le 23 août 1574, les murs de la ville sont escaladés ; après un

» *historique sur Sorèze*, les protestants démolirent de fond en comble non
» seulement l'église des bénédictins et une partie du monastère, mais
» encore toute l'église paroissiale et même une partie du clocher............
» Après que Henri IV eût établi la paix dans le royaume, plusieurs moines
» revinrent et rebâtirent leur église, ainsi qu'une partie du monastère.
» C'est alors qu'on trouva dans les fondements une pierre de marbre
» portant une inscription latine. »

Les Antiquités de Castres, de Borel, ont fourni au docteur Clos le texte primitif de cette inscription. Nous la donnons ici :

« Soricinii laudes cantemus, musæ callentes : omnibus anteit ejus ager nisi flatu venti rigidi australis lædantur fructus amœni : ibi magnus abbas præsidet religiosis : Cemmeni montes vallant ejus mœnia, fruges ibi, formosæ nymphæ nive candidiores : nomen dat urbi Soror amnis agros irrigans : ibi plantatur alba vitis nigrâ relictâ : urbs antiqua gaudet rege Pepino fundata, manet in ævum urbs lanifica felix. »

TRADUCTION.

Doctes muses, chantons les louanges de Sorèze. Cette ville ancienne est placée au pied des monts Cemmeniens qui entourent ses remparts ; elle se glorifie d'avoir été fondée par le roi Pepin, et tire son nom de la rivière du Sor qui arrose ses campagnes. Son terroir l'emporterait sur tous par sa bonté, si le souffle impétueux du vent du Midi ne ravageait ses moissons et ses fruits. Là des religieux vivent sous la conduite d'un puissant abbé. On y cultive la vigne blanche ; et celle qui ne porte que du raisin noir est négligée. On y voit des nymphes d'une rare beauté et plus blanches que la neige. Puisse cette ville heureuse par ses manufactures de laine durer éternellement !

vive résistance, Castres reste au pouvoir des protestants. Les plus grands excès accompagnent cette victoire; les vaincus sont mis à mort, la ville est pillée; on impose aux habitants des subsides considérables pour assurer la solde des troupes calvinistes. Les prêches sont rétablis; on interdit à Castres le culte catholique. Une sorte de république s'organise; on établit une chambre souveraine; un receveur-général des finances est institué [1].

Henri III et Catherine de Médicis voyaient avec une douleur profonde les succès du parti calviniste et comprirent que la paix pourrait seule en marquer le terme. Un traité fut conclu en mai 1576. Ses conditions, favorables aux protestants, rendirent pour quelque temps le calme à notre contrée que la guerre civile avait si tourmentée et devait encore désoler!

Le tableau de cette époque a de sombres couleurs. La politique du pouvoir royal repose sur la perfidie; s'il le faut, l'assassinat lui vient en aide. Les chefs catholiques ont encore plus d'ambition que de fanatisme; et l'on retrouve dans les calvinistes cette énergie indomptable que donne la persécution. Religionnaires pleins d'enthousiasme, ils ont en aversion le culte qui n'est plus le leur; les représailles sont devenues la

---

[1] Guillot de Ferrières fut nommé gouverneur sur le refus de Bouffard-Lagrange. Un conseil fut établi pour la direction des affaires militaires; Bouffard-Lagarrigue le présidait. Un second conseil, composé de 28 membres, régla les affaires administratives. On déclara indignes de posséder aucune charge publique les calvinistes qui n'avaient point quitté Castres après la prise de cette ville par les catholiques, en septembre 1572.

règle commune des deux partis et tous renferment dans leurs cœurs les haines les plus invétérées.

La réforme a placé le clergé dans les plus vives appréhensions; il frappe d'excommunication les dissidents, sans mettre fin aux abus que les calvinistes lui reprochent. Les évêques sont loin d'imiter les premiers pasteurs de leurs Églises; ceux-ci n'abandonnaient jamais le troupeau confié à leurs soins; ils prêchaient la concorde au milieu des guerres civiles, ou désarmaient le vainqueur par leur pieuse éloquence, lorsqu'après la conquête son armée demandait, pour prix de la victoire, le pillage et la dévastation! Les évêques du XVIe siècle n'ont rien gardé de ces éminentes vertus; la plupart vivent éloignés de leur diocèse; ils sont à Rome ou à la cour. « Souvent les prélatures sont régies par économes, sujets à
» rendre compte des fruits, par quoi *ils tirent le subtil du*
» *subtil*, pour être dits bons ménagers, et sans distribuer ce
» qui est dû aux charges ordonnées par les saints décrets!..
» La principale substance et le plus liquide denier du Languedoc, qui est le revenu ecclésiastique, s'en va hors d'icelui, en lointaines régions, d'où jamais plus ne revient!...
» Les aulmosnes cessent, la charité se meurt; les temples,
» maisons épiscopales, les monastères et les somptueux édifices
» tombent, s'ils ne sont déjà en ruine!

» Les sieurs abbés, prieurs et curés fuyent eux aussi la
» résidence, sous diverses excuses.... Les meilleurs bénéfices
» sont en la cheville de princes et grands seigneurs, laissant
» la charge aux petits compagnons, dont les aucuns n'osent
» vivre avec leur troupeau, de crainte des calvinistes et

» rebelles; autres sont sans temples ou monastères, que lesdits
» rebelles leur occupent ou leur ont brûlés et razés; et en-
» tre autres y a garnison de soldats, la société desquels est
» incompatible à gens d'église, qui veulent vivre selon leur
» profession [1]. »

Ce récit est fidèle et rien, dans l'histoire de cette époque, ne peut reposer notre esprit du spectacle de tant de malheurs publics! La justice, elle aussi, a succombé dans les périls qu'elle avait à traverser. Non seulement elle est vénale, résultat inévitable de la vente des offices, mais elle sert d'instrument aux partis, et nul calviniste n'essayerait de placer les chances d'un procès dans la balance du parlement de Toulouse, où l'esprit catholique domine.

Les villes de la contrée, que la guerre civile a désolées, ont vu le terme de leur prospérité; les campagnes sont dévastées par les gens de guerre; le voyageur n'a plus de sécurité [2]. « N'y a homme d'église, gentilhomme, homme de

---

[1] *(Discours adressé par le seigneur de Forquevaulx, gouverneur de Narbonne, au roi Charles IX, sur le comportement de ses sujets des diocèses de Toulouse, Lavaur et autres de Languedoc.)*

[2] « Tant n'eussions eu de tailles ny taillons
» Qu'il a fallu pour soubstenir la guerre,
» Avoir canons, contre les bastillons
» Des hugonnaux et par mer et par terre.

» La pagesie n'eust souffert tant d'injures
» Des gens d'armes qui sur les champs couraient,
» Robantz, pillans, dependens sans mesure
» Et, qui pis est, les femmes ravissaient!

» Les chemins sont, puys en sa, dangereux,

» justice, marchand, ou autre ayant maisons aux champs,
» qui ne tienne quelques hommes qui gagnent solde; les villes
» et lieux fermés de murailles ou fossé en soldoyent aultre
» nombre, et payent leursdits mercenaires à neuf, à dix et
» douze livres par mois, non compris l'appointement des chefs,
» ni la poudre, plomb, corde, les ustancilles du logis, bois et
» chandelles des gardes..., à quoi la nécessité des temps les
» a astreints!

» Autre ruine a souffert ledit peuple, pour ce que lesdits
» ennemis luy ont pris, ravi et emmené le bestail de labou-
» rage et de toute autre espèce; les marchandises volées; les
» chevaux de charrêtes et de voitures pris; et les moins mau-
» vais mis à la selle par lesdits ennemis, pour dresser plus
» de nombre d'hommes à cheval. Le commerce et trafic
» rompus, qu'il n'y a homme qui ose voyager, ny qui la-
» boure sa terre sans leur mercy et congé; l'exercice de
» justice interrompu; les villages ouverts n'ont temples ny prê-
» tres ny d'auculne sorte religion. Tout homme plus froid que
» glace; chacun pense à soy conserver, les aucuns ont plai-
» sir du mal de leur voisin, et les touts semblent avoir
» perdu courage[1]! »

Albi fut la seule ville de l'Albigeois qui n'eut rien à souffrir des guerres religieuses du XVIe siècle; le pouvoir épiscopal et

» Plains de brigandz de mauvaise rencontre;
» Qui n'a besoing d'aller hors est heureux;
» Qui porte rien, partout fault que le monstre. »
(*Livre des Consuls.* 1562 et 1563. *Archives de la Mairie d'Albi.*)

[1] (*Discours adressé au roi Charles* IX *par le seigneur de Forquevaulx.*)

la sollicitude des consuls la préservèrent des atteintes du calvinisme, et lorsque les villes de la contrée étaient en proie aux dissensions civiles, Albi recueillait les fruits salutaires de la paix publique; administré paternellement et en possession d'antiques priviléges, pendant que la guerre, le pillage, les inimitiés religieuses désolaient les villes voisines, Albi, où le commerce florissait, pouvait s'énorgueillir de sa prospérité.

Son administration consulaire plaça toujours parmi ses plus sérieux devoirs les soins que réclamait l'éducation donnée à la jeunesse; et l'on conserve dans les archives de la ville un règlement relatif aux écoles publiques du xvie siècle,[1]

---

[1] Articles sur le bail et règlement des scholes publiques de la cité Dalby lesquelz ont esté advisés par meure délibération.

« Les scholes publiques de la présente cité Dalby seront bailéez annuel-
» lement par messieurs les consulz de ladicte cité par le terme de ung
» an, commençant à la Sainct Jehan Baptiste, à ung personaige, homme
» de bien, ydoine et souffisant, de bonnes meurs, bonnes instructions et
» litérature, pour estre maistre principal et régent desdictes scholes pu-
» bliques, pour la régence desquelles luy sera baillée la maison apar-
» tenant à ladicte cité, en laquelle de toute ancienneté se trouvent et
» exercent lesdictes scholes publiques.

» Item, ledict maistre principal régent usera de ladicte maison en bon
» père de famille, sans ycelle desmollir ou détériorer, ensemble des meu-
» bles qui seront dedans, lesquelz seront par luy receux, soubz inventoire,
» et rendus en nature à la fin du terme.

» Item, sera tenu de ses gaiges et despens, comme pourra advenir sou-
» vent, d'ung poete et d'ung gramairien pour ayder aux lectures qu'a-
» partiendra ausdictz scholiers telz qui soient gens de bien, de bonnes meurs,
» bien doctes et instruits aux facultés...... lesquels ledict maistre prin-
» cipal régent sera tenu présenter ausdictz messieurs consulz pour estre
» examinez et approuvez ausdictes scholes, et lesquelz yl ny pourra
» mootre ou soubstituer que, au préalable, ne soient par lesdictz messieurs
» consulz approuvez et acceptez.

précieux témoignage de la sollicitude éclairée des magistrats de la cité. Le goût des lettres, qui renaissaient, avait d'ailleurs pénétré dans l'Albigeois malgré les malheurs de la

» Item et au cas que ledict maistre principal régent, au commencement
» desdictes scholes, n'auroit porveu de maistres poete et gramairien,
» qualiffiez comme dessus, lesdictz messieurs consulz en pourvoiront et
» substitueront en negligence dudict maistre principal à ses despens.

» Item, ledict maistre principal régent sera tenu toutz les jours, et or-
» dinairement, lisre ausdictes scholes en theologie ou saincte scripture et
» en philosophie; le poete, en art oratoire, en poetes et art de honneste
» humanité; et le gramairien, les principes et rudimentz gramaticaulx
» et aultres libres de gramaire esquelz il sera tenu, par lectures ordi-
» naires et deux foys le jour pour le moings, instruire les enfans gra-
» mairiens.

» Item, sera tenu substituer ung ou deux personaiges pour dire les le-
» çons aux petitz enfans non ayans maistres ou pedagogues spetiaulx, sans
» en prendre aulcun salaire, sinon comme cy après.

» Item, audict maistre régent principal, pour ses peines et labeurs,
» seront payez les gaiges ordinaires de cinquante livres tournois, acous-
» tumeez donner aux maistres régents desdictes scoles, lesquels gaiges
» seront payez et satisfaictz par le tresaurier desdictz messieurs consulz,
» en deux termes; c'est la moytie à la feste de noel et lautre moytie à
» la fin de lannée.

» Item, *il ne prendra aulcungs sallaires des enfans de ladicte cité Dalby*
» *ou consulat dicelle, mais en seront toutellement quittes de quelle profes-*
» *sion quilz soient.*

» Item, ne sera permis à personne tenir aulcunes scoles particulières
» ou priveez en toute ladicte cité Dalby, en préjudice dessusdictes scoles
» publiques et dudict maistre régent, aultrement seront tenuz luy payer
» sallaires comme scoliers venans ausdictes scoles publiques, reserve
» touteffoys aux scoliers de Saincte-Gemme qui sont scoliers de monsei-
» gneur lévesque Dalby.

» CY APRES S'ENSUIVENT LES SALLAIRES DES SUSDITZ ESCOLLIERS.

» Tant cameristes que aultres que ont esté advisez pour estre payez au
» susdict maistre régent, *exemptz toutesfoys et quictes les enfans de ladicte*
» *cité Dalby et consulat*, ledict maistre régent prendra sur chescun escollier

guerre. Plusieurs hommes appartenant à la contrée devinrent alors célèbres dans la littérature ou dans les sciences [1].

Les poésies d'Auger Gaillard [2], né dans la ville de Rabastens, eurent beaucoup de réputation au xvie siècle. La langue romane, si délaissée par les poëtes, depuis que les troubadours ne chantaient plus, retrouva sa grâce expressive pour embellir les vers d'Auger Gaillard. « Il fut — dit

» en theologie, dialectique ou philosophie naturelle, morale ou rationnalle :
» vingt-cinq solz tournois. — Sur chescun escollier, auditeur en poesie ou art
» oratoire : vingt solz. — Sur chescun escollier, gramairien ou aultre, com-
» mencent les introductions et rudiments en gramaire grecque ou latine :
» quinze solz. — Sur chescun alphabetista matutiniste ou aultre qui n'ap-
» prendroit que de lire tant seullement : dix solz. »
(1543. *Archives de la mairie d'Albi.*)

[1] Pierre ANTHÉSIGNAN, grammairien habile et savant helléniste du xvie siècle, était né à Rabastens. — Pierre GILLES, d'Albi, publia plusieurs ouvrages d'histoire naturelle et de linguistique. François 1er l'employa dans diverses négociations. — Antoine ROSSIGNOL fut célèbre par ses profondes connaissances dans les sciences mathématiques; il naquit à Albi vers la fin du xvie siècle. — Alexandre MORUS, né à Castres, en 1616, publia un poëme latin fort estimé, sur la défaite des Turcs par les Vénitiens. — David DEFOS, de Castres, nous a laissé un savant traité sur le *comté de Castres, les seigneurs et comtes d'icelui, ensemble les hommages, reconnaissances et autres droits féodaux et seigneuriaux.* — Guillaume LE BLANC, né à Albi, chancelier de l'université de Toulouse et évêque de Grasse, publia divers ouvrages sur la discipline ecclésiastique et des traductions latines d'Hésiode et de Xiphilin; il mourut vers la fin du xvie siècle. — Cordes donna naissance, en 1558, à Alexis LITTRÉ, médecin célèbre, savant anatomiste et docteur-régent de la faculté de Paris.

[2] M. Gustave de Clausade, de Rabastens, a publié dans l'*Annuaire du Tarn* de 1841 et dans la *Mosaïque du Midi* de la même année, un article biographique du plus haut intérêt sur le poëte Auger Gaillard.

» M. Charles Nodier — le dernier troubadour de sa vieille
» langue romane, ou le premier poëte de son gracieux patois,
» et la faveur des rois Charles IX, Henri III et Henri IV cou-
» ronna les ingénieux travaux de sa muse rustique. »

La Guerre civile recommence. — Le Vicomte de Turenne vient à Castres. — Henri de Navarre y arrive suivi du Prince de Condé. — Le Duc de Montmorency vient le joindre. — Conférences de St-Paul. — Expéditions de Montgommery. — Siége de Salvagnac. — Les États de la Province s'assemblent à Lavaur, en faveur de la Ligue. — Scipion de Joyeuse se noie dans le Tarn. — La Ligue perd sa puissance. — Édit de Nantes. — La ville d'Albi, où les Ligueurs dominaient, reconnait Henri IV. — Fêtes publiques à Albi, à l'occasion de la naissance du Dauphin. — Le Duc de Rohan se révolte contre l'autorité royale, et devient le chef du parti protestant. — Il arrive à Castres. — Siége de Lombers. — Combat de Fauch. — Destruction de Cuq-Toulza. — Siége de Briatexte. — Arrivée dans l'Albigeois du Maréchal de Thémines. — Conduite courageuse de la duchesse de Rohan. — Le Prince de Condé s'empare de Réalmont. — Mazamet est incendié par les troupes royales. — Fin de la Guerre civile. — Le Cardinal de Richelieu vient à Albi. — Intelligences secrètes d'Alphonse d'Elbène, Évêque d'Albi, avec le Duc de Montmorency. — Les Habitants se soulèvent contre ce Prélat. Il quitte sa ville épiscopale. — La Peste à Albi. — Notre-Dame de la Drèche. — Dévotions populaires à St-Stapin. — Intérieur d'un Couvent de l'Albigeois au XVIIe siècle. — Impôts, Dîmes et Redevances. — Physionomie de la Contrée en temps de guerre. — Fêtes publiques. — Costumes des Consuls d'Albi. — Habillements et Usages.

VIII

La paix conclue en 1576, entre Henri III et les protestants, avait mécontenté le parti catholique; il ne tarda pas à former une confédération qu'on appela *la sainte Ligue*. La célèbre assemblée des états de Blois révéla la toute-puissance de ce parti; il obtint du roi la révocation des conditions de la paix. On dut recourir aux armes, et la guerre recommença dans l'Albigeois. Le maréchal de Damville s'était soumis; les protestants de Languedoc, privés de son appui, conservèrent cependant leur prépondérance sur beaucoup de points. Lacrouzette, l'un des principaux chefs du parti catholique, échoua dans le projet de surprendre la ville de Castres.

On voit, à cette époque, de fréquents traités essayer de ramener le calme; mais catholiques et protestants ne tardent pas à violer les conditions jurées, et la guerre civile recommence avec plus d'animosité! Le château de Dourgne est pris d'assaut par les calvinistes; Lisle, dont ils s'étaient rendus maîtres, retourne au pouvoir des catholiques; le ministre et quarante-quatre religionnaires y sont mis à mort. Des bandes armées couvrent le pays; les campagnes sont désolées; les édits royaux suspendent les hostilités mais ne donnent point la paix publique. L'un de ceux qui furent promulgués par Henri III consacra l'établissement, dans la ville de Lisle, de la chambre mi-partie ou de *l'Édit*[1].

Le théâtre de la guerre acquiert plus d'importance dans l'Albigeois, en 1579. Le roi de Navarre, Henri de Bourbon,

---

[1] Le parti catholique dominait dans le parlement de Toulouse; aussi cette assemblée n'offrait-elle plus aux protestants les garanties d'une justice impartiale. Une chambre mi-partie fut instituée en 1576, par un édit royal, et fixée à Montpellier. Transférée ensuite à Revel, elle siégea à Lisle en 1579. Les calvinistes étaient représentés dans *la chambre de l'édit* par un président, huit conseillers et un substitut de l'avocat général. Un président, cinq conseillers et un substitut du parlement de Toulouse furent choisis parmi les catholiques. Voici le résumé succinct des vicissitudes que cette chambre eut à éprouver : — Suspendue en 1580, elle fut rétablie en 1583; — supprimée par Henri III en 1585; — rétablie à Montpellier en 1586, suspendue bientôt après; — transportée à Castres en 1595, et en exercice jusqu'en 1623; — transférée successivement à Lisle, Béziers, Puylaurens, Castres, Revel et St-Félix; — rétablie à Castres et en exercice jusqu'en 1669; — transférée à Castelnaudary; — supprimée définitivement par la révocation de l'édit de Nantes.

est à Nérac avec une armée calviniste ; le vicomte de Turenne[1], son lieutenant général dans l'Albigeois, arrive à Castres et entreprend plusieurs expéditions ; de 1579 à 1584, le pays est livré à des alternatives de trèves et d'hostilités. En 1585, le roi de Navarre se rendit à Castres pour s'y concerter avec le maréchal de Damville, devenu duc de Montmorency[2]. Henri traversa Puylaurens le 13 mars et entra le 14 dans Castres où une réception brillante l'attendait[3]. Le duc de Montmorency, qui arrivait du Bas-Languedoc, ne tarda pas à venir le joindre. Ils eurent ensemble de fréquentes conférences auxquelles le prince de Condé prit part ; on s'y précautionna contre les entreprises de la ligue. Henri de Navarre quitta Castres le 24 mars, dîna à Graulhet, coucha à Briatexte et se dirigea vers Montauban.

La ligue dévoilait alors ses projets ; elle forçait la main au roi de France et lui faisait signer le traité de Nemours. Ne

---

[1] Père du grand Turenne.

[2] « Damville, duc de Montmorency, fut encore plus grand politique
» qu'excellent capitaine, ce qui parut dans toute la conduite de sa vie,
» durant laquelle il joua différents personnages, suivant ses vues et ses
» intérêts, tantôt attaché au parti de la cour, et tantôt proscrit et ligué
» avec les religionnaires. En sorte qu'il parut en quelques occasions pren-
» dre les armes contre son roi, et ennemi de l'état ; mais il y fut forcé en
» quelque manière pour sauver son honneur, son bien et sa vie, après
» avoir fait tout son possible pour s'empêcher d'en venir à cette extré-
» mité. En se défendant des persécutions qu'on lui suscita sous le nom de
» deux de nos rois, il conserva la province de Languedoc à la France. »
(Histoire générale de Languedoc.)

[3] Un chapitre spécial sera consacré, dans la seconde partie de cet ouvrage, à la relation du séjour de Henri de Navarre à Castres.

pouvant arrêter la ligue, Henri III s'en déclara le chef, dans l'espoir de la maîtriser. A la nouvelle du traité de Nemours, le roi de Navarre parut découragé; il eut soin cependant d'éclairer les consuls de Castres sur les projets de la ligue [1], et ne tarda pas à apprendre que Montmorency lui restait fidèle : « Sire, » lui écrivait le duc, j'ai lu le traité de Nemours; le roi de » France et le roi d'Espagne veulent me gagner. Je suis à » vous avec mes frères et mon armée de Languedoc; je vous » attends à St-Paul. »

[1] Lettre du Roi de Navarre aux Consuls et aux Habitants de Castres.

« Messieurs. Par ce que j'ai su que ceux qui sont auteurs des ligues et » conspirations naguères dressées contre la personne du roi mon seigneur » et de l'état de la France, et se sont élevés en armes sous différens » prétextes, qui à la fin ont forcé et contraint le roi mondit seigneur, » abusant de sa bonté et de l'affection qu'il a au repos, comme de leur » accorder leurs justes demandes, j'ai bien voulu vous en avertir par » la présente et, pour l'affection particulière que j'ai en votre en-» droit, vous prier de penser à votre sûreté et conservation, et vous » fortifier et munir de ce qui vous est nécessaire contre lesdits desseins » et entreprises desdits conjurés, sans y omettre aucune chose. J'ai donné » le même avis, non seulement à ceux qui sont dans l'étendue de mon » gouvernement, mais aussi à tous autres que je pense en avoir besoin, » m'y sentant obligé, tant pour le degré que je tiens en ce royaume, et » pour l'intérêt que j'ai au bien de cet état, et à la manutention des lois » fondamentales d'icelui, que aussi pour la protection de ceux de la re-» ligion, y ayant été légitimement appelé; et sur tout ce-dessus vous » aurez recours en mon cousin M. le duc de Montmorency, pour recevoir » ses commandemens, et ses bons et sages conseils et avis. Ce que m'as-» surant que vous ferez, ne vous en dirai davantage, si ce n'est pour » vous assurer de plus en plus de ma bonne volonté en votre endroit; » et prie le Créateur de vous tenir, Messieurs, en sa sainte et digne » garde. Le 15 juillet 1585. Votre meilleur et assuré ami. »
HENRI.

Henri se rendit dans cette ville[1] suivi du prince de Condé, de Duplessis-Mornay et du vicomte de Turenne. Montmorency y resserra son alliance avec le roi de Navarre; ils publièrent un manifeste contre la ligue; la guerre civile allait recommencer. Le gouvernement de Castres fut confié au comte de Montgommery[2]; celui du diocèse de Lavaur à Thomas de Durfort, seigneur de Deyme; Georges d'Alari, seigneur de Tanus, commandait pour les calvinistes dans le diocèse d'Albi.

Montgommery entreprit diverses expéditions; il marcha sur Albi, dont il tenta vainement de surprendre la garnison, et fut assiéger Nages; ses troupes se présentèrent ensuite devant Dénat qu'elles ne purent réduire[3] et dégagèrent Lombers que les catholiques pressaient vivement; Viterbe et Guitalens tombèrent au pouvoir des calvinistes. Le diocèse d'Albi n'était point à l'abri des courses des deux partis. Cornusson, célèbre ligueur, s'empara du château d'Alban et le mit au pillage. L'amiral de Joyeuse, qui combattait pour la ligue, parcourait alors l'Albigeois; ses troupes assiégèrent et prirent

---

[1] « Le roi avait couru de grands dangers, les ennemis s'étant attroupés » de tous côtés pour lui empêcher le passage et lui courre sus : tellement » que passant près de Lavaur, il fut obligé de mettre pied à terre et de » cheminer pendant deux lieues tout armé, à la tête de 500 arquebusiers » qu'il menait pour son escorte. » (*Mémoires de* GACHES.)

[2] Fils de Montgommery qui avait précédemment fait la guerre dans la contrée et qui fut tué à la bataille de Montcontour.

[3] On voit près de Dénat un monticule appelé *Lous sept higounaous*, où l'on dut laisser les corps de sept protestants tués pendant l'attaque du village. Des restes de fortifications s'aperçoivent encore; on remarque deux portes, l'une appelée *la Grande*, l'autre *la Tourrette*, et deux

le fort de Salvagnac ; on dit que plus de mille coups de canon furent tirés pendant ce siége. Un combat sanglant s'engagea peu de temps après à la Cieutat, près Réalmont ; les protestants y perdirent beaucoup des leurs. Le baron d'Ambres [1] commandait les catholiques.

La guerre, à cette époque, désole tout le pays ; Lagardiolle est pillé par les calvinistes ; ils s'emparent d'Arfons et de St-Amans-Valtoret. Les ligueurs assiégent St-Paul ; l'intrépidité des femmes de cette ville se fait remarquer et contribue à sauver la place. La ligue est alors en hostilité avec Henri III ; le temps n'est plus où les calvinistes avaient le pouvoir royal à combattre et le bravaient ouvertement. On voit Henri III

---

inscriptions destinées à consacrer le souvenir de l'échec que les protestants essuyèrent devant Dénat. La première, gravée sur le mur d'une maison du village située à l'aspect du midi, porte ces mots :

LE 18 AVRIL 1586
CE LIEU FUT ASSIÉGÉ PAR LES
HÉRÉTIQUES QUI, APRÈS DEUX
ASSAUTS, FURENT REPOUSSÉS.

Voici le texte de la seconde, placée dans le mur de la porte de *la Tourrette*, sur lequel une croix est gravée :

†
ECCE CRUCEM DOMINI
FUGITE PARTES ADVERSÆ
SIT NOMEN DOMINI BENEDICTUM.

Quelques fouilles récentes ont fait découvrir des boulets près de la porte de *la Tourrette*.

[1] François de Voisins, baron d'Ambres, appartenait à l'une des familles les plus considérables de la contrée. Ardent catholique, il eut quelquefois à combattre contre J.-J. de Voisins, son frère, devenu l'un des chefs principaux du parti protestant, après avoir embrassé le calvinisme.

et le roi de Navarre se concerter ensemble; Albi, Lavaur et Gaillac sont favorables aux ligueurs.

A la nouvelle de la mort de Henri III, les calvinistes de l'Albigeois proclament roi Henri de Navarre; mais les ligueurs s'empressent de convoquer à Lavaur les états de la province et déclarent qu'un roi hérétique ne peut être le leur. Presque tout l'Albigeois refuse de reconnaître Henri IV; Lautrec et Graulhet se font surtout remarquer par leur vive hostilité.

Les habitants de Castres marchaient dans une voie contraire. Henri IV fut leur idole, et nul accommodement n'était possible entre eux et la ligue. Montgommery, gouverneur de Castres, s'était rendu secrétement auprès de Scipion de Joyeuse[1], chef des ligueurs, et avait eu avec lui une longue entrevue. Sa conduite semblait révéler une trahison.... Devenu l'objet de la haine des habitants de Castres, Montgommery dut quitter furtivement cette ville où ses jours n'étaient plus en sûreté.

La guerre continuait; une action sanglante avait eu lieu près de Lautrec; les ligueurs, que Scipion de Joyeuse commandait, livrèrent un nouveau combat aux troupes calvinistes, à Villemur sur le Tarn. Ces dernières se battirent avec

---

[1] Presque tous les membres de l'illustre famille de Joyeuse prirent part aux guerres de la ligue, en Languedoc. Le vicomte de Joyeuse, lieutenant général au gouvernement de cette province, eut quatre fils : Anne, duc et amiral de Joyeuse, dont il a été déjà question et qui fut tué à la bataille de Coutras; — le cardinal François de Joyeuse, qui commanda pour la ligue en Languedoc; — Antoine Scipion de Joyeuse, grand prieur de Toulouse, duc de Joyeuse après la mort de son frère; — Henri de Joyeuse, comte du Bouchage, capucin et chef de la ligue après la mort de Scipion son frère.

beaucoup d'intrépidité et mirent les soldats de Joyeuse dans une entière déroute. La plupart se noyèrent ou furent faits prisonniers. Désespéré, Joyeuse voulut mourir les armes à la main; « Il faut se sauver... » disaient ceux qui l'entouraient; « Il faut mourir! » répondit Joyeuse : « On ne meurt pas » quand on veut, lui répliqua-t-on; on vous fera prisonnier. » — Joyeuse céda aux prières de ses soldats. Dépouillé de ses armes, il tenta de gagner la rive opposée et disparut dans les flots!... Deux mille ligueurs périrent avec lui dans cette funeste journée.

La ligue ne tarda pas à perdre sa puissance. Albi et Lavaur résistaient encore; le duc de Ventadour, gouverneur de Languedoc, vint à Castres en 1595, et sa présence dans l'Albigeois hâta la soumission des villes que la ligue expirante ne pouvait plus influencer. Toulouse reconnaissait l'autorité de Henri IV. L'édit de Nantes fut publié; il donnait aux calvinistes les plus solides garanties; on établit à Castres une chambre mi-partie; les deux cultes furent librement professés. Jean de Fossé, évêque de Castres, que les malheurs de la guerre civile avaient tenu éloigné de son siége, rentra dans Castres et appliqua sa pieuse sollicitude à rendre aux autels profanés la majesté qu'ils n'avaient plus.

Henri IV fut chéri de ses peuples; Albi, où la ligue avait longtemps dominé et dont la soumission fut tardive, sembla vouloir racheter le passé. « Par la clémence et la bonté de » Dieu — disaient les magistrats de la cité dans leur livre » consulaire — la ville d'Alby avec le reste du pays d'Al- » bygeoys a recogneu ung roi très-chrétien et catholique, Henry

» de Borbon quatriesme de ce nom, roy de France et de
» Navarre.... et pour sa prospérité, debons prier Dieu qu'il
» lui donne, en la faveur de son peuple, la libéralité d'A-
» lexandre-le-Grand, la sagesse de Caton censorin, la pru-
» dence de Jules Cæsar, et la fortune d'Auguste..., aulx fins
» qu'il nous maintienne toujours en bonne paix et que puys-
» sions veoyr de notre temps le heureux siècle d'ore. Dieu
» nous en fasse la grâce, Amen[1]. »

La paix se maintint dans l'Albigeois jusqu'à la mort de Henri IV; mais les intrigues qui agitèrent la cour, pendant la minorité de Louis XIII vinrent ranimer les dissenssions religieuses. « L'édit de Nantes — dit M. de Châteaubriand —

---

[1] La naissance du dauphin, en 1601, donna aux habitants d'Albi une occasion nouvelle de témoigner à Henri IV les sentiments dont ils étaient animés : — « A l'esjouyssance de ceste belle nativité, pour louer Dieu
» d'un si grand bénéfice, aurait esté rendu grâces publiques à sa divine
» bonté, le dimanche 12 d'octobre audit an, accompaignées du feu de joye
» qu'à cest effect lesditz sieurs consulz et habitans auroient faict dresser
» en la place de ladite ville, à l'acsistance de MESSIRE ALPHONSE D'ELBÈNE,
» evesque et seigneur temporel d'icelle, avec les chanoines, habituez, et
» musique de son chapitre et eglise cathedralle, en procession sollamnelle,
» chantans incessement, durant l'action de grâces, de beaux hymnes et
» cantiques, et devant ceste honorable assemblee marchoint les hautzboys
» et environ cinq cens enfans, de l'age de 12 ans et au dessoubz, vestus
» de blanc depuis la teste jusques aux piedz, portans chascun en leurs
» mains les penonceaux et armoiries du ROY et de Monseigneur LE DAU-
» PHIN, que la ville avait faict faire à ses despens... En mesme temps, on
» aurait faict tonner les gros cannons et pièces d'artilherie de la ville en
» divers coups, et le soir du mesme jour on continua les eslancemens de
» joye, faisant jouer quelques autres pièces sur la cime de la tour de la
» ville joignant du clocher de S. Salvy, ce qui feut suivy de l'harmonie
» des hautzboys et musique. »
(Livre des Consuls. 1601. Archives de la Mairie d'Albi.)

» constitua l'état civil et religieux des protestants; ils obtin-
» rent un culte public, des consistoires, des écoles, des re-
» venus, et jusqu'à des forces militaires pour protéger leurs
» établissements.... Ces concessions n'étaient malheureusement
» qu'*octroyées*; Henri IV les respecta; mais Richelieu et Louis
» XIV pensèrent que ce qui était accordé se pouvait reprendre. »

Tout le secret de la guerre civile que fomenta le duc de Rohan, sous Louis XIII, est dans ce peu de lignes; si à sa voix les calvinistes prirent les armes, c'est qu'il réveilla leurs défiances et sut habilement les prémunir contre les projets du parti catholique. Bientôt l'agitation gagna tous les esprits; en dépit de la volonté royale, les protestants s'assemblèrent à la Rochelle, et élurent pour chef le duc de Rohan.

Éloquent et plein de bravoure, austère dans ses mœurs, calviniste sincère, Henri de Rohan eut en partage les qualités brillantes qu'exigeait le rôle d'un chef de parti. Lorsqu'il quitta la Rochelle, pour soulever le Languedoc et la Guienne, Henri de Rohan était sans armée. Cependant les troupes royales couvraient le pays.... Ce fait révèle l'homme d'élite que nul péril ne saurait arrêter et qui se confie à sa fortune. « Il
» part, sans remise, avec sa maison délabrée, peu de gen-
» tilshommes; ses amis l'accompagnent en petit nombre, et Du-
» bois, capitaine de ses gardes; suivi d'une trentaine de mous-
» quetons, avec des casaques de velours ginjolin garnies de
» vert, très-peu de finances et de vaisselle d'argent [1]. »

Les premières tentatives du duc de Rohan furent sans

---

[1] (*Mémoires inédits de* BOUFFARD-MADIANE.)

succès à Castres; le marquis de Malauze, son lieutenant, ne put pénétrer dans la ville; mais elle ouvrit ses portes au duc de Rohan, le 15 juillet 1621. Il venait de Montauban et avait couru de grands dangers; arrivé près de Lisle, il dut passer le Tarn à la nage. Le duc d'Angoulême commandait alors l'armée royale dans l'Albigeois; mille fantassins, à la solde d'Alphonse d'Elbène, évêque d'Albi, étaient venus grossir cette armée; quatre cents protestants perdirent la vie dans un combat qui s'engagea devant Fauch[1]. Cuq-Toulza fut détruit par les troupes catholiques; elles brûlèrent Lombers et vinrent assiéger Briatexte; secourue par deux mille calvinistes que le marquis de Malauze commandait, cette place résista aux assiégeants.

Le parti de Henri de Rohan prenait de nouvelles forces. Puylaurens, Sorèze, St-Paul et Mazamet étaient au pouvoir

---

[1] « Fault noter que le duc fit une signalée rencontre des hérétiques » de Castres, Réalmont, Lombers et autres lieux des environs, ayant » pour leurs chefs M. le marquis de Malauze, M. de St-Rome et au- » tres gentilhommes, au lieu de *Faucg*, étant suivis d'environ 2500 hom- » mes tant à pied qu'à cheval, emmenant un gros canon de batterie qui » pèse environ 70 quintals qu'ils avaient sorti de Réalmont.... Ledit sieur » duc avec 1500 hommes à cheval et 600 hommes mousquetaires et ar- » quebusiers de pied de ce pays les a attaqués si heureusement qu'ils ont été » contraints de rendre ladite place de Faucg et promesse de tous lesdits » chefs ne porter plus les armes contre le service du roy et rendre ladite » pièce de canon laquelle ledit sieur duc a donnée à ce diocèse, et l'ont em- » menée en cette ville d'Alby au grand contentement de tout le peuple. En » outre sortant dudit lieu de Faucg avec leurs armes sans battre tambour, » et passant tous de rang devant ledit sieur duc, ont été tenus de crier » *vive le roy*; — et prye à Dieu continuer lui donner toujours heureuse » victoire contre ces rebelles hérétiques. » (*Manuscrits de* M. GARDÈS.)

des calvinistes [1]. Louis XIII vint en Languedoc avec une armée. Après avoir pris St-Antonin, que les rebelles occupaient [2], le roi se rendit à Toulouse en traversant l'Albigeois. Il coucha

---

[1] REQUESTE ET ORDONNANCE du sieur Duc de Montmorency pour l'entrée aux Assiettes au lieu des Villes rebelles du Diocèze de Lavaur.

A MESSEIGNEURS LES COMISSAIRES PRÉZIDANTZ POUR LE ROY AUX ESTATZ DE LANGUEDOC.

» Le scindic du diocèze de Lavaur vous remonstre très humblement que
» de neuf villes principalles dudict diocèze, il y en a sept quy, dès longues
» années en ça, sont occuppées par ceulx de la religion prethendue ref-
» formée, quy à présant se sont soublevées et prins les armes contre Sa
» Majesté, à sçavoir : *Puilaurens, Revel, Soureze, St.-Paul, Cuq, St-*
» *Amans, Mazamet,* deux des consulz desquelles ont entrée en l'assiette
» dudict diocèze sauf celles de Cuq, St-Amans, Mazamet, quy ne s'y
» trouvent que comme demy villes, un seul consul seulement y assistant;
» et daultant que lesditz consulz sont encore dans la rebellion et quen la
» prochaine assiette ils ne s'y trouveront aulcunement et par ainsy demeu-
» reroit incomplaicte, et les impositions et autres affaires dudict diocèze
» demeureroient retardées au grand préjudice dudict diocèze et de Sa
» Majesté, PLAISE DE VOS GRACES ordonner qu'il sera subrogé au lieu et
» place desdictes villes rebelles, sept autres, ou lieux plus apparantz et
» renfermés, à sçavoir : *Soual, Dournhe, Semalens, Viviers des Montaignes,*
» *Roquevidal, Cambon et Texode,* pour ung seul consul d'jcelles, pour
» avoir entrée et voix dellibérative en ladite assiette.... *Suit l'ordonnance*
» *qui fait droit à la requeste et plus bas :* Faict à Carcassonne, le 3e jour
» de janvier 1622. » MONTMORENCY.

(*Archives de la Préfecture du Tarn.*)

[2] « La ville de St-Antonin étant tombée au pouvoir des religionnaires,
» Louis XIII vint lui-même en faire le siége. Cordes envoya au roi cent
» hommes d'armes commandés par le seigneur de Laprune-Montbrun. Cette
» petite troupe se distingua par sa bravoure et son intrépidité. Louis XIII
» donna, à titre de récompense, à Laprune-Montbrun et à sa troupe un
» étendard de soie bleu-de-ciel sur lequel est une croix blanche. Cet éten-
» dard existe encore à Cordes; on le voit appendu à la voûte de l'église
» de St-Michel, et les artisans le portent flottant au bout d'un roseau
» dans les processions solennelles. »

(*Notice sur Cordes,* par M. MAZARS D'ALAYRAC.)

à Castelnau-de-Montmiral, où il séjourna le lendemain, passa à Rabastens et à St-Sulpice. La paix ne tarda pas à être conclue. Elle confirmait l'édit de Nantes et conservait le gouvernement de Castres au duc de Rohan. Ces concessions, dictées par les circonstances, donnèrent aux protestants une sécurité trompeuse que leurs chefs même partageaient.... Richelieu cependant paraissait à l'horizon, méditant déjà l'abaissement des grands et la ruine de l'indépendance du parti calviniste.

Après trois années de paix, la guerre civile recommença. Les protestants de l'Albigeois avaient à se plaindre de nombreuses infractions au traité conclu. Les entreprises de la cour contre les calvinistes de la Rochelle furent le signal des hostilités, et le duc de Rohan reparut à la tête des révoltés. Puylaurens et Réalmont venaient de se déclarer pour lui, lorsque les troupes royales entrèrent dans l'Albigeois sous les ordres du maréchal de Thémines. Elles parurent bientôt devant Castres; le duc de Rohan était alors en Bas-Languedoc. La présence de l'armée royale répandit l'épouvante dans la ville; la frayeur devenait générale; c'est alors que la duchesse de Rohan se rendit au milieu des troupes, harangua le peuple et ranima tous les courages. Malade, « elle se fit habiller et porter avec
» une chaise découverte, dans cette confusion, à la porte de
» l'Albinque, où était l'attaque; tout le monde prit les ar-
» mes, sans considération de profession, d'âge ni de sexe.
» Les femmes travesties furent employées à garder les cornes
» des tuileries de Villegoudou [1]. » L'intrépidité de la duchesse

---

[1] (*Mémoires inédits de* BOUFFARD-MADIANE.)

de Rohan sauva la ville de Castres; l'enthousiasme qu'elle inspirait aux habitants leur donna des forces inespérées dont le maréchal de Thémines ne put triompher.

Ses troupes brûlèrent St-Paul et Damiate pour réparer cet échec, et quittèrent ensuite l'Albigeois; la paix ne tarda pas à être conclue. Cependant le cardinal de Richelieu poursuivait sans relâche l'accomplissement de ses desseins; l'influence des grands s'affaiblissait au profit de l'omnipotence royale. Castres en donna le témoignage en 1627; Henri de Rohan ayant repris les armes ne put entraîner dans la révolte cette ville où les chefs calvinistes avaient, à toutes les époques, trouvé un appui assuré. Les tentatives des partisans du duc, pour lui livrer la ville, furent déjouées [1].

---

[1] Lettre du roi Louis XIII en faveur des Consuls de la ville de Castres.

« Cher et bien amé, nous avons été particulièrement informé par les
» lettres du président de Suc, de la généreuse résolution qui a été
» prise par les habitants de notre ville de Castres, pour la maintenir
» sous notre obéissance, et l'ordre qui a été tenu pour mettre hors de
» ladite ville St-Germier et quelques factieux, qui avaient dessein d'in-
» troduire le duc de Rohan, au préjudice de notre service et du repos
» commun des habitants. Comme aussi de ce que vous avez contribué de
» votre fidélité et affection envers nous pour favoriser une tant louable
» action. De quoi nous demeurant contentement, et toute sorte de satis-
» faction, nous n'avons pas voulu différer davantage sans vous faire
» connaître le bon gré que nous en avons, et vous exhortant de continuer
» à nous départir dans les occurrences qui se pourront offrir dans ladite
» ville les effets de cette même fidélité et bon devoir, assuré que le
» particulier service que vous nous avez rendu en cette occasion nous est
» en bonne considération, et que nous aurons plaisir à le reconnaître en
» ce que vous aurez à désirer de notre bienveillance. »
» Donné au camp Detvé, le 27 octobre 1627. »
LOUIS.
Et plus bas, PHÉLIPEAUX.

Il parut bientôt lui-même sur les hauteurs d'Arifat, avec six mille hommes d'infanterie; Castres se mit aussitôt en état de défense. Brassac et Roquecourbe venaient de se soumettre au duc de Rohan; Sorèze, Mazamet et St-Amans lui résistèrent. Le prince de Condé entrait alors dans l'Albigeois avec l'armée royale, et entreprenait le siége de Réalmont, sur les instances d'Alphonse d'Elbène, évêque d'Albi. Les assiégés capitulèrent après s'être longtemps défendus [1]; mais, sans pitié pour les vaincus, les troupes royales pillèrent la ville et la saccagèrent. Beaucoup d'habitants furent mis à mort. Pour échapper à la fureur des soldats, les femmes échevelées et demi-nues, des vieillards, des enfants se répandirent sur la route de Réalmont à Castres; ils fuyaient à la hâte et dans le plus grand désordre, et c'est ainsi qu'ils arrivèrent sous les murs de cette dernière ville. Les soldats qui veillaient aux portes voulurent s'opposer à leur entrée; mais la foule grossissait; à l'aide des protestants de Castres, elle repoussa les soldats et tous entrèrent dans la ville pêle et mêle. L'agitation était extrême; les consuls tentèrent vainement de

---

[1] « Le premier de mai 1628, monseigneur le prince de Condé est entré
» dans Réalmont ayant fait chanter le *Te Deum* dans le temple et célé-
» brer la sainte messe d'où elle estait bannie depuis 60 ans, estant des
» premières de coste province qu'avait resçu les faussetés de l'hérésie de
» Calvin. La procession se fit dans la place, où monseigneur d'Alby por-
» tait le saint-sacrement, sous le poële porté par monseigneur le prince,
» messieurs les marquis de Ragny et de Nangys et le comte de Carlus
» suivis de quantité de noblesse avec toute dévotion. La ville de Castres
» est révoltée de déplaisir de voyr la prospérité des armes de notre bon
» roy à qui il plaise à Dieu donner de plus en plus victoire. »

(*Manuscrits de* M. GARDÉS.)

maîtriser le désordre; leur autorité fut méconnue; bientôt quelques cris de *vive Rohan!* s'élevèrent. St-Germier, fougueux calviniste, avait réuni cinq cents hommes aux environs de Roquecourbe, et cherchait depuis longtemps l'occasion de surprendre Castres; voyant la ville sans défense, il escalada les remparts; des troupes arrivées de Mazamet vinrent doubler les forces des protestants, et Castres resta en leur pouvoir.

Pendant ce temps, la cavalerie du prince de Condé, commandée par le marquis de Ragny, ravageait les environs de Castres et assiégeait Mazamet. La ville fut prise et incendiée. Les troupes royales s'emparèrent de Roquecésière, Lacaune, Brassac et Lacrouzette. La cause dont Henri de Rohan restait le défenseur fidèle était désormais perdue; la Rochelle, le principal rempart du calvinisme, recevait la loi de Richelieu vainqueur; les villes rebelles se hâtaient de faire leur soumission. Le 27 juin 1569, la paix générale fut conclue et mit fin à la guerre civile. Henri de Rohan se retira à Venise; Castres et les places du pays castrais que les protestants occupaient encore reconnurent l'autorité royale.

Le cardinal de Richelieu vint alors dans la contrée pour assurer l'exécution des conditions de la paix; il passa près de Castres que la peste désolait [1], et se rendit à Albi où une

---

[1] « L'an 1629, nous fumes châtiez, à Castres, par le fléau de la peste » qui fit de si grands ravages que six mille personnes en moururent, de » sorte que la ville fut si déserte que l'herbe crut en abondance parmi » les rues. »   (*Antiquités de Castres*, par BOREL.)

réception brillante lui avait été préparée[1]. Parmi les personnes de distinction dont le cardinal était accompagné, on remarquait le duc de Montmorency, l'archevêque de Patras, nonce du pape, l'ambassadeur d'Espagne, les maréchaux de Bassompierre et de Marilhac; ils précédaient plusieurs prélats et un grand nombre de seigneurs; des troupes formaient l'escorte.

Les députés de Montauban ne tardèrent pas à se rendre auprès du cardinal de Richelieu; ils venaient traiter avec lui de la reddition de leur ville. C'est à Albi que les conditions de la paix furent stipulées; c'est dans le palais de la Verbie, où le cardinal était descendu, que les députés arrêtèrent et conclurent « d'estre bons serviteurs du roy, et de faire tout
» ce que ledit seigneur cardinal trouverait bon pour le ser-
» vice de Sa Majesté[2]. »

Le cardinal de Richelieu se rendit à Montauban lorsqu'il quitta Albi. Il s'arrêta au château de St-Géry, près de Rabastens, « où le baron de St-Géry, qui était à sa suite et
» son favori, le traitta magnifiquement. Ledit duc de Riche-
» lieu sçachant que ledit baron, fort sçavant d'ailleurs, avait
» de très-belles curiosités, lui demanda à voir son cabinet,
» où ayant remarqué le portrait du poette Erasme, pièce
» très-curieuse et belle, il lui fit dire s'il voulait le vendre;
» ce qu'ayant refusé pour colorer son jeu, estant le lendemain

---

[1] La réception solennelle faite au cardinal de Richelieu et la relation de son séjour à Albi seront l'objet d'un chapitre spécial dans la seconde partie de cet ouvrage.

[2] (*Livre des Consuls.* — *Archives de la Mairie d'Albi.*)

» avec M. le duc dans son carrosse, partant dudit St-Géry,
» il dit au duc que Son Éminence avait oublié quelque chose, et
» qu'il luy permit de l'aller chercher ; à quoi ne pensant pas,
» ledit duc le luy permit ; et M. le baron lui porta le portrait
» luy disant qu'*il avait oublié son Erasme*, ce qui pluct si fort
» audit duc qu'il l'en loua, estima, et ayma davantage.[1] » —
Le cardinal de Richelieu repassa dans l'Albigeois, après avoir
quitté Montauban ; il se rendait en Auvergne et s'arrêta au
château de Combefa où l'évêque, Alphonse d'Elbène, le reçut
avec beaucoup de magnificence.

L'amitié la plus vive liait Alphonse d'Elbène au duc de
Montmorency[2]. Ce sentiment peut servir à expliquer la conduite imprudente que tint ce prélat, lorsque le duc méconnut
l'autorité royale. Alphonse d'Elbène présidait les états de Languedoc qui s'assemblèrent à Pézénas en 1632 et assurèrent
leur appui au duc de Montmorency ; il reçut dans sa ville
épiscopale un corps de troupes rebelles commandé par le comte
de Moret. Les habitants d'Albi restèrent cependant fidèles ; indi-
gnés de la conduite de leur évêque, ils prirent les armes le
4 septembre 1632, chassèrent de la ville Alphonse d'Elbène
et les troupes du comte de Moret. Une sentence rendue en
1634, par les délégués du St-Siége, déclara ce prélat coupable du crime de lèze-majesté et le priva de son bénéfice.

Alphonse d'Elbène s'était acquis, avant sa rebellion, les plus
grands titres à l'affection du diocèse. La ville d'Albi fut

---

[1] (*Manuscrits de* M. Gardès.)

[2] Fils de Montmorency-Damville.

comblée de ses bienfaits; il y fonda le beau collége des Jésuites.
« Pendant le siége de Montauban que faisait le roy Louis XIII,
» la cavalerie légère de France fut logée dans le diocèze
» d'Albi; mais l'évesque, pour soulager d'autant ses diocé-
» sains, tenait une table ouverte de trente à quarante cou-
» verts à touts les chefs[1]. » De 1629 à 1631, la peste s'étant
déclarée à Rabastens, Senouillac, Cadalen, Fayssac et Albi[2],

[1] (*Manuscrits de* M. GARDÉS.)

[2] 1629.
Mesures arrêtées par les Consuls d'Albi, à l'occasion de la peste qui s'était déclarée dans l'Albigeois et qui menaçait d'envahir la Ville.

« Bon Dieu, bon Dieu, bon Dieu, jusqu'à trois fois voyre et infiniment
» bon Dieu, puisque de toute éternité vous avez esté bon pour tous géné-
» ralement, et particulièrement pour nous pendant nos charges consu-
» lères, etc....
» Il faut venir à ce qui est des remèdes et conseils naturels, qui sont
» comme conseils généraux et polyticques et qui conviennent aux consuls :
» Le premier conseil qui est à observer est que, d'abord que la nouvelle
» du mal est venue dans la ville, que la maladie est au tour de la ville,
» voyre à dix lieues loin et davantage, il faut establir des gens de bien
» aux portes de la ville, qui ayent pouvoir de ne laisser entrer personne
» qui viene tant soit peu de dehors, sans passeport. — Il doibt estre enjoint
» aux médecins, chirurgiens, et aux appoticaires de se prendre guarde aux
» malades qu'ils visiteront, et en cas ils recognoitront rien de suspet ou
» dangereux ils le donnent communiquer incontinant aux consuls, tout
» doucement, sans allarmes, affin d'y donner ordre et guarder tant qu'il
» se pourra de suitte et do désordre. — Il faut procurer que le peuble
» use de bonnes eaux du courant du fleuve et non de celles qui passent aux
» borts, ce que dans Alby n'a point de lieu, puisque par une grace et
» favveur de Dieu, nous avons des sources abondantes et bonnes, et que
» sont la merveille d'Alby, comme est la fontaine de Verdusse. — L'entrée
» de la ville doit estre rudement deffendue aux estrangers, aux coureurs,
» comme comediens, vandurs d'huiles et quintessences, saltembanques,
» avugles, mandians et aultres pauvres venant d'alieurs et incogneux; et
» sera fort bon de faire un triage des pauvres qui sont à la ville ou ez

Alphonse d'Elbène consacra ses revenus au soulagement des pauvres et des pestiférés. La désolation régnait dans le pays; les consuls d'Albi implorèrent *Notre-Dame de la Drèche*, qui était dans la contrée en grande vénération. La ville lui fit don d'une lampe d'argent de la valeur de 400 livres [1].

» environs dehors, affin que s'il s'en trouvent de réfugiés depuis peu,
» qu'on les chasse hors le consulat. — Il faut défendre avec peine à toute
» sorte d'habitans de nourrir dans les maisons, dans la ville, ny aux faubourg
» aucuns animaux immondes ou sales comme pourceaux; oysons; canartz;
» pigeons; et aultres semblables. — Les rues et ruelles doivent estre
» nettes de toutes bestes mortes, des cuirs qu'on doibt accommoder de-
» hors; les rues, chacun devant son logis, doivent estre lavées, comme
» aussi est utile de faire des feux devant son logis. — Toute sorte de
» poisson peché de longtemps, et qui soit tant soit peu tendant à corrup-
» tion, doibt estre jetté dans la rivière, avec punition enjointe à ceux
» qui exposent tel poisson corrompeu. — Que si, par nécessité, il faut
» permettre l'usage des poissons salés comme des saumons : moulues :
» harantz : sardines : et semblables, la vente de telz poissons doibt estre
» faicte en un lieu séparé. — Toute sorte d'herbages grossiers, comme
» choux et aultres qui engendrent un suc grossier, tous champignons,
» truffes, même les melons, concombres, tout cella doibt estre chassé
» des places en temps de contagion, comme estant trop humides et trop
» espongieuses, et ainsy est une nourriture dangereuse, etc. etc. »

(*Archives de la Mairie d'Albi.*)

[1] « L'an 1631, la ville Dalby se trouva affligée de peste d'une manière
» si funeste, qu'étant dabord abandonnée de tous les principaux habitants,
» elle vit tout le reste exposé sans ressources aux ravages de ce mal
» contagieux.... M. Flotard de Laroque-Bouillac, chanoine et succenteur
» en l'église cathédrale, et grand-vicaire de Monseigneur l'évêque Dalby,
» se joignant aux magistrats qui avaient l'intendance de la police, après
» avoir reconnu que tous leurs soins étaient inutiles pour arrêter les
» progrès d'un mal si extrême et qu'il n'y avait plus rien à espérer de tout
» le secours humain, jugèrent qu'il fallait recourir au ciel pour en trou-
» ver le remède, et que pour être plus facilement exaucés, il fallait
» implorer l'intercession de la très sainte vierge.... Ils firent vœu, pour

L'église de la Drèche fut chère à la piété des fidèles, dès le xiiie siècle; la tradition affirme qu'au temps de l'hérésie des Albigeois, St-Dominique vint souvent y offrir à la vierge ses ardentes prières. Parfois, de nombreux pèlerins se rendaient processionnellement à la Drèche; chantant de saints cantiques, ils gravissaient à genoux le sommet escarpé au haut du quel l'église est placée [1].

L'influence des idées religieuses était grande à Albi au xviie siècle; les cérémonies de l'Église, les pieuses donations, se mêlaient souvent aux actes de l'administration consulaire. Dans les malheurs publics, les magistrats de la cité imploraient avec confiance la vierge de la Drèche, ou l'intercession des saints; le jour de leur élection était marqué par des œuvres de piété; il envoyaient une aumône à tous les couvents de la ville. — Il y avait alors à Albi un grand nombre d'établissements monastiques; les principaux étaient les Carmes, les Cordeliers, les Dominicains et le prieuré de Fargues. Ce qu'il reste des traditions d'autrefois ne peut donner qu'une imparfaite idée de l'intérieur d'un couvent de cette époque. Les poudreux cartulaires, les registres du noviciat, les livres

---

» cet effet, de jeûner un jour de samedi en son honneur et d'aller en pro-
» cession dans son église de la Drèche, offrir une lampe d'argent du prix
» de 400 livres avec une rente d'huile d'olive à perpétuité, pour la tenir
» continuellement allumée.... » (*Histoire de l'église de N. D. de la Drèche,*)
par le chanoine Honoré MOURRE. — *Albi*, 1671, *chez Patrou, in-12.*)

[1] Le peuple de la contrée eut aussi beaucoup de vénération pour la chapelle de St.-Stapin, située sur une petite montagne voisine de Dourgne. Des infirmes, des paralytiques, des aveugles, se rendent encore chaque année à la chapelle du saint pour y chercher leur guérison.

de comptes, peuvent seuls aider l'historien à ressaisir les éléments de l'organisation puissante dont les ordres monastiques furent dotés. Leurs archives séculaires lui révéleront ce qu'il demanderait vainement aux cloîtres muets, dont nous admirons encore les débris et au fond desquels s'écoulèrent tant d'existences !

Le prieur du couvent exerçait sur la communauté une autorité presque souveraine; elle ne s'inclinait guère que devant la suprématie du provincial de l'ordre. La prière, les soins du jardinage et les prédications dans les villes voisines remplissaient la vie des religieux. Le père-procureur, ou trésorier, administrait les revenus. Il percevait les dîmes et redevances, et dirigeait la culture des terres que le couvent possédait. Les comptes des Carmes d'Albi sont un chef-d'œuvre de méthode et de régularité [1]. Ils donnent le témoignage que la pratique

---

[1] EXTRAITS DU LIVRE DES COMPTES DU COUVENT DES CARMES D'ALBI. — 1664-1679.

RECETTES.

Reçu du père Dorothée, pour ses prédications à Puycelci....	22^l	7^s	3^d
Reçu des frères qui firent la quête par la ville, la veille de Noël.	»	16	6
Pour charité faite par M^{rs} les consuls à leur création........	4	»	»
Reçu de la vente d'une méchante paire de bottes vieilles....	1	10	»
Reçu de la vente de notre cheval..........................	45	»	»
Reçu du père sous-prieur des prédications qu'il a faict à Lescure, le caresme dernier.................................	22	»	»
Reçu de la vente de dix cestiers d'avoine.................	30	»	»
Reçu de la vente de six cestiers quatre mesures blé froment...	57	»	»
Reçu de la vente d'une pipe de vin de Lacalm.............	18	»	»
Reçu de la vente d'un cotillon donné à N. Dame de vie.....	4	»	»
Reçu de la vente de bagues données à N. Dame de vie.....	2	10	»

DÉPENSES.

Pour 4 douzaines d'œufs..................................	» ^{l}	12^s	» ^{d}

de l'hospitalité était chère aux religieux; l'étranger de passage, le prêtre d'un diocèse lointain recevaient, s'ils se présentaient au couvent, l'accueil le plus fraternel. En parcourant les cartulaires des Carmes d'Albi on reconnaît bien vite que nul malheureux ne dut vainement implorer leur assistance!

Dès le xv⁰ siècle, les magistrats des villes et des consulats

Un poulet pour le père Valentin malade...............	» ˡ	4 ˢ	» ᵈ
A 14 vendangeurs au Roc, pour journées, à 3 ᵈ 6 ᵈ chaque...	7	7	»
Donné à un soldat pour aumône.........................	»	2	»
A maître Pierre pour accommoder un casequin, une paire de bas et caneçons de drap, pour le père Yves............	»	9	»
Pour 4 feuilles papier timbré............................	»	5	8
Une sonnette pour les brebis de Lacalm.................	»	5	»
Pour un chapon rosty, avec l'orange, pour le prédicateur du jour de Ste-Thérèse..................................	»	15	»
Pour deux bonnets et une calotte pour deux religieux......	2	18	»
A un pauvre...	»	1	3
Pour des petits pâtés pour le déjeuner d'un prêtre séculier..	»	3	»
Pour faire enfiler un chapelet à un pauvre...............	»	1	3
Pour du sablon à fourbir la vaisselle.....................	»	1	»
Pour reteindre le chapeau du frère Hilaire...............	»	4	»
Deux paires de poulets et une paire de pigeonneaux pour des étrangers...	1	9	»
Achat d'eaux minérales pour le père Louis...............	6	»	»
Gimblettes pour la collation du prédicateur de la Commémoration..	»	8	»
Port d'une lettre de Paris...............................	»	4	»
Pour du papier de Mazamet............................	1	7	»
Pour le repas de Mʳˢ les consuls et du prédicateur du Scapulaire.	36	»	»
Pour 5 livres de poisson................................	1	5	»
Trois lapins pour nos récréations........................	1	10	»
Fait refondre du vieux étain, pour faire 6 assiettes, 6 culières et une tasse pour les valets............................	»	18	»
Port d'une lettre venant de Carcassonne.................	»	2	»
Donné pour passer le pont allant à l'hermitage...........	»	1	»

(Archives de la Préfecture du Tarn.)

se réunissaient pour régler la répartition des impôts ; on donna le nom d'*assiette* à ces assemblées, en usage dans chaque diocèse de Languedoc, parce qu'elles avaient pour but d'*asseoir* les impôts sur chaque point du territoire. Des états particuliers composés, comme ceux de la province, des ordres du clergé, de la noblesse et du tiers état, réglaient l'assiette du diocèse d'Albi [1].

La quotité des impôts affectés à chaque diocèse était fixée par les états généraux de Languedoc ; un tarif déterminé servait ensuite à répartir les sommes votées entre les 23 diocèses de la province [2]. Voici le résumé des notions que l'on recueille sur les impôts autrefois en usage dans la contrée. — Les taxes imposées aux habitants étaient de deux natures : *les deniers du roi* et *les deniers provinciaux* [3]. Le droit des

---

[1] L'évêque d'Albi présidait les états du diocèse. — Le clergé y était représenté par un député du chapitre de Ste-Cécile, par le prévôt du chapitre de St-Salvi, par les abbés de Gaillac et de Candeil.

Le baron de Castelnau-de-Bonafous, les vicomtes d'Ambialet et de Paulin, les barons de Lescure, de Salvagnac, de Cestayrols et de Laguépie représentaient la noblesse.

Les représentants des consulats du diocèse formaient le tiers état. Leur nombre était de 99, outre les douze villes maîtresses : *Albi, Gaillac, Lisle, Rabastens, Montmiral, Cahuzac, Valence, Cordes, Monestiés, Cadalen, Lombers* et *Réalmont*. Le nombre des consulats fut successivement augmenté.

[2] APPLICATION DU TARIF AUX DIOCÈSES D'ALBI, CASTRES ET LAVAUR.

Pour 300,000 livres, le diocèse d'Albi payait.......... 22,167 l 11 s 9 d
Celui de Castres................................. 12,992 1 0
Celui de Lavaur................................. 13,656 14 0

[3] DENIERS DU ROI.

Le taillon — le don gratuit — les vingtièmes — les droits abonnés

aides, ou de l'*équivalent*, se percevait sur toutes les marchandises ; les états de Languedoc votaient annuellement les *appointements* et *gratifications*, destinés au gouverneur de la province et aux officiers royaux. Le Languedoc payait aussi une imposition considérable qu'on appelait *don gratuit*, parce qu'il était — disait la délibération des états — *librement consenti*. Nous avons déjà vu combien la *gabelle*, ou impôt sur le sel, fut odieuse au peuple. Beaucoup d'autres droits s'appliquaient à la réparation des places fortes, à la vente des tabacs, aux dépenses des routes et des ponts ; des impôts particuliers frappaient le commerce des blés, des vins, des toiles et du pastel. Le clergé percevait la *dîme*[1] et diverses redevances ; mais il contribuait aux charges de l'état par le prélèvement

avec le roi — la capitation — les frais de gouvernement, d'intendance et d'administration civile — les intérêts des emprunts faits par la province, pour le paiement des arrérages d'impositions, pour l'acquisition des offices, ou pour l'extinction des droits créés par le roi et dont l'exercice aurait été onéreux aux habitants.

DENIERS PROVINCIAUX.

Les frais de l'administration des états généraux — les dépenses délibérées par cette assemblée pour l'encouragement des sciences et des arts, pour le commerce, les manufactures, les haras, les postes, les fabriques et les hôpitaux — Les dépenses de construction et d'entretien des grandes routes, chaussées, ports, canaux et rivières, ainsi que les appointements des employés — les intérêts des emprunts faits par les états.

[1] Les dîmes étaient de plusieurs natures. Les *réelles* se percevaient sur les récoltes ; les *personnelles* sur les salaires. — Les dîmes *mixtes* s'appliquaient non seulement aux récoltes, mais aux bergeries et basse-cours. — La *grosse* dîme était en usage dans les pays de vignobles et de labour. — Les dîmes *vertes* et *menues* se prélevaient sur les pois, haricots, chanvre, lin, lentilles, et autres produits de même nature. — Il y avait encore

des *décimes* dont le roi grevait ses revenus. Les habitants étaient assujettis au droit d'*étape*; le passage continuel des troupes rendit cet impôt très-onéreux. Les désastreuses guerres dont le Languedoc eut à endurer les rigueurs appauvrirent cette belle province. Indépendamment du droit d'*étape*, elle avait à payer l'impôt du *taillon*, que l'état prélevait pour les dépenses de la gendarmerie. Les *mortes payes*, ou frais de garnison, devinrent pour les moindres villages une contribution permanente; et ce n'était point seulement du logement des troupes qu'il s'agissait, mais de leur solde et entretien [1].

Lorsque Louis XIII assiégeait Montauban, en 1621, le diocèse d'Albi leva à ses dépens un régiment d'infanterie et une

---

la dime du *charnage* sur les agneaux, veaux, poulets, dindons, etc.; celle des *poissons* perçue sur les viviers; enfin les dîmes *novales* qui s'appliquaient aux terres récemment mises en culture.

[1] COMMISSION AU SIEUR COMPTE DE VIEULLE
pour lotger et entretenir trante mestres aux diocezes de Castres et Lavaur.

LE DUC DE MONTMORENCY ET DAMVILLE, PAIR ET ADMIRAL DE FRANCE, GOUVERNEUR ET LIEUTTENANT-GÉNÉRAL POUR LE ROY EN LANGUEDOC.

« Il est mandé et très expressément enjoint aux commis scindic et
» depputés des diocezes de Castres et Lavaur de pourvoir durant trois
» mois, soit par une prompte imposition ou autrement, à l'entretenement
» de trante mestres, leurs chefs non compris, de la compagnie des gen-
» darmes de Monsieur le compte de Vieulle que nous avons ordonnés
» dans lesditz diocezes, pour empescher les courses et ravaiges que les
» ennemys font en icelles; et à faulte de satisfaire, lesditz commis syndic
» et depputés y seront contraintz par toutes voyes raisonables, et comme
» pour les propres deniers et affaires de Sa Majesté, par le premier
» suisse ou sergent sur ce requis, auquel mandons faire toutes exécutions
» nécessaires. »

Faict à Pézénas, le 18 mai 1622.   MONTMORENCY.

(*Archives de la Préfecture du Tarn.*)

compagnie de chevau-légers [1], pour se précautionner contre les entreprises des protestants. Le diocèse entretint de plus toute la cavalerie légère du roi, composée de dix-huit compagnies, indépendamment des nombreuses troupes placées sous les ordres du comte d'Aubijoux, de MM. de Cornusson, de Grandval et du commandeur de Montmorency.

Tant de charges accablantes avaient épuisé le pays; aussi ses

---

[1] Nous avons voulu nous rendre compte de la manière dont s'opérait la levée des troupes dans l'Albigeois; nos investigations n'ont pas été sans résultat. Parmi les documents pleins d'intérêt que les archives de la préfecture du Tarn renferment sur ce sujet, nous avons remarqué la *commission* suivante donnée par le roi Louis XIII, pour la levée d'un régiment de six cents hommes dans les diocèses de Castres et de Lavaur :

« **DE PAR LE ROY.**

« Chers et bien amez, ayant jugé à propos, pour le bien de notre ser-
» vice et pour le repos, tranquillité et soulagement de nos fidelles sub-
» jectz des diocezes des Églises d'Alby, Castres, Lavaur, Rodez et Vabre,
» de fortifier l'armée, que nous laissons en cette dite province soulz la
» conduite de notre frère naturel le duc de Vendosme, de quelques
» trouppes desdits diocezes, Nous avons advisé de faire lever présente-
» ment sur les diocezes de Lavaur et Castres, la solde d'un entretene-
» ment d'un régiment de six cents hommes durant trois mois, qui sera
» mis sus pour servir dans ladite armée; c'est pourquoi nous vous
» faisons adresser la présente pour vous dire qu'incontinant icelle reçue
» vous fassiez assembler lesditz diocezes de Lavaur et Castres..... Nous
» croyons que vous vous porterez avec tant plus de diligence et d'affec-
» tion que c'est chose qui regarde le bien desdits diocezes, et la liberté
» de nos fidelles subjectz. Nous vous exhortons de faire en cela le deb-
» voir que nous attendons de votre fidellité, et comme de notre part
» nous emploions les moiens qui sont en nos mains, sans esparnher
» notre propre personne, pour l'affermissement du repos et tranquillité
» publique.

» Donné à Tholouse, le 28 juing 1622. »   LOUIS.

(Livres du Diocèse de Lavaur. — Archives de la Préfecture du Tarn.)

habitants accueillaient-ils avec une joie bien vive la nouvelle d'une paix prochaine. Dès qu'elle était publiée, des fêtes publiques, dont l'éclat n'a rien d'égal aujourd'hui dans la contrée, s'organisaient dans toutes les villes. Nous donnerons quelques détails sur celles qui furent célébrées à Albi, en 1660, à l'occasion de la paix conclue entre la France et l'Espagne, et du mariage de Louis XIV avec l'infante Marie-Thérèse.

Sur l'avis du duc d'Arpajon, lieutenant du roi en Languedoc, les consuls d'Albi s'assemblèrent pour régler tous les préparatifs. Ils avaient convoqué les *bailhes* des diverses confréries auxquels on distribua des drapeaux, des piques et des mousquets. Le 23 mai, jour de la Ste-Trinité, le cortége se mit en marche dans l'ordre suivant :

« La compagnie de MM. les marchands, deux cents hom-
» mes; — *La confrérie de St-Jean*, gantiers et blanchers,
» cinquante; — *Sainte-Quitterie*, fondeurs, pareurs et cardeurs
» de laine, cent cinquante; — *Nostre-Dame*, les volangers,
» pasticiers et hostes, cent; — *St-Amaran*, les bouchers, cin-
» quante; — *St-Eutrope*, sarges, teissandiers, et autres de la
» navette, deux cents; — la compagnie de MM. les écoliers
» philosophes, tous à cheval, quatre-vingts; — à devant les
» écoliers y avaient trois trompettes quy jouaient à ravyr;
» suivaient les archers du prévôt, à cheval, avec leurs ca-
» saques; la couplbe [1]; les officiers de la maison de ville, et

---

[1] Musique des consuls d'Albi, composée de deux violons. La *couplbe* resta en exercice jusqu'en 1789. Quelques années avant sa suppression, on remarquait dans toutes les cérémonies publiques les sieurs *Chambrette* et *Sigal*, musiciens de la couplbe, et le sieur *Carême*, surnuméraire. Leur

» les greffiers de la cour royalle, à cheval, *pour faire lecture*
» *de la publication de la paix et mariage.*

» Venaient ensuite M. le viguier et les consuls, tous à
» cheval, avec leurs robes rouges et manteaux royaux; MM.
» les lieutenants et procureur du roy en la cour royalle et
» ceux de la cour temporelle.

» Suivaient la compagnie de MM. les bourgeois, tous à
» cheval, au nombre de cent; — *La confrérie de Ste-Catherine*,
» menuisiers, charpentiers et massons, cent; — *St-Crespin*,
» les cordoniers, cent; — *St-Jacques*, les chapeliers, cinquante;
» — *Ste-Luce*, les tailleurs, cent; — *St-Éloi*, les serruriers,
» les maréchals à ferré, fourgerons, bastiés, ceilhiers, bor-
» lhiers et potiers d'estain, cent; — la compagnie de *St-Sa-*
» *bastien du bout-du-pont*, septante; — la confrérie de *St-Sa-*
» *bastien* de la ville, cent. — Toutes lesdites compagnies
» estaient commandées et rangées par l'ordre de M. de Saliés[1]
» major, lequel sieur de Saliés s'en acquita sy bien que cestait
» une merveilhe de voir comme tout estait dans le bel or-
» dre, sans y avoir dans ceste grande assemblée aucun ren-
» contre ny démêlé[2]. » — La publication de la paix et du mariage
fut faite sur les principales places d'Albi, aux acclamations

---

air favori était alors celui de la marche des *Deux Avares*, de Grétry : *La garde passe, la voici; qu'on se retire, plus de bruit !* — Dans les processions solennelles, un pélerin affublé d'un rochet couvert de coquilles précédait les musiciens de la coupble.

[1] Noble Anthoine de Fonvielhe, seigneur de Saliés, premier consul, et plus tard, viguier d'Albi.

[2] *(Archives de la Mairie d'Albi.)*

du peuple. Douze trompettes, vingt-quatre tambours, douze fifres et la coupble précédaient le greffier de la cour royale [1].

La naissance du duc de Bourgogne, en 1682, fut célébrée dans l'Albigeois par des fêtes plus magnifiques encore; à Castres, les habitants s'armèrent et s'équipèrent à leurs frais. Dans peu de jours deux mille hommes furent organisés en compagnies. Le sentiment public s'associait alors à toutes les joies du trône. Pendant les longues guerres que Louis XIV eut à soutenir, chaque succès de ses armes fut marqué par l'allégresse générale [2]. Quand les revers l'accablèrent, le souvenir de sa gloire passée, dont les malheurs de la guerre n'avaient

---

[1] Les fêtes durèrent sept jours. « Ayant dressé une fontaine de vin
» devant la grand'porte du palais épiscopal, tous les soldats furent régalés
» quy en vouleust. Après soupé, sur les neuf heures du soir, les troupes
» se rendirent devant la porte du Vigan où le feu d'artifice était dressé
» par de grands et subtils ingénieurs, où s'étant rendus Mrs le grand-
» vicquère, les viguier et consuls et grand nombre de gens de considé-
» ration, avec la plus grande partie des habitans de la ville et autres
» circonvoisins, étant sur l'anbouchure de la nuict, on mict le feu par le
» moyen d'une figure d'un soleil quy dessendit de la tour du cors de
» garde, chose quy était bien curieuse et remarquable. Ledict feu d'artifice
» joua pendant une heure... — Nous n'avons point parlé de la justesse et
» gentillesse que chacun s'était piqué de se mettre dans le peu de temps
» qu'ils heurent. Dieu veilhe par sa sainte grâce que ceste paix soict de
» longue durée et se mariage soict bény. Ainsi soict-il ! »
  (*Livre des Consuls d'Albi.*)

[2] « En l'année 1693 et 1694, ils furent faicts dans la ville d'Albi
» plusieurs feux de joye... Le 19 julhet, pour la prise de Rozes en Cata-
» logne. — Le 30 août, pour la bataille gagnée en Flandres. — Le 15
» novembre, pour la prise de Charleroy. — Le 8 dudit mois, pour la
» bataille de la Marsaglhe en Piémont. — Le 18 julhet 1694, pour la
» prise de Palamoz en Catalogne. — Le 1er août 1694, pour la prise de
» Gironne. »   (*Archives de la Mairie d'Albi.*)

pu même ternir l'éclat, resta vivant dans tous les cœurs. Le peuple prit le deuil dans l'Albigeois. Il se répandait, le soir, dans les églises ou dans les temples, demandant à Dieu le retour de la victoire qui délaissait nos armées !

Les consuls d'Albi, au XVIIe siècle, portaient la robe noire, le rabat de toile blanche, le chaperon et le manteau. La robe de couleur noire cessa plus tard d'être en usage; on lui substitua la robe rouge. En 1730, celle des capitouls de Toulouse servit de modèle à la robe consulaire des magistrats de la cité d'Albi [1]. — Les nobles et les bourgeois de la contrée adoptèrent les modifications successives que la mode et les mœurs publiques apportaient dans les habillements. Au temps de Henri IV, lorsque l'austère Sully dominait à la cour, les vêtements étaient simples dans leur forme et de sombre couleur. Ils n'avaient rien gardé de l'exquise élégance du siècle de François Ier. — Avec Louis XIII, on voit le costume national reprendre plus d'éclat; la culotte de drap aux couleurs vives est en usage; les bottes sont garnies de riches dentelles. Le grand chapeau a remplacé la toque de velours; il est orné de plumes. — L'habit à manches, en velours ou en drap, date du règne de Louis XIV; il prit la place des pourpoints tailladés

---

[1] 1730—1731.

« M.[rs] les maire et consuls d'Albi laissent pour mémoire que, suivant
» la délibération du conseil politique de cette ville, ils ont fait faire cinq
» robes consulaires à l'instar de celles de M.[rs] les Capitouls de la ville
» de Toulouse, en ayant fait venir une dudit Toulouse pour prendre l'avis
» de Monseigneur l'Archevêque et dudit conseil politique. »
(Archives de la Mairie d'Albi.)

et des petits manteaux. Les cheveux étaient bannis par la mode; on adopta la perruque. Le jabot de dentelles, les étoffes de soie, les broderies et les paillettes donnèrent à ce costume, sous le règne de Louis xv, plus de richesse et d'éclat; et pendant que le temps opérait tous ces changements, les robes à long corsage, les paniers, les fourrures, le satin et les dentelles noires, apportaient leurs modifications infinies dans la toilette des femmes.

Règne de Louis XIV. — Influence des Lettres. — L'historien Pierre Borel. — Aperçus Biographiques. — Dom Vaissete et Claude de Vic. — Académie Calviniste de Puylaurens. Le célèbre Bayle en est Membre. — École de Sorèze. — Révocation de l'Édit de Nantes. — Interdiction dans l'Albigeois du Culte Protestant. Beaucoup de familles castraises vont s'établir en Hollande et à Genève. — Calas, né à Lacabarède, et Sirven, Calviniste castrais, défendus par Voltaire. — Fléchier, Évêque de Lavaur. — M. de Barral, Évêque de Castres, bienfaiteur de son diocèse. — Les Archevêques d'Albi. — Antoinette de Saliés. — Histoire de la belle Comtesse d'Isembourg. — M. de Choiseul, Archevêque d'Albi. Heureuse influence de son administration. — Représentation de l'Albigeois aux États Généraux de Languedoc. — Parlement de Toulouse. — Cour des Aides, Comptes et Finances. — Bureaux des Trésoriers de France. — Division administrative de l'Albigeois et ses Judicatures. — Rapide aperçu sur la civilisation de la Contrée au XVIIIe siècle. — Convocation des États Généraux en 1789. — Considérations générales. — Fin du Précis historique.

IX

ALGRÉ les malheurs de la guerre, l'Albigeois ne restait pas étranger aux progrès des esprits. Nous avons vu, dès le xvie siècle, cette contrée produire des poëtes, des grammairiens, des historiens estimés. Le célèbre Rabelais, l'un des meilleurs écrivains de ce siècle qu'illustra la renaissance des lettres, avait exercé la médecine à Castres; Borel rapporte qu'il composa dans cette ville une partie de ses œuvres. Le vif éclat que les lettres jetèrent sur le règne de Louis XIV ne laissa dans l'obscurité aucun point du royaume;

chaque province produisit alors des hommes célèbres à juste titre dans les sciences, dans la littérature ou dans les arts. La plupart furent doués des plus heureuses facultés; et il ne fallait rien moins, pour éclipser leur gloire, que cette apparition soudaine de tant de merveilleux génies, qui donnèrent au XVII° siècle une si légitime célébrité et dont les immortelles œuvres devaient faire le désespoir des imitateurs.

L'historien Borel, né à Castres, publia plusieurs ouvrages qui révèlent un savoir profond et varié. Borel fut à la fois historien, astronome, naturaliste et médecin; ses travaux sur la physique occupèrent l'Europe savante du XVII° siècle. Le système du mouvement de la terre et de l'immobilité du soleil est consacré dans ses ouvrages. Lorsqu'il les publia, Galilée venait à peine d'échapper aux longues persécutions dont l'ignorance poursuivit son génie [1].

---

[1] Écrivains des XVII° et XVIII° siècles, nés dans l'Albigeois.

Gilles LACARRY, né à Castres en 1605, jésuite plein de savoir et historien estimé. — L'abbé BOYER, né à Albi en 1608, poëte et prédicateur, auteur de *La Judith* qu'une épigramme de Racine immortalisa. — *André* DACIER, de l'académie française, né à Castres en 1651. — RAPIN DE THOYRAS, né dans la même ville en 1661. Il publia une *Histoire d'Angleterre* qui fut longtemps très-recherchée. — Castres donna aussi naissance à *Abel* BOYER, auteur d'une grammaire et d'un excellent dictionnaire de la langue anglaise. — Vers la fin du XVII° siècle, Gaillac vit naître le père GAUBIL, missionnaire en Chine, profond philologue et auteur d'une *Histoire de Gengiskan*. — Le dominicain *Antoine* TOURON, né à Graulhet en 1686, écrivit *La vie de St-Thomas d'Aquin*, celle *de St-Dominique* et une *Histoire d'Amérique*. — *Jean-Baptiste* GIBRAT, né à Gaillac en 1727, composa des *Hymnes* et un excellent *Traité de géographie ancienne*. — Le célèbre abbé SABATIER, auteur des *Trois siècles*, naquit à Castres en 1742.

Le célèbre Dom Vaissete [1] naquit à Gaillac en 1685. « Profond philologue, historien exact et judicieux, il mérita la reconnaissance de ses contemporains et celle des siècles à venir. Sans lui, sans ses recherches, sans sa critique impartiale et profonde, le Languedoc n'aurait point d'annales. Il rassembla péniblement les chartes où se trouvaient contenues les franchises et libertés de la province... C'étaient alors les titres de l'humanité dans le pays de la langue d'Oc [2]. »

La ville de Sorèze s'honore d'avoir donné le jour à Claude de Vic. Lorsque M. Legoux de la Berchère, archevêque de Narbonne et président des états de Languedoc, entreprit de doter la province d'*une histoire complète, où, en détaillant tous les faits, on n'oublierait rien de ce qui concerne les mœurs,*

---

[1] EXTRAIT
DU LIVRE DES BAPTÊMES, MORTUAIRES ET MARIAGES DE L'ÉGLISE ST-MICHEL DE GAILLAC, POUR LA PRÉSENTE ANNÉE 1685.

« Joseph de Vaissette, fils de Jean Geraud et de demoiselle de Passemar de Bertoule, est né le 4 du mois de mai et a été baptisé le 5; parrains Jean Julia et Jeanne Sudre, nos paroissiens, qui ont dit ne savoir signer; présents M. Guillaume de Vaissette, procureur du roi en sa judicature et pays d'Albigeois, et noble Jacques de Passemar, sieur de Bertoule, et M⁰ David Vaissette, ancien chanoine, M⁰ Vaissette prébandier et chanoine de la présente église, et noble Guillaume de Passemar, s.ʳ de Castelbrun. — *Vaissette* père, *Vaissette, Bertoule, Vaissette, Vaissette, Castelbrun, Yèche,* prébendier et vicaire, signés.

L'acte que nous rapportons attribue deux *tt* au nom de *Vaissete*; l'*Histoire générale de Languedoc* n'en donne qu'un et nous paraît un meilleur guide, puisque Dom Vaissete dirigea lui-même l'impression de cet ouvrage.

[2] (*Notice* de M. le docteur RIGAL, sur l'inauguration de la place Dom Vaissete dans la ville de Gaillac.)

les coutumes et le gouvernement politique des peuples[1], ce prélat s'adressa à la savante congrégation de Saint-Maur. Deux bénédictins pleins de savoir furent choisis, pour l'exécution de ce vaste projet; mais ils touchaient à la vieillesse et, après quelques années de travaux stériles, ils durent renoncer à une entreprise qui semblait réclamer des efforts surhumains! Claude de Vic et dom Vaissete acceptèrent cependant, en 1715, cette laborieuse mission. Le premier ne vit point la fin du savant et consciencieux ouvrage auquel il avait apporté sa part de recherches et son érudition profonde; les fatigues de l'esprit terminèrent les jours de Claude de Vic, avant la fin de la publication du troisième volume. Dom Vaissete eut le mérite et la gloire d'achever, avec ses seules forces, la magnifique entreprise à laquelle les deux savants bénédictins consacraient toutes leurs veilles.

Les calvinistes avaient fondé à Puylaurens, vers la fin du XVIe siècle, un collége ou *académie*. Cette institution devenue florissante finit par éclipser l'académie protestante de Montauban[2]. On établit dans celle de Puylaurens des chaires

---

[1] *(Procès-verbal des États de 1709.)*

[2] Le célèbre Bayle, dont la dialectique fut si puissante, fit ses études au collége de Puylaurens. On soumettait les élèves à une discipline sévère; l'un des articles de leur règlement nous a paru devoir être cité : « Les » escoliers en théologie seront modestes en leurs vêtements, ne porteront » point de cravattes ni bourguignottes, ni des cannes ou bâtons, ni autre » chose contraire à la modestie, ni des cheveux longs et seront vêtus » de noir; ils éviteront la conversation des filles, ne les accompagneront » point ni dans les rues, ni aux promenades, ni en particulier; ne prati- » queront point les jeux, ne fréquenteront point les cabarets, ni autres

de théologie, d'hébreu et de grec, et bientôt les églises calvinistes d'une grande partie du Languedoc voulurent contribuer à l'entretien de ce collége [1]. Les fortes études y étaient pratiquées, et longtemps il exerça dans la province une véritable influence. Quelques historiens assurent que l'exemple de l'académie de Puylaurens fit naître, dans l'esprit des bénédictins, la pensée de fonder ce beau collége de Sorèze, dont la célébrité devint si grande, et qui laissa toujours de si durables souvenirs à ceux qui, tour à tour, y éprouvèrent les salutaires effets de l'émulation et y connurent les charmes de l'amitié.

La suppression de l'académie de Puylaurens fut l'un des premiers résultats de la révocation de l'édit de Nantes. On proscrivit le culte protestant. Depuis quelques années, d'ailleurs, les calvinistes de Languedoc avaient perdu toute sécurité. Le

» lieux de débauche; les contrevenants au présent article seront vivement
» censurés et, en cas qu'ils continueront dans leur méchant train au
» mépris desdites censures, seront rayés de la matricule. »

[1] Les *Chroniques Castraises*, publiées par M. NAYRAL, nous ont fourni la répartition des sommes payées par les églises de l'Albigeois.

Castres donnait........	120^1	»^{s}	Briatexte.............	4^1	10^s
Réalmont..............	18	»	Brassac...............	3	12
Lacaune...............	9	»	Esperausses...........	13	5
Viano.................	16	14	Pont-de-Larn..........	4	»
Angles................	14	17	Lacaze................	12	»
Castelnau.............	9	»	Montredon.............	7	4
Sablairolles..........	7	4	Ferrières.............	5	8
Vabre.................	16	14	Sénégas...............	2	»
Roquecourbe...........	9	»	Paulin, Teillet et James.	3	12
Lacabarède............	3	»	Lacrouzette...........	6	»
Labastide-Rouairoux...	3	»	TOTAL : 298^1 »^{s}		

parlement de Toulouse, dont l'esprit d'intolérance religieuse semblait traditionnel, avait devancé les rigueurs royales. Louis xiv ne révoqua l'édit de Nantes qu'en 1685, et dès l'année 1684 un arrêt de cette cour souveraine frappait d'interdiction le culte protestant dans la ville de Castres. Réalmont, Sorèze, Lacaune, Roquecourbe, et beaucoup d'autres villes de l'Albigeois n'avaient plus de ministres; les temples étaient détruits! — La persécution des calvinistes, les conversions sans sincérité, car elles étaient le fruit de la violence, furent dans la contrée, comme sur les autres points du royaume, le principal caractère de cette époque d'intolérance. On sait tout ce que perdit la prospérité de la nation par l'effet de la révocation de l'édit de Nantes. Les calvinistes s'expatrièrent; beaucoup de familles castraises portèrent en Hollande ou à Genève leur fortune et leur industrie. Ces contrées hospitalières leur rendirent la sécurité et la liberté religieuse, biens précieux que la terre de France ne pouvait plus leur offrir!

Les persécutions dont le calvinisme était l'objet ne s'arrêtèrent pas, à la mort de Louis xiv; le supplice de Calas en donna le témoignage en 1662. Calas était né à Lacabarède, petite ville du pays castrais; il habitait Toulouse lorsqu'une sentence inique vint le frapper. Le fanatisme dictait alors les arrêts des magistrats. La famille Sirven donna bientôt après aux juges de Mazamet l'occasion de satisfaire, à leur tour, la haine profonde que les protestants inspiraient. Sirven, né à Castres, s'était fixé avec sa famille dans le petit village de Saint-Alby. Les écrits de Voltaire et l'opinion publique indignée, à laquelle on vit s'associer l'impératrice de Russie, le roi de Pologne et le grand Frédéric, flétrirent les arrêts injustes dont Calas et la famille Sirven avaient été frappés et préparèrent leur réhabilitation.

L'intolérance du clergé, si générale au xvii° siècle et pendant la plus grande partie du xviii°, fit mieux ressortir la sage conduite du petit nombre de prélats qui, sachant tempérer son zèle par une évangélique charité, préféra toujours aux violences les voies de la douceur. Tel fut Esprit Fléchier, évêque de Lavaur. Les plus belles vertus rehaussèrent l'éclat de son génie. « Je vous ai fait un peu attendre une place » que vous méritiez depuis longtemps — lui dit Louis xiv » lorsqu'il l'eut pourvu de l'évêché de Lavaur; — mais je ne » voulais pas me priver sitôt du plaisir de vous entendre. » Lorsque Fléchier fut appelé au siége épiscopal de Nismes, il adressa au roi une lettre pressante pour qu'on le laissât à Lavaur « afin d'y achever, disait-il, l'ouvrage qu'il y avait » commencé, en entretenant et en augmentant les bonnes » dispositions où il voyait les nouveaux convertis de son » diocèse. » Ses instances furent vaines; il fallut quitter Lavaur, et Nismes vit bientôt avec orgueil tant de mérite et de vertus! Catholiques et protestants parlaient du nouvel évêque avec une égale admiration. Dans les temps de disette, on vit Fléchier distribuer aux pauvres tout ce qu'il possédait; les protestants n'étaient pas oubliés.

Augustin de Mailly et Jean-Baptiste de Fontanges, qui succédèrent à Fléchier, furent les bienfaiteurs du pays[1]; ils

---

[1] « Vaucanson, le premier mécanicien de son temps, fut appelé par

fondèrent d'utiles établissements, encourageaient l'industrie et s'appliquèrent à améliorer le sort de leurs diocésains. Le souvenir de M. de Barral, évêque de Castres, sera toujours cher à la contrée. Ce prélat, plein de lumières, renouvela la face de son diocèse. Avant lui, les chemins étaient impraticables; il fit construire des hôpitaux; organisa des écoles publiques. L'agriculture était l'objet de sa sollicitude infatigable, et lorsqu'il mourut ses dernières dispositions donnèrent encore le témoignage de cet amour du bien public qui toujours avait été son guide. — Nous verrons, dans la suite de cet ouvrage, les évêques et archevêques d'Albi doter la contrée de nombreux établissements; consacrer leurs revenus, dans les temps de disette, au soulagement des pauvres. Gaspard du Lude, évêque d'Albi, possesseur d'un riche patrimoine [1], combla le pays des marques de sa munificence; et

» M. de Fontanges. Il créa des métiers pour les hauts tissages. Les an-
» ciennes familles du pays gardent encore comme une espérance, comme
» un souvenir, des *Lampas*, des *Damas*, des *Brocatelles*, fabriqués à
» nos manufactures et d'une qualité supérieure. Vaucanson inventa à Lavaur
» la chaîne qui porte son nom et la lunette des tours à filer. »
(*Notice sur les soies du département du Tarn*,
par M. DE VOISINS LAVERNIÈRE.)

[1] C'est pendant l'épiscopat de M. du Lude que la belle comtesse d'Isembourg, princesse allemande d'une naissance illustre, vint cacher ses malheurs dans le château solitaire de la Longagne. — « Marie-Anne de
» Hohenzolern tenait, par sa naissance, aux plus illustres maisons de
» l'empire. Confiée à la comtesse de Furstemberg, sa sœur aînée, elle
» joignit bientôt une éducation accomplie à tous les avantages de la nature.
» Sa beauté la fit rechercher, dès l'âge de quinze ans, par plusieurs
» jeunes seigneurs de la cour. Mais sa sœur, femme d'un caractère altier
» et sévère, leur préféra le vieux comte d'Isembourg, qui alliait à un

l'on retrouve partout la trace des améliorations que le diocèse d'Albi dut à M. de Choiseul, l'un de ses plus illustres archevêques.

» grand courage une âme sombre et farouche. Il était déjà veuf d'une femme
» morte subitement, et par une cause inconnue qui avait laissé dans
» les esprits de violents soupçons d'empoisonnement. La jeune comtesse
» ne tarda pas à ressentir les effets de l'humeur et des mauvais traite-
» ments de son époux. Constamment menacée d'une mort tragique, elle
» profita d'une absence que fit le comte, pour échapper à sa tyrannie. Deux
» jeunes officiers, en qui elle avait une entière confiance, lui servent de
» guides; l'un d'eux se dévoue à la mort pour arrêter une troupe de gar-
» des envoyés par le comte à la poursuite de son épouse. Cet héroïsme
» lui sauva la vie. Elle arriva à Paris accompagnée de son fidèle écuyer,
» nommé Mesplets; mais ne se trouvant pas en sûreté dans une ville
» où ses malheurs étaient déjà connus, elle vint s'établir en Languedoc
» dont on lui avait souvent vanté le climat. Le petit château de la Lon-
» gagne, à une lieue d'Albi, lui offrit une retraite solitaire mais agréable.
» La comtesse y vivait tranquille, tâchant d'oublier ses infortunes, en
» apprenant à filer et parler la langue du pays, lorsque son libérateur
» lui-même (le jeune Mesplets) devint pour elle un nouveau sujet de
» tourments et d'alarmes. Cette femme infortunée chercha un refuge et un
» appui auprès de Mgr du Lude, évêque d'Albi, dont elle connaissait le
» caractère et les hautes vertus. Le prélat, touché des malheurs de la
» comtesse, lui accorda sa protection tout entière; quelques jours après
» il la conduisit lui-même dans le couvent de la Visitation, où il lui
» donna le voile religieux; plus tard elle devint abbesse dans cette sainte
« maison, et mourut en 1670. »

(Biographie des Évêques et Archevêques d'Albi,
par M. Hippolyte Crozes.)

Les malheurs de la comtesse d'Isembourg ont fourni à *Antoinette de Saliés* le sujet d'une touchante histoire, publiée à Paris en 1668 et dont la bibliothèque d'Albi possède un exemplaire. — Antoinette de Salvan de Saliés, née à Albi en 1638, mariée à Antoine de Fonvielhe, seigneur de Saliés et viguier d'Albi, fut célèbre par les grâces de son esprit et par son goût pour les lettres. L'académie des *Ricovrati* de Padoue lui décerna, en 1689, le titre d'académicienne.

Tout concourait alors à assurer à la contrée une administration paternelle. L'influence tutélaire de ses archevêques et de ses évêques stimulait le zèle des représentants de l'Albigeois aux états généraux de Languedoc[1]. Délégués du pays, ceux-ci faisaient respecter ses priviléges; défendaient avec chaleur ses nombreux intérêts contre les exigences des officiers royaux, et s'appliquaient à rendre équitable la répartition des charges de la province. Les villes avaient leurs institutions municipales et leurs consuls; l'administration de la justice et celle des deniers publics ressortissaient de deux cours souveraines : le

---

[1] REPRÉSENTATION DE L'ALBIGEOIS AUX ÉTATS GÉNÉRAUX DE LANGUEDOC.

POUR LE CLERGÉ.

Monseigneur l'archevêque d'Albi. — Monseigneur l'évêque de Castres. — Monseigneur l'évêque de Lavaur.

POUR LA NOBLESSE.

MM. le baron d'Ambres et le baron de Castelnau de Bonafous.

POUR LE TIERS ÉTAT.

DIOCÈSE D'ALBI.

Deux consuls de la ville d'Albi, entrant aux états annuellement. *Rabastens*, *Gaillac* et *Cordes* envoyant par tour un député. — Albi avait le neuvième rang parmi les villes *chefs des diocèses*.

DIOCÈSE DE CASTRES.

Deux consuls de la ville de *Castres*, entrant aux états chaque année. — Neuf villes du diocèse envoyant par tour un député, savoir : *Lautrec, Lacaune, Saint-Gervais, Saint-Amans, Montredon, Castelnau de Brassac, Briatexte, Graulhet* et *Fiac*. — Castres avait le onzième rang aux états.

DIOCÈSE DE LAVAUR.

Deux consuls de la ville de *Lavaur* entrant annuellement aux états. *Saint-Paul, Puylaurens, Revel, Labruguière* et *Sorèze* envoyant par tour un député diocésain.

parlement de Toulouse [1] et la cour des aides, comptes et finances de Montpellier [2].

La partie septentrionale du diocèse d'Albi, que le Tarn limitait, dépendait de la sénéchaussée de Toulouse et formait *la judicature d'Albigeois* d'où relevaient six siéges de justice royale. Le principal siége fut fixé à *Gaillac. Cordes, Rabastens, Lisle, Valence* et *Arthez* étaient des siéges ordinaires; ce dernier fut ensuite transféré à Albi et forma la judicature du *Bout-du-Pont,* située sur la rive droite du Tarn. — La partie méridionale du diocèse ressortissait de la sénéchaussée de Carcassonne. Un viguier royal y rendait la justice et résidait à Albi. Nous avons dit ailleurs comment se composait le tribunal de la viguerie et quelles étaient ses attributions. Le siége particulier de *la Terre-Basse d'Albigeois*, fixé à *Cadalen*, celui de *Briatexte* et la prévôté royale de *Réalmont* complétaient l'administration de la justice dans l'étendue de la viguerie d'Albi.

---

[1] Il a été question ailleurs de l'établissement du parlement de Toulouse qui date de Philippe-le-Hardi. En 1755, cette cour était composée d'un premier-président, de 9 présidents à mortier, 8 autres présidents, 112 conseillers, et des gens du roi. Le parlement comprenait la grand'chambre, la tournelle, 3 chambres d'enquêtes et celle des requêtes.

[2] La cour des aides avait été instituée en 1437; celle des comptes en 1522. Elles furent réunies en 1648. 118 officiers — présidents, conseillers, correcteurs ou auditeurs des comptes — formaient la cour des aides, comptes et finances de Montpellier.

Il y avait en Languedoc deux *généralités* ou *bureaux des trésoriers de France*. Elles furent érigées en 1552 et établies à Toulouse et à Montpellier. Il n'y avait qu'un seul intendant pour toute la province; il résidait dans cette dernière ville.

Les seigneurs et les comtes de Castres avaient leurs sénéchaux ; la charge de sénéchal se maintint dans le comté de Castres malgré sa réunion à la couronne, et plus tard un juge d'appeaux fut placé sous les ordres immédiats du sénéchal [1]. Lautrec, capitale de la vicomté de ce nom et la seconde ville du diocèse, avait sous sa dépendance vingt-quatre consulats. — Le diocèse de Lavaur, compris dans le ressort de la sénéchaussée de Toulouse, se trouvait en partie situé dans la judicature royale de Villelongue, dont Lavaur était le principal siége ; l'autre partie ressortissait de la judicature de Lauraguais.

Telle fut l'organisation administrative et judiciaire de la contrée au XVIIIe siècle. Depuis Louis XIV, l'art de gouverner faisait d'incessants progrès ; l'unité s'établissait dans la législation, dominant l'influence des coutumes locales que les siècles avaient consacrées. Le commerce et l'industrie étaient alors prospères dans l'Albigeois ; Mazamet révélait son génie industriel par la belle fabrication de ses papiers ; l'industrie des soies touchait à son apogée dans le diocèse de Lavaur ; déjà les manufactures de Castres, de Boissezon et de Labruguière pouvaient fournir aux transactions commerciales des produits estimés ; et pendant que la culture du pastel enrichissait la ville d'Albi, le commerce des vins faisait la prospérité de Gaillac.

---

[1] Un édit royal de 1751 supprima le siége du sénéchal et celui des appeaux de la ville de Castres, et les remplaça par un siége de sénéchaussée.

Les travaux agricoles étaient encouragés; de nombreuses routes commençaient à sillonner le diocèse de Castres, si longtemps dépourvu de voies de communications. Les villes s'embellissaient; on établit des promenades, on éleva des édifices; les écoles s'étaient multipliées; le mouvement civilisateur qui accomplissait de si grandes choses se revélait à la fois sur tous les points du royaume et semblait infatigable... mais pendant qu'il répandait tant de bienfaits, les plus grands maux prenaient naissance.

Le siècle inattentif ne voyait rien à l'horizon... et pourtant l'orage se formait! Le luxe et la mollesse, l'irréligion, si à la mode alors, avaient corrompu la cour; les classes élevées n'échappèrent point à leur dangereuse influence. Louis xv était sur le trône; « le règne de ce prince — dit M. de Châ-
» teaubriand — est l'époque la plus déplorable de notre his-
» toire : quand on en cherche les personnages on est réduit
» à fouiller dans les antichambres du duc de Choiseul, les
» garde-robes des Pompadour et des du Barry, noms qu'on
» ne sait comment élever à la dignité de l'histoire. La so-
» ciété entière se décomposa : les hommes d'état devinrent
» des hommes de lettres, les gens de lettres des hommes
» d'état, les grands seigneurs des banquiers, les fermiers-
» généraux des grands seigneurs. Les modes étaient aussi ri-
» dicules que les arts étaient de mauvais goût; on peignait
» des bergères en paniers, dans les salons où les colonels
» brodaient. Tout était dérangé dans les esprits et dans les
» mœurs, signe certain d'une révolution prochaine. »

Elle arrivait à grands pas cette révolution que tant de

causes rendirent inévitable! Si la noblesse ternissait l'éclat de la naissance par la corruption des mœurs, les magistrats avaient perdu ce caractère de gravité, si imposant autrefois et cependant si nécessaire à la robe; les riches bénéfices, dont la plupart pouvaient dispenser de la résidence, et la vie de cour étaient l'unique but des préoccupations du clergé. Il ne s'occupait guère alors des déclamations des philosophes; il devait arriver que Voltaire et Rousseau ne frapperaient son attention que lorsque leurs écrits, portant dans les idées religieuses une perturbation profonde, auraient causé des maux irréparables!

En terminant ce précis historique, nous jetterons un rapide coup d'œil sur les résultats qu'un tel désordre social dut produire. L'histoire de l'Albigeois vient ici s'absorber dans l'histoire de la nation entière. Les causes du mal étaient générales; la noblesse et le clergé, la bourgeoisie, le peuple lui-même n'avaient pu échapper, sur aucun point du royaume, à la funeste influence de cette époque de transformation.

C'était un lourd fardeau que cette couronne royale léguée par les droits de la naissance au malheureux Louis XVI. En présence des périls qui s'amoncelaient autour de lui, et dont l'explosion prochaine devait l'emporter lui-même avec la monarchie, ce prince, digne d'un meilleur sort, donna à tous ses actes l'empreinte d'une sage philosophie. Il supprima les corvées et rétablit les parlements dans leur antique indépendance; les protestants du royaume louaient sa tolérance. La guerre d'Amérique, à laquelle il voulut que nos forces navales prissent part, ranima notre gloire inactive depuis Fontenoy,

et pouvait seule suffire à l'illustration d'un règne. Rien ne put détourner l'orage. La convocation des états généraux ne le conjura pas. C'était l'unique chance de salut, car la sagesse et les idées de vraie liberté respiraient dans les cahiers de cette assemblée. La défiance de la cour et les excès des novateurs rendirent stérile l'intervention des bons citoyens qui s'efforçaient de sauver l'état... trône, institutions, morale publique, religion, liberté, tout disparut dans la tourmente!..
« Le vieux monde fut submergé; — dit M. de Châteaubriand —
» et quand les flots de l'anarchie se retirèrent, Napoléon
» parut à l'entrée d'un nouvel univers, comme ces géants que
» l'histoire profane et sacrée nous peint au berceau de la
» société, et qui se montrèrent à la terre après le déluge. »

COUTUMES PRIVILÉGES
FRANCHISES ET LIBERTÉS DE LA VILLE D'ALBI
ÉLECTIONS CONSULAIRES
ÉCOLES PUBLIQUES PRIX DES DENRÉES
CARACTÈRE DES TRANSACTIONS
COMMERCIALES

ENDANT que l'empire romain faisait d'impuissants efforts pour résister aux flots de Barbares qui avaient envahi ses provinces, l'église chrétienne, triomphant des persécutions du paganisme, acquérait plus de prépondérance et d'éclat, et ne devait pas tarder à recueillir une large part de la puissance qui échappait aux anciens maîtres du monde. Le pouvoir temporel des évêques d'Albi datait des premiers siècles du christianisme et s'accrut par la décadence de l'empire [1]. Ces prélats, fortifiant alors leur pouvoir spirituel de l'autorité des magistrats, rendirent la justice dans tout le diocèse. Lorsque les Franks eurent conquis l'Albigeois, la suprématie épiscopale fut préservée de toute atteinte ; les hordes barbares que Clovis commandait pillèrent le pays et reprirent ensuite le chemin de la Loire, laissant les habitants sous le gouvernement paternel de leurs évêques. Enfin l'appui que Charlemagne donna plus tard à l'Église servit à mieux affermir encore la prépondérance du clergé. D'après d'anciennes traditions, Deodatus, aumônier de ce prince et évêque d'Albi, « establit dans cette ville un juge de » la temporalité, un procureur fiscal et deux notaires. Il octroya » aux habitants d'eslire annuellement douze consuls pour con- » naître de la police et asseoir les deniers des impositions. »

Les évêques accordèrent successivement divers priviléges aux habitants d'Albi. Le droit de bourgeoisie était consacré dans cette ville dès le commencement du xie siècle [2]. Mais bientôt les progrès rapides de la féodalité vinrent arrêter le développement des libertés municipales ; et plus tard les guerres occasionnées par l'hérésie des Albigeois agrandissant sans mesure le pouvoir temporel des évêques, les habitants

---

[1] « Le pouvoir impérial tombait de jour en jour dans une ridicule nullité. » Le pouvoir spirituel au contraire se fortifiait, grandissait, pénétrait de plus » en plus dans la société civile ; l'Église devenait plus riche ; sa juridiction » s'étendait ; elle marchait visiblement à la domination. »

(*Histoire de la civilisation en France*, par M. Guizot.)

[2] Voir, à la page 61, la traduction de l'acte relatif à la construction du pont d'Albi.

d'Albi durent craindre pour l'anéantissement de leurs priviléges. Les documents authentiques que les archives de la ville d'Albi renferment sur ses coutumes, franchises et libertés, remontent au XIIIe siècle et donnent le témoignage qu'alors encore les habitants luttaient avec leurs évêques pour le maintien des droits de la cité.

Une transaction solennelle vint terminer ces débats en 1220 [1]. Elle régla diverses coutumes relatives aux testaments, aux

---

[1] Les coutumes, libertés et priviléges de la ville d'Albi furent transcrites sur parchemin à diverses époques et recueillies en un volume. Il en reste trois exemplaires qui diffèrent essentiellement par les écritures, par la langue employée et quelquefois par le texte. Deux exemplaires sont en roman; le plus moderne est en français. Nous avons cru devoir choisir dans ce dernier les divers extraits que nous aurions à reproduire.

« *Sensuyt la composition et ordonnance que fut ordonnée et establie par feu*
» *révérend père en Dieu Messire Guillaulme Pierre, en son vivant evesque dalby,*
» *et les consulz et habitans dudict Alby, sur les franchises et libertez dalby,*
» *suyvant l'édict des arbitres dessoubz nommez et escriptz.*
» Soit chose cougneue à tous présens et advenir que révérend père en Dieu
» Messire Guillaulme Pierre, evesque de la cité dalby, eut contention et débat
» avecq les consulz de ladicte cité dalby; scavoir, avecq Pierre Alludier,
» Guillaulme de Montaigu, Guillaulme Rogni, Raymond Bœuf, Raymond
» Clavel, Gerauld Cadoule, Bernard Savatier, Raymond de la Grave, Isarn
» Reynault, Michel Taillefer, Arnauld de Be et Arnauld Conte, et avecq tous
» les citoyens et peuple dalby, touchant les coustumes et franchises dudict
» Alby, et remirent tout leur différent en arbitre et pouvoir de Messire
» Raymond de Frayssinel, secrestain et archidiacre de léglise de Ste-Cécile,
» de Messire Pierre de Laval, prieur de ladicte église, Messieurs chanoines
» Vassaillon, Guillaulme Graves, Guillaulme Seignorel, Bernard Gros,
» Combret, Raymond de Seillonac et de tout le vénérable chapitre de
» ladicte église cathédrale dalby, et de Messire Remond du Portal, prévost
» de l'église St-Salvy, Pons de Paulin, Guillaume Bœuf, Ademar de Najac
» et tout le chapitre de St.-Salvy, et de Sire Pons Bernard Gaillard
» Fresquet, Isarn Ratier, Jean Fenasse, André Bourrel, Armengal Gieuse,

arrestations pour dettes, aux tailles et censives, aux procès que l'évêque voudrait intenter à la ville. Nous donnerons ici le texte des dispositions qui s'appliquaient aux coups et blessures, à l'assassinat et à l'adultère : — « *De battement* » *et ou il y a sang.* Que dirent aussy que tout homme qui ferait
» effusion de sang humain sur son fraire chrestien ou aultre,
» à tort, en se battant avecq baston de boys ou pierre, ou
» aultre harnois, quil en payeroit trois livres tournois d'amende
» au seigneur evesqz dalby, lequel doibt faire droict au complai-
» gnant et navré. — *De homicide.* Que plus fut ordonné que tout
» homme qui commettroit homicide, que son corps et tous
» ses biens seroient au confisq et plaisir du seigneur evesque.
» — *De adultère.* Que plus ordonnèrent que tout homme
» qui seroit pris en adultère avecq la femme daultruy, que tous
» deux seroient fustiguez et courroient la ville tous ensemble,
» silz ne veulent accorder avecq le seigneur evesque ; *et si*
» *aulcun aultre leur venoit, après icelluy accord, reprocher,*
» *quil en passeroit la mesme peine.* »

La juridiction temporelle occasionnait aussi des différends

» Raymond Alric, Guillaulme Huc, Gorgoilh, Morgues, Pierre de Masieres,
» Izarn Gresset, Izar Daide, par lesquelz de la part du susnommé Guillaulme
» Pierre, evesque dalby, fut dict, mandé et promis à tout le peuple dalby,
» que tout ce que les dessus nommez feroient et accorderoient entre lesdictes
» parties auroit perpétuele et ferme valeur ; et lesdictz consulz et tout le
» peuple dalby mandèrent et promirent ratifier et tenir pour faict tout ce
» que par les susdicts arbitraires seroit dict et accordé, et après, quand ilz
» eurent bien et au long enquis, avecq les plus anciens de ladite cité dalby,
» comment les franchises et coustumes dalby avoyent esté anciennement
» observées, lesquelz toutz d'ung accord et vouloir unanime, en foy et juge-
» ment de conscience firent leur rapport. » *(Archives de la Mairie d'Albi.)*

multipliés entre l'évêque et les officiers royaux. En 1264, une transaction, acceptée par le roi St-Louis et par Bernard de Cumbret, détermina les pouvoirs de la viguerie royale d'Albi et ceux dont ce prélat aurait seul l'exercice. La haute justice appartint à l'évêque; il pouvait seul connaître « des » crimes, effusions de sang, larcins et adultères; de la fidé- » lité des hommes de la cité, de la garde des clefz des portes » de la ville; des offenses et forfaictz des habitans. » La justice des causes civiles demeura commune aux évêques et au viguier du roi.

Peu d'années après, en 1269, Jean de Sollié, archevêque de Bourges, dont Bernard de Cumbret était le suffragant, sanctionna un important règlement, arrêté par l'évêque et par les consuls et habitants d'Albi. On remarque avec étonnement dans les premières dispositions de cet acte, dont l'ensemble jette beaucoup de jour sur les mœurs de l'Albigeois au XIIIe siècle, la consécration de l'institution des jurés [1]! Tout d'ailleurs y

---

[1] « Sur les crimes qui portent peine de sang, *enqueste faisable sera faicte* » par le baille de levesque dalby et y sera tenu appeller *deux ou troys ou* » *plusieurs des preudhommes de la cité dalby*, en la présence desquelz sera » faicte et lesquelz aussy jureront de non reveller icelles choses quilz auront » ouyes en ladicte enqueste jusques à ce que sera publiée et preste à en » donner sentence ou jugement.

De juger malfaicteurs.
» Si aulcun malfaicteur *a commis crime et est prins et prest à juger, le baille* » *sera tenu appeller des preudhommes de la cité dalby jusques au nombre de* » *vingt pour le meins*, lesquelz ne congnoistra estre parens, alliez ne amys » dudict malfaicteur, pardevant lesquelz sera leue lenqueste et ouye la » confession dudict malfaicteur; et cela faict, ledict baille demandera à ung » chascun desdictz preudhommes par luy appellez, si ledict malfaicteur doibt

révèle combien était grande alors la prépondérance épiscopale. La plupart des délits pouvaient se racheter par des amendes, soit en argent soit en nature, dont les évêques percevaient seuls le produit [1].

La police de la ville était déjà l'objet de la sollicitude des consuls. Les habitants, sous peine d'amende, devaient tenir

» estre absoult ou non ; et si leurs opinions le condemnent à quelque punition,
» selon leur jugement, sera condemné à la peine par eulx ordonnée, selon
» le conseil de la majeur part diceulx et l'exigence du cas perpetre. »

[1] *Du larcin des poyssons, conilz, colombs, gellines et aultres semblables.*

« Si aulcun desrobe poysson en vivier, conilz en garenne ou en clapier,
» colombs en colombier, gellines ou oysons daultruy et soit de jour, payera
» damende à levesque dalby dix soulz, et si de nuict commet le furt,
» payera damende audict evesque trente soulz ; et sil na de quoy payer, sera
» mis au pillory ou posteau de la ville despuys lheure de prime jusques à
» mydi publiquement, ou bien mis en une eschelle de diffame et satisfera le
» domaige perpetre à partie intéressée.

De faulse mesure.

» Si le baille ou son lieutenant entend ou congnoist aulcunement aulcun qui
» tieigne faulse mesure, appellera les consulz et preudhommes de la cité
» dalby, lesquelz menera avecques luy au lieu où sera ladicte faulse mesure et
» la pourtera publiquement à la pile où sont les mesures de la ville ; et là en
» présence de troys consulz silz y sont présens, ou de troys barons preudhom-
» mes, sera scandillée ladicte mesure, et si elle est trouvée faulse et est
» 'mesure de vin, tout le pris du vin qui a esté vendu à ladicte mesure et
» le vaisseau seront confisquez et appliquez à lutilité de levesque.

De mesure dhuyle.

» Si cest mesure dhuyle qui soit trouvée faulse, payera demy charge dhuyle
» damende audict evesque.

De mesure de blé.

» Si la mesure de blé ou de sel ou de fruict ou aultre grain nest juste et
» loyalle comme est de constume à mesurer, icelluy auquel sera trouvée den
» user payera vingt soulz damende audit evesque. »

(*Archives de la Mairie d'Albi.*)

en état de propreté les rues et places publiques. Des *forestiers* avaient été préposés à la garde des vignes. On punissait sévèrement la vente des viandes malsaines, celles surtout des *chairs mortes sans couteau*. Le poids du pain était soigneusement surveillé; « et s'il est meindre que ne doibt, ledict pain,
» et toute la cuycte dicelluy, sera confisqué et donné aux pou-
» vres de la maison de Dieu, ou aultrement, comme sera
» disposé et ordonné par le baille de levesque ou son lieu-
» tenant. »

Il y avait à Albi des notaires publics dès le XIIIe siècle ; ils étaient institués par l'évêque, avec le consentement des consuls et des prud'hommes de la cité. Le pouvoir épiscopal exerçait alors dans cette ville une action souveraine. L'évêque héritait de celui qui, mort sans testament, ne laissait point d'héritier connu. Un an et un jour après le décès, ses biens étaient dévolus au temporel de l'évêque. Diverses ordonnances de Bernard de Cumbret avaient rigoureusement interdit, dans la ville d'Albi, toute association ou confrérie [1].

En 1269, la ville était déjà divisée en six *gaches* ou quartiers. *Verduce, le Vigan, St-Afric, St-Étienne, las Combes et Ste-Martianne* [2]. Chaque gache nommait deux consuls et deux

---

[1] *De ne faire confrairies ne collections avec serment.*
« Plus est inhibé et défendu par noz ordonnances dessusdictes que, en
» ladicte cité dalby, ne soyent faictes aulcunes confrairies ne collections de
» peuple avec serment de lung a l'aultre, ne aulcun monopole de congrégation
» desdictz habitantz en secret fermé. » *(Archives de la Mairie d'Albi.)*

[2] Le faubourg du *Bout-du-Pont*, à la droite du Tarn, se trouvant placé dans le ressort de la sénéchaussée de Toulouse, refusa souvent de

conseillers. La ville n'eut plus tard que six consuls; le nombre des conseillers fut alors de vingt-quatre. Ces magistrats municipaux étaient annuellement élus. Au jour convenu, les consuls sortants convoquaient les conseillers de la ville, afin qu'ils désignassent pour chaque gache « quatre bons hommes » idoynes et sufficiens » qui devenaient les candidats parmi lesquels les consuls seraient choisis. Quinze hommes de bien, *taillables et habitants d'Albi*, bourgeois, marchands, gens de cour, gens de métier ou laboureurs, étaient ensuite élus dans chaque gache par les conseillers en exercice. Ils devaient à leur tour nommer les consuls de l'année parmi les candidats déjà désignés. Ils juraient sur le te igitur et la croix que « cessans et hors mis toutes prières, dons, faveurs, amour » et haine des quatres esleus de leur gache, ils éliraient en

reconnaître l'autorité des consuls de la ville d'Albi qui dépendait de la sénéchaussée de Carcassonne. Le *Bout-du-Pont* ne fut définitivement compris dans la juridiction du consulat d'Albi que vers le milieu du xive siècle.

Le *Castelviel* formait autrefois une seigneurie et devint une communauté au commencement du xiiie siècle. Le *Castelviel* eut alors ses consuls particuliers. Ses habitants se montrèrent toujours fort jaloux de leur indépendance; un pilier servait à indiquer les bornes de la juridiction des consuls d'Albi et de ceux du Castelviel. « Girard, evesque d'Albi, et Trin-
» cavel, vicomte de Beziers, seigneur de Chasteauvieux, firent dresser
» un pillier de pierre dans lendroit où sont a présent les fondements de
» la muraille proche du clocher de Ste-Cécile, sur lequel furent mises
» les armes de Tholose, comme celles du prince souverain, avec les leurs
» comme seigneurs justiciers, lun de la ville et cisté d'Albi, l'autre du
» faubourg de Chasteauvieux. Du depuis Guillelmus Petri Valterius, eves-
» que d'Albi, faisant bastir les fondements du clocher fit mestre lesdictes
» armes de Tholose et la croix d'Albi en deux endroits séparés dans la
» muraille de la ville qui marquent la jurisdiction et limites d'Albi avec le
» Chasteauvieux. » (*Manuscrits de* M. GARDÉS.)

» consul le plus idoyne et suffisant, pour régir et gouverner
» la chose publicque de la cité dalby selon Dieu et conscience. »
Après l'élection, les consuls entrant en exercice se concertaient avec leurs prédécesseurs pour le choix des nouveaux conseillers; ils prêtaient ensuite serment à l'évêque de *garder loyalement son droit, celui de l'Église et ceux de la cité d'Albi.* En prenant possession des charges consulaires, leur premier soin était de procéder à la nomination des *officiers de ville*[1], des *serviteurs, sergents* et *jurats.* Ils allaient visiter les fortifications et les armes de guerre que la ville possédait. Les poids publics, la réparation des chemins[2], l'extinction de la mendicité[3], la surveillance des boucheries occupaient sans relâche

---

[1] Les notaire — scindic — trésorier — greffier — et maître de la police.

[2] « Toutesfoix, parmi leurs occupations, Messieurs les consulz de ceste
» année 1606 finissant 1607 n'ont omblié ce que de toute antiquité, mesmes
» particulièrement parmi les Romains, appartient au debvoir de leur charge
» consulaire; *Penes enim consules erant silvæ et viæ publicæ.* Ils ont fait
» acomoder les chemins, pontz et passaiges qui sont es environs de la
» ville, tant deçà que delà la rivière de Tarn, comme les pontz de Fonvialane et de Seaux qui menassoient d'une entière ruine, despence à la
» vérité qui n'a pas esté petite. Ils supplient affectueusement ceulx qui
» viendront après eux en ceste honorable charge de conserver, maintenir, augmenter et perfectioner leurs sainctes et louables intentions. »
(Archives de la Mairie d'Albi.)

[3] « Le 20 janvier 1689 fut resoleu en plein conseil de ville teneu dans
» l'archevêché de bannir la mendicité de la ville et, à cest effet, dy establir
» un hospital général qu'on plaça dans la maison de M. St-Hypoly à la
» grand'rue..... Lorque les pauvres furent enfermés, on fit une procession
» générale avec le saint sacrement dont le poelle estait porté par M. le
» viguier et les cinq consuls, et on fit un grand souper au milieu de la
» place, où les tables furent dressées auxdits pauvres *qui feurent servis
» par Monseigneur l'Archevêque et tout ce qu'il y avait de plus noble dan*
» *la ville.* Ce fut le 22 mai 1689. » *(Archives de la Mairie d'Albi.)*

les consuls d'Albi. La vente du pain fut l'objet d'un règlement de police qui manque encore à beaucoup de villes. En voici les principales dispositions : « Les sieurs consuls réglèrent
» le poids du pain blanc à la miche, que les volangers fai-
» saient auparavant à leur discrétion, et ordonnèrent que le
» poids de ladite miche serait d'une livre la simple et deux
» livres la double. Ils réglèrent aussi que le prix d'icelles
» augmenteroit ou diminueroit à proportion du prix du cestier
» de bled; et pour l'establissement dudit règlement au vray,
» lesdits consulz fisrent moudre quattre mesures bled mossolle,
» en fisrent faire le pain dans ledit hostel de ville par Jacques
» Robert, dict Lagasson, volanger et l'un de leurs serviteurs. »

L'instruction primaire était gratuite à Albi il y a cinq cents ans! Cette assertion, qui semble de nature à provoquer le doute dans les esprits, s'appuie sur un document authentique. Redisons-le ici : — On exalte souvent le présent; ce qui n'est plus a rarement un souvenir... et pourtant beaucoup de choses utiles, introduites de nos jours dans l'administration ou dans les lois, avec tout l'éclat de la découverte, furent connues de nos pères. — Les dispositions relatives aux *salaires des clercz de lescolle dalby* sont transcrites dans le manuscrit des coutumes de la ville, qui date du xiv° siècle; en voici le texte précis[1] : « Soit chose notoire que le maistre aux ars, régent des-
» colles dalby, aura pour le salaire des clercz ce que sensuit :

---

[1] TEXTE ROMAN.
« Sia saubut que lo maystre de las scholas de las artz de la cieutat dalbi
» pren per los salaris dels clercs en la forma que s'ensec:
» 1.º Per lo salari dels petitz enfans de la dita cieutat e juridictio dalbi,

» Premieyrement, pour le salaire des petitz enfans de la
» cité et juridiction dalby qui ne sont encores gramayriens,
» le maistre ne prendra rien, pour ce que la ville baille mai-
» son et chambres franque et quittie, pour tenir lesdictes
» escolles.

» Pour chescun escollier non gramayrien, qui soit de hors
» la cité et juridiction dalby, le maistre prendra cinq soulz
» tournois[1].

« Pour chescun escollier, tant dalby que de hors, gramay-
» rien principe, le maistre aura pour son salaire sept soulz
» six deniers tournois.

« Pour chescun escollier, tant de la cité que de hors, qui
» sera regiministé et gramayrien, idoine pour entrer en lo-
» gicque, le maistre prandra dix soulz tournois. — Pour chescun
» logicien, capable dantrer en philosophie, le maistre aura
» vingt soulz tournois. »

Nous avons déjà donné le texte d'un règlement du XVIe siècle, relatif aux écoles publiques d'Albi[2]. Il renferme d'admirables dispositions. Les archives de la ville donnent d'ailleurs le témoignage qu'à toutes les époques l'éducation de la jeunesse fut l'objet de la sollicitude des consuls. Citons

---

» que no son gramaciers, lodit magister no deu prenre negun salari, per
» so que la vila bayla la mayso de la vila am sas cambras al dit maystre,
» franca et quitia.......... » *(Archives de la Mairie d'Albi.)*

[1] 5 sous tournois, au XIVe siècle, valaient environ 2f 50c de la monnaie actuelle.

[2] *(Pages 177 et 178 du Précis historique.)*

quelques textes nouveaux, car ils en disent plus que toutes nos assertions : « 1606-1607. Ceux quy ont discoureu du maniement
» de la chose publique semblent avoir particulièrement soigné
» l'instruction de la jeunesse laquelle a bon droict Plutarque
» appele : *source et fontaine de toute prudhommie*. Le Platon
» nous y exorte, quant il dict : *non est divinius aliquid de*
» *quo quis consulere debeat quam de institutione sui atque*
» *suorum*. Les consuls de cette année ont prins, au com-
» mencement de leur charge, ceste saincte et louable intention
» de faire instruire la jeunesse pour leur principal but et
» visée, sachant très-bien que *ut ager quamvis fertilis sine*
» *cultura fructuosus esse non potest sic sine doctrina animus*,
» et croient ne pouvoir obliger plus estroictement le public. »

Ce docte préambule ne cachait point de trompeuses promesses. Rouvrons le livre consulaire : « Pour marque du desir
» de l'avancement de noz nepveux, avons parachevé l'establis-
» sement entier du collége qui est de six régens et le
» principal font sept... scavoir : ung pour les *abécédaires*; trois
» pour la *gramaire*; ung pour les *humanités*; ung aultre pour
» la *rétoricque*, à ce que ceulx à qui la fortune a desnié les
» moyens et commodités pour aller aux grandes universités
» puissent fere icy la plus part de leurs estudes. Nous avons
» assisté à l'ouverture dudit collége avec la livrée consulaire,
» où chascun des régens a harangué dans la grand'salle, y
» estant Messieurs de la justice, entre lesquels il y avait ung
» des Messieurs conseilliers de la cour du parlement de Tho-
» louze qui honora cest acte de sa présence, suivys des plus
» apparans de la ville en grand nombre. »

« Pendent l'exercisse dudit collége qui s'est continué avec
» mesme ordre que ceulx de Tholouze, des Jesuistes et de
» l'Esquille, nous avons mandé par tout le diocèse, et aul-
» tres villes circonvoisines, le catalogue imprimé des libres
» qu'on y lysoit, pour les advertir de l'augmentation d'icelluy,
» affin qu'ilz y envoyassent leurs enfans, ce que plusieurs
» ont faict tellement qu'il est garny d'ung bon nombre
» d'escoliers [1]. »

Les documents déposés dans les archives de la mairie d'Albi témoignent que le commerce était prospère dans cette ville dès le xiiie siècle. Le tarif des droits de péage perçus à cette époque sur le pont du Tarn renferme de curieux détails. On y mentionne les objets d'habillement, les marchandises manufacturées, les armes alors en usage. L'ensemble du tarif du pont du Tarn peut fournir d'utiles notions sur

---

[1] L'école de Ste-Gemme était distincte du collége de la ville et se trouvait placée sous la surveillance immédiate des évêques d'Albi. — Le collége des Jésuites fut fondé en 1622 par Alphonse d'Elbène. « En l'année 1661,
» les révérends Pères voulenrent prendre part à la joye généralle, pour
» la naissance de Monseigneur le Dauphin, et en faire une rejouissance
» publique aux despans des escoliers. Le père Gisbert, régent des huma-
» nités, très habille homme, se chargea d'une tragicomédie en cinq actes
» où il y avait soixante acteurs qui la débitèrent en présence de l'evesque
» dans la grande cour du collége. Elle réussit à la satisfaction d'un cha-
» cun. Le dernier acte soutenen par le Dauphin, suivi du génie de la
» France, fut presque tout à la louange dudit evesque; le Dauphin, assis
» sur son throsne, receut les compliments de toutes les nations qui se pré-
» sentèrent devant luy soubs leur figure et habits natnrels. Il y eut balet,
» danses et symphonie. Cette action dura quattre heures entières à la sa-
» tisfaction de toute la ville. »   *(Manuscrits de* M. Gardés.)

l'industrie, le commerce et l'agriculture de ce temps reculé [1].

L'étendue des priviléges dont jouissaient les gens d'église est encore consacrée par ce document. L'évêque, les abbés,

---

[1] EXTRAITS DU TARIF DU PÉAGE DU PONT DU TARN.

XIIIe SIÈCLE.

« *Sensuyvent les emolumens et revenuz du pontanage de toutes marchandises qui passent sur le pont de Tarn, appertenent à la communité et consulat de la cité dalby.*

FERS DE GOFFRES. — Pour ungs fers de goffres ou de pastissier à faire oublie ou néoles, ou fers de corbeilles, 1 denier tournois [*].

PATINS OU PANTOUFLES. — Pareillement pour ung pareilz de patins se payera maille [**]; et pour douze pareils, 1 denier.

SAYON OU COTTE. — Plus, pour ung sayon dhomme ou cotte de femme, 1 denier; et pour un aulbergeon, 1 denier; et dune grande houppelande, 1 denier; et dung manteau quon porte à vendre, 1 denier.

RASOIRS. — Pareillement pour six rasoirs que lon porte pour vendre payera 1 maille; et pour douze, 1 denier.

CISEAUX. — Que aussi pour six pers de cizeaulx lon paiera 1 maille; et pour douze, 1 denier.

BALANCE OU TREBUCHET. — Pareillement pour ung trebuchet ou balance, que l'on poyse un carteron, 1 denier; et quand seroit grand que lon puisse poyser ung quintal, 2 deniers.

PEAULX DE REGNARD OU FAYNE. — Pour une peau de regnard, maille; et une peau de fayne, maille; et ung fais, 1 denier; et la charge, 8 deniers.

CUYR DE CERF, CHEVREUL OU DAIN. — Pareillement pour ung cuyr de cerf, de chevreul ou de dain, 2 deniers; et la charge, 12 deniers.

BAZANE ROUGE. — Une bazane rouge, maille; ung fais, 1 denier; la charge, 12 deniers.

DRAP BLANC. — Plus pour chescune piece de drap blanc que lon pourtera taindre passant sur le pont, 1 denier.

TAPPIS DE BANC OU TABLE. — Plus est de coustume que pour chescun tappis de banc ou table, lon payera 1 denier.

---

[*] Le sou tournois au XIIIe siècle valait environ 90 c. de la monnaie actuelle. Le denier étant le douzième du sou valait donc 7 c. et demi. — [**] La maille, ou obole, était la moitié du denier.

prieurs, curés et clercs tonsurés de la cité d'Albi, leurs *ordilles*, *bagages* et *marchandises* étaient exempts de tout péage. Tant de faveur n'était pas réservée aux juifs qui traversaient le pont. Consultons le tarif : « Si aulcun juif ou juive, petit

PASTEL. — Plus pour demy pois de pastel, 1 maille ; et le pois entier, 1 denier ; et la charge, 12 deniers.

FOEILLE DE FER BLANC. — Pour six livres de fœilles de fer blanc, maille ; pour douze livres, 1 denier.

BECUTZ. — Pour demy carte de becutz ou cesérous, 1 maille ; et la charge, maille.

SEL. — Pour demy carte de sel, maille ; et pour une eymine, 1 denier.

TOILLES. — Pour une toille quelle que soit, prime ou grousse, petite ou grande, payera 1 denier.

COITTE OU COISSIN SANS PLUME. — Pour coitte ou coissin à mettre plume de lict, payera le coissin, maille ; la coïtte, 1 denier.

VOILZ OU COUVRECHEFZ. — Pour deux voilz ou couvrechefz tout dune piece payera maille ; et la charge, 6 deniers.

PEIGNES. — Pour vingt-quatre peignes, maille ; pour ung fais, 1 peigne ; la charge, 4 peignes.

ARBALESTES. — Pour une charge darbalestes quon porte vendre, 6 deniers.

ESCUELLES. — Pour vingt-quatre escuelles de boys, maille ; la charge, 1 denier ; pour ung gresal ou godelle, 1 denier.

ROUES DE CHARRETTE. — Pour roues de charrette, chescune 1 denier.

FOURREURES. — Pour fourreure de aulbergeon ou garde corps, ou de manteau quon porte vendre, 1 maille ; et la charge, 6 deniers.

SARDINES. — Pour ung cabas de sardines, maille ; et la charge, 6 deniers.

SAULMON. — Pour ung saulmon, 1 denier ; et la charge, 6 deniers.

DAULPHIN. — Pour ung daulphin, 2 deniers ; et la charge, 6 deniers.

REILLES A LABOURER. — Plus pour une reille de fer à labourer doibt payer maille ; pour ung trenchant ou ung dental, maille.

FERREMENT DE TRAVAIL. — Plus pour chescun ferrement de travail, comme une hache, coignée tranche, pic, bezoche ou doloire, lon payera pour chescun 1 denier.

FAULX OU DAILLE. — Pour chescune faulx ou daille, lon payera 1 maille.

DE FAULCILLES OU PETITES FAULX. — Plus pour six petites faulx à seyer le bledz, lon payera 1 maille. » *(Archives de la Mairie d'Albi.)*

» ou grand, passe le pont, soit à pié ou à cheval, *ou*
» *mort ou vif*, payera 12 deniers au pontanier pour person-
» naige. » La dernière disposition du tarif s'applique aux
refus de paiement. « Si aulcun homme ou femme passe par
» le pont aulcune marchandise qui doive payer pontanaige et
» s'en va sans payer, le pontanier le peut suyvir et faire
» retourner, luy et sa marchandise, jusques sur le pont da-
» vant la porte de *la gamelle*, et illec le constraindre de
» payer double pontanaige sans nul mercy. »

La taxe du pain fut toujours soigneusement contrôlée par les consuls. Les archives de la ville renferment sur cet objet de nombreux documents; quelques-uns remontent au xiiie siècle. Souvent le blé se vendait à vil prix. En 1488, le *setier* de froment (1 hectolitre 21 litres) ne valut que 12 sols [1]; le vin fut si abondant qu'une *pipe* d'Albi n'était payée que 15 sols. En 1485, *Géraud Cercomanens*, bénéficier de l'église de Ste-Cécile, avait fait publier dans la ville d'Albi qu'il vendrait du vin en détail, *vinum venale in tabernâ publicâ*, au prix d'un denier tournois *l'aillal* ou *le péga* de Toulouse [2].

---

[1] 4^f 20^c de la monnaie actuelle.

[2] Le menu d'un dîner, donné à Toulouse en 1445 pour l'installation des capitouls, nous a fourni sur le *péga* des indications qui servent à faire comprendre combien le vin fut vendu à bas prix dans Albi en 1485. « Seize pégas (64 bouteilles) de vin blanc ou rouge coûtèrent 1^l 1^s 4^d —
» dit M. d'Aldéguier dans son *Histoire de Toulouse*; — deux pégas (huit
» bouteilles) de vin muscat, coûtèrent 5^s 10^d. » Le vin rouge ou blanc que burent les capitouls coûta donc 16 deniers le *péga*; il était probablement meilleur que celui du bénéficier *Cercomanens*; mais il faut bien remarquer que le dernier ne fut vendu qu'à 1 denier au lieu de 16.

Il y avait à Albi dès le XIIIe siècle des *courretiers* ou courtiers de marchandises. Les droits de *courretage* étaient donnés en ferme par les consuls. Avant d'entrer en exercice, les courretiers devaient être présentés « à Mgr dalby ou à ses
» officiers, pardevant lesquels ils juraient d'être bons et loyaulx
» courretiers ; de faire bon poys et loyales mesures tant
» pour le vendeur que pour l'acchapteur ; de faire et exercer
» loyalement toutes les choses requises au courretaige. »

Leurs fonctions ne se bornaient pas à peser et mesurer les marchandises vendues. Ils présidaient aux transactions. Lorsque des différends naissaient, les juges basaient leur décision sur l'attestation du courretier ; « Si cas estait qu'un mar-
» chant estrangier eust débat avecq aulcun marchant de la ville
» dalbi, ou aultre, à cause de ce quil auroit vendu ou
» achapté, et le courretier y est présent scachant le différent, *il*
» *en sera creu en son simple serment.* » Le pesage d'un setier de sel se payait, au XIIIe siècle, 10 deniers tournois ; le mesurage d'une charge d'huile, 2 sous 6 deniers. L'échange d'un cheval ou mulet, pour du pastel ou autre marchandise, était frappé d'un droit de courretage de 4 deniers par livre ; « et
» soit le cheval ou beste bastée ou non il payera demy cor-
» retaige — dit le livre des coutumes d'Albi — la marchandise
» payera laultre moytié ; ce qui sera corretaige entier. »

Un règlement particulier s'appliquait à l'*escandillage* ou vérification des mesures que le commerce employait ; d'autres dispositions avaient réglé les gages et les attributions de *l'affineur du poids de marc et balances du poids d'Albi ;* ceux des *experts en édifices ;* des *jurés, chargés d'estimer les dommages, planter et viser boles et chemins, perger et mesurer les terres et possessoire.*

Les bornes de cet ouvrage nous disent qu'il faut arrêter ici nos investigations; les archives de la ville offrent à l'histoire locale des documents nombreux et pleins d'intérêt; mais il faudrait des volumes pour expliquer tout ce qu'ils renferment. On y trouve surtout de curieux détails sur les dépenses qu'entraînait l'entretien des troupes, sur les tailles communales, sur les fréquents différends qui s'élevèrent entre les évêques et la cité.

Gaspard Daillon du Lude, évêque d'Albi, dont nous admirerons bientôt la magnificence et l'active charité, fut en procès pendant vingt ans avec sa ville épiscopale. Ce que les consuls d'Albi déployèrent alors d'énergie, pour le maintien des droits de la cité, peut difficilement se retracer. Aucun échec ne les décourage; la puissance de l'évêque et son influence à la cour ne sauraient attiédir leur zèle; humbles et respectueux avec le roi, auquel ils adressent de constantes suppliques, ils gardent une noble fierté avec le prélat qui fit outrage à leurs prérogatives. Ce caractère se révèle alors dans tous les actes des consuls d'Albi; on pourrait dire qu'ils l'ont légué avec leurs charges. A quelque siècle d'ailleurs qu'appartiennent les livres consulaires de la cité, on retrouve, en les compulsant « cet esprit bourgeois
» — dont parle M. Guizot — énergique, brutal dans son ori-
» gine; obstiné dans la défense de ses priviléges; prompt à
» accepter et habile à soutenir les pouvoirs lointains et su-
» périeurs, pour échapper à l'oppression des pouvoirs voisins

» et subalternes; changeant de langage, de prétentions même,
» à mesure que la société et le gouvernement changent, mais
» toujours persévérant, sensé et sachant faire tourner à son
» profit le progrès général de la civilisation [1]. »

Nous venons de retracer, avec un étonnement dont nous n'avons pas toujours cherché à nous défendre, l'administration si paternelle, si éclairée des consuls d'Albi. Aurions-nous à redouter que cet essai historique eût encouru le reproche de ressembler à une apologie? Il a fallu longtemps nous enhardir contre cette pensée importune qui nous portait avec elle l'hésitation et le découragement. Mais nous nous sommes redit que si les siècles d'autrefois avaient eu leurs erreurs, à côté de louables choses, ce fut moins la faute de ceux qui vivaient alors que celle des temps où ils étaient venus! Nous le répéterons d'ailleurs : *l'histoire nationale est encore à faire.* Quelques écrits admirables, dont le XIXᵉ siècle pourra toujours s'énorgueillir, ont seuls traité, mais avec des vues supérieures, quelques époques de cette longue histoire que beaucoup *d'historiens* d'autrefois ont cru avoir écrite, eux qui n'écrivirent guère que la généalogie des races royales. Où pourra-t-on enfin recueillir les éléments constitutifs de l'œuvre qui nous manque encore, si ce n'est dans les poudreuses archives de nos villes; là se trouve enfouie l'histoire de la nation. Et si celui qui va compulser ces archives reste frappé d'étonnement à chacun des feuillets du livre oublié qu'il parcourt, il faut le lui pardonner. On nous laissa si longtemps la croyance

---

[1] *(Histoire de la civilisation en France.)*

que tout ce que les lois, l'administration publique et les usages pouvaient avoir de raisonnable était inconnu à nos pères ! Beaucoup d'entre nous, voyant les villes d'aujourd'hui dotées d'institutions municipales et d'une large part de liberté, se persuadent que les villes d'autrefois furent privées de toute indépendance. L'imagination vient en aide à leur ignorance et leur représente nos aïeux courbés sous le pouvoir seigneurial et dépouillés de toute vigueur !

L'erreur est grande pourtant. Plus d'une fois cette ville d'Albi, dont nous avons à peine effleuré l'histoire, donna d'éclatants témoignages du courage et de la résolution de ses habitants. En 1632, le duc de Montmorency méconnaît l'autorité royale et soulève une partie du Languedoc; Albi est au pouvoir de ses partisans. Cependant les habitants s'indignent, prennent les armes et contraignent la garnison rebelle de restituer la ville au roi. L'évêque Alphonse d'Elbène, a trempé dans la révolte ; il est expulsé sans nulle pitié[1]. — Dans les longs débats qu'eut la ville avec M. du Lude, l'un de ses évêques, les habitants jurèrent de résister à l'oppression ; on les vit former des barricades et livrer combat aux troupes épiscopales. M. du Lude interdit la ville et les faubourgs; les habitants, pleins de confiance dans leur cause,

---

[1] « Les habitants d'Albi chassèrent Alphonse d'Elbène, leur évêque, qui
» se retira à Florence, où il demeura pendant tout le reste de la vie du
» cardinal de Richelieu. Ils chassèrent aussi cinq cents hommes en gar-
» nison dans leur ville. Les jésuites et les capucins qui avaient animé le
» peuple à chasser l'évêque, demandèrent sa bibliothèque qui leur fut
» accordée, et ils se la partagèrent. (*Histoire générale de Languedoc.*)

assignèrent ce prélat devant le parlement de Toulouse. L'archevêché fut mis en état de siége; il fallut faire venir à Albi les chevau-légers de Schomberg et le régiment de Duplessis-Praslin pour mettre un terme à de si vives hostilités.
« Toutes les villes de France — dit M. Augustin Thierry —
» sont tombées, depuis quatre siècles, dans la même nullité
» politique; mais on se figure trop aisément qu'il en a tou-
» jours été ainsi. Pour chercher des exemples de courage
» civique, nous remontons jusqu'à l'antiquité, tandis que
» nous n'aurions besoin que d'étudier à fond notre histoire.
» Parmi nos villes les plus obscures, il n'en est peut-être
» pas une qui n'ait eu ses jours d'énergie. »

ADÉLAÏDE DE TOULOUSE AU CHATEAU DE BURLATS

ARSINDE, veuve de Raymond Pons, comte de Toulouse, fit un legs à l'église de St-Pierre de *Burlas*, en 674; le testament de Garsinde que l'*histoire de Languedoc* rapporte, et dans lequel ce legs se trouve mentionné, est le plus antique témoignage de l'existence de Burlats. Les dernières dispositions de Bernard Aton IV donnent la preuve qu'au commencement du XIIe siècle *le village de Burlas* appartenait aux vicomtes d'Albi et de Béziers. Il fit bientôt après partie des possessions des comtes de Toulouse, et un château fortifié ne tarda pas à y être construit.

Burlats acquiert une véritable importance historique à la fin du XIIe siècle; son château est devenu la demeure de la reine Constance, comtesse de Toulouse et sœur du roi Louis-le-Jeune; délaissée par un époux infidèle, Constance a choisi ce manoir solitaire pour y cacher sa douleur. Bientôt sa fille, la belle Adélaïde, tiendra sa cour à Burlats; nous verrons alors le valeureux Alphonse, roi d'Aragon, oublier auprès d'Adélaïde les charmes de la guerre et les douceurs du trône; et pendant que les plus brillants chevaliers se disputeront le cœur de la châtelaine de Burlats, les troubadours, accueillis par elle, célébreront sa grâce et sa beauté et l'immortaliseront par leurs chants.

La guerre des Albigeois vient ensuite désoler le Languedoc. Alors, plus de fêtes à Burlats! Simon de Montfort a rempli la contrée de la terreur de son nom; il exerce son autorité souveraine dans les lieux où les comtes de Toulouse et les puissants Trencavel avaient jadis leurs bannières... Une morne solitude doit régner désormais dans les cours du château de Burlats, dans ses tourelles abandonnées; elle a succédé aux tournois animés et aux joyeux accords des troubadours!

A la fin du XIIIe siècle, le pouvoir royal a conquis en Languedoc une suprématie que les siècles qui doivent suivre verront s'agrandir encore. Le château de Burlats appartient alors à *Jean de Burlas*, sénéchal de Carcassonne. La plupart des terres et des lieux fortifiés qui formaient autrefois les riches possessions des comtes de Toulouse et de leurs principaux vassaux sont devenus le prix des loyaux services rendus à la couronne de France par les seigneurs de Languedoc. Courageux et fidèle, *Jean de Burlas* est de ce nombre, et le roi Philippe-le-Bel ne doit pas tarder à lui conférer l'une des premières dignités de l'état, celle de *maître des arbalétriers*.

La fondation de la collégiale de Burlats, qui concourut d'abord avec le chapitre de la cathédrale à la nomination des évêques de Castres, remonte à 1318 [1]. Depuis l'époque de cette fondation jusqu'aux guerres du calvinisme, l'histoire ne nous dit rien de Burlats. — Lorsque la contrée, en proie aux guerres civiles, vit les calvinistes persécutés s'abandonner aux plus violentes représailles, profaner les autels, détruire les églises, dévaster les monastères, le culte catholique fut suspendu à Burlats. Une lettre du sieur de Caylus, écrite en 1563 à Catherine de Médicis, en donne le témoignage. « Madame — dit le sieur de Caylus — depuis avoir écrit à
» Votre Majesté, je suis venu ici en ce pays d'Albigeois, pour
» me rendre à Castres, ville principale de la religion réformée,
» et avant y arriver, j'ay été aux circonvoisines comme

---

[1] Lorsque le pape Jean XXII eut créé l'évêché de Castres, il voulut que les religieux de la cathédrale concourussent, pour l'élection des évêques, avec les chanoines de la collégiale de Burlats qu'il fonda au mois de février 1318. « Le concours de ces chanoines, pour l'élection des évêques,
» ne dura que jusqu'au pontificat de Clément VI. Ce pape, par une bulle
» du 29 mai 1343, déclara que le doyen et les chanoines de *St-Pierre*
» *de Burlas* ne concourraient plus à l'avenir avec les moines de la cathé-
» drale, mais que l'élection appartiendrait entièrement à ces mêmes
» moines, suivant le droit commun. Cela fut observé jusqu'au fameux
» concordat entre le pape Léon X et le roi François Ier. »

(Histoire générale de Languedoc.)

» St-Amans, Mazamet, Burlats, Roquecourbe et autres. En
» ces lieux là, Madame, la Majesté du Roi et la vostre ont
» trouvé obéissance, sur tous les articles contenus à l'édit
» de la paix et règlement que Vos Majestez m'auroient com-
» mandé faire entretenir. Vray est qu'en peu de lieux, comme
» par cy-devant, il ne se présante ecclésiastique qui veuille
» faire et continuer le divin service accoutumé, fors qu'audit
» Burlats, église collégiale, où les chanoines et autres ec-
» clésiastiques auroient fait en ma présence en leurs églises
» ledit service divin *ainsi qu'avant les troubles*, la messe y
» ayant été célébrée, dit les vêpres, fait processions et sépul-
» tures, continuant journellement ledit service, sans être em-
» peschez de ceux de ladite religion...... A Roquecourbe, le
» XIII sept. MDLXIII. »

Lorsque Gontaut de Biron, calviniste fougueux, vint dans l'Albigeois en 1569, le château de Burlats fut assiégé par ses troupes. Il appartenait alors au Sieur de Castelpers, baron de Montredon. Les calvinistes taillèrent en pièces la garnison, brûlèrent le château et le démolirent [1]. — Cependant Burlats avait conservé ses remparts, et les chanoines de la collégiale appliquaient leurs efforts à les mettre en état de résister à

---

[1] « Biron fit tirer quarante-huit coups de canon sur le château et, le 10,
» la brèche étant praticable, il donna le signal de l'assaut. Charles Durand,
» baron de Sénégas, s'élança sur les remparts suivi de ses intrépides sol-
» dats, et s'empara de la tour avec un courage héroïque. Le gouverneur
» s'était enfui pendant la nuit, et n'y avait laissé que trente hommes qui
» furent passés au fil de l'épée; le château fut ensuite brûlé et démoli :
» on porta à Castres ce qu'il renfermait en munitions ou provisions de
» guerre. » *(Chroniques Castraises*, par M. NAYRAL.)

un nouveau siége. Leurs soins furent infructueux ; dans la nuit du 6 octobre 1576, Bouffard Lagrange, chef des calvinistes castrais, se rendit maître de Burlats. Profitant d'une brèche échappée à la vigilance des habitants, les troupes de Bouffard escaladèrent les remparts à la faveur de l'obscurité. Les soldats de la garnison et les chanoines du chapitre, surpris par le vainqueur, furent impitoyablement mis à mort. Quelques-uns de ces derniers parvinrent à s'échapper et se réfugièrent à Lautrec où le chapitre de Burlats fut transféré. Il s'y maintint jusqu'en 1790, époque de sa suppression.

Telles sont les notions historiques que l'on recueille sur le lieu de Burlats. Quelques débris du château d'Adélaïde s'aperçoivent encore près des ruines de l'église collégiale. On retrouve dans l'architecture de ce dernier édifice le caractère des constructions du XIIIe siècle.

Nous nous sommes surtout proposé de retracer, dans cet essai historique, l'époque où la reine Constance et Adélaïde sa fille habitèrent le château de Burlats. Le comte de Toulouse, Raymond V, avait épousé Constance en 1154 ; elle était veuve alors d'Eustache de Blois, roi d'Angleterre. L'histoire a consacré le souvenir des mœurs dissolues de Raymond V ; il se livra aux plus grands désordres, et la lettre que Constance écrivit, en 1166, au roi son frère peut servir à nous faire comprendre combien cette princesse eut à souffrir de la conduite du comte son mari. « Je vous fais savoir — disait
» Constance à Louis-le-Jeune — comme à celui en qui je
» mets toute mon espérance après Dieu, que le même jour
» que Simon, notre domestique, est parti d'auprès de moi,

» j'ai quitté l'hôtel et me suis rendue dans un village en
» la maison d'un certain chevalier : car je n'avais ni de quoi
» manger, ni de quoi donner à mes serviteurs. Le comte
» n'a aucun soin de moi et ne me fournit rien de son
» domaine pour mes besoins. C'est pourquoi je supplie Votre
» Altesse, si les ambassadeurs qui vont à la cour vous disent
» que je suis bien, de ne pas y ajouter foi; la chose est
» telle que je vous la mande; et si j'avais osé vous écrire,
» je vous aurais fait un plus long récit de mes malheurs ;
» adieu. »

Nous avons vu, dans la première partie de cet ouvrage, la reine Constance assister au concile de Lombers qui s'assembla en 1165; il paraît qu'elle se sépara du comte cette année-là, et divers documents constatent qu'elle se rendit à la cour du roi son frère. Raymond v ne tarda pas à se dégager des derniers liens qui existaient entre Constance et lui; il la répudia. L'histoire nous apprend que cette princesse infortunée se retira alors dans la Terre-Sainte; elle vécut dans les plaines d'Ascalon et plus tard à Jérusalem. Revenue d'Orient, Constance essaya-t-elle de renouer avec le comte Raymond v? Sur ce point, les historiens ne s'accordent pas. Quelques-uns ont affirmé que Constance se prêta à un raccommodement; d'autres assurent que Raymond s'était remarié peu de temps après son divorce. Une lettre authentique [1],

---

[1] Lettre du Pape Alexandre III à Henri, frère de Constance et Archevêque de Reims.

« Notre chère fille en J. C., la noble dame Constance, comtesse de
» Toulouse, votre sœur, nous ayant représenté qu'elle était résolue de

écrite en faveur de Constance par le pape Alexandre III, en 1174, peut faire douter de la vérité de cette assertion. Quoi qu'il en soit, l'histoire, après cette époque, ne nous dit plus rien de Constance.

Pendant son séjour à Burlats, cette princesse donna le jour à Adélaïde de Toulouse que son esprit, sa grâce et ses malheurs devaient rendre célèbre. Lorsque Constance eut été répudiée, Raymond V appela Adélaïde à sa cour. Elle y parut ornée de tous les charmes de la jeunesse et de la beauté. Mais, au milieu des fêtes et des hommages dont elle était l'objet, Adélaïde ne perdit pas le souvenir de l'antique manoir de Burlats, témoin des jeux de son enfance. Mariée en 1171 à Roger II, vicomte d'Albi et de Béziers, Adélaïde put tempérer

---

» garder la chasteté, parce que le comte de Toulouse, son mari, ne lui est
» pas fidèle, et qu'il entretient des concubines, nous l'avons exhortée à
» retourner avec lui. Toutefois, comme elle refuse de se rendre à nos ex-
» hortations, jusqu'à ce que le comte ait renoncé à ses débauches, nous
» lui avons écrit pour l'engager à changer de conduite, et nous lui avons
» envoyé une ambassade solennelle, pour le presser de rappeler la com-
» tesse, sa femme, comme il convient, après avoir donné caution qu'il la
» traiterait honnêtement et honorablement, et ainsi qu'il convient à une si
» noble dame. Nous avons aussi ordonné à nos vénérables frères, l'arche-
» vêque de Narbonne et l'archevêque de Nismes, et à notre cher fils
» Raymond, cardinal, diacre du titre de Sainte-Marie, *in viâ latâ*, de
» s'employer auprès du comte de Toulouse, pour le porter à faire ce que
» nous souhaitons de lui, et de nous faire savoir, et à vous aussi, le suc-
» cès de leur négociation. C'est pourquoi nous vous prions, supposé que le
» comte juge à propos de rappeler honorablement la comtesse auprès de
» lui, d'exhorter celle-ci à y retourner, parce qu'il ne convient pas à une
» femme de vivre ainsi séparée de son mari, pourvu qu'il la traite avec
» honneur, et qu'elle n'ait pas un juste sujet de s'en séparer. »

le regret de quitter la cour de son père par la pensée de revoir sa résidence de prédilection ! L'ambition guidait le comte Raymond v lorsqu'il choisit pour gendre le vicomte Roger ; aussi les liens d'un mutuel attachement furent-ils étrangers à cette alliance qui s'accomplit parce qu'elle servait à la fois les vues politiques du comte Raymond et celles de son gendre.

Les historiens sont en désaccord sur l'époque précise où le château de Burlats devint le rendez-vous des chevaliers de la contrée et des troubadours les plus renommés. Alphonse d'Aragon, prince valeureux et versé dans la poésie [1], vécut long-temps à la cour de Burlats où il adressait mille hommages à la belle Adélaïde. Aspirait-il à sa main, comme quelques-uns l'ont prétendu ; ou ce prince était-il alors reçu dans la demeure de l'épouse du vicomte Roger, devenue *comtesse de Burlats!* Quoi qu'il en soit, les mœurs de cette époque pourraient servir à expliquer cette dernière et assez délicate supposition. Jamais les troubadours, allant de château en château offrir leurs vers aux nobles dames, ne portèrent ombrage aux maris. Leur lyre était un talisman devant lequel ces derniers restèrent toujours sans défense. Alphonse

---

[1] « Le roi Alfonse se rendit recommandable par ses exploits et ses ex-
» cellentes qualités. Il protégea ceux qui cultivaient de son temps la poésie
» provençale, et ne dédaigna pas lui-même de faire des vers en cette
» langue ; ce qui l'a fait mettre au nombre des poëtes provençaux sous le
» nom d'*Alfonse, roi d'Aragon, celui qui trouva,* pour le distinguer du roi
» Alfonse I.er On voit un poëme ou, comme on disait alors, une *chanson*
» de sa façon dans un des manuscrits de la bibliothèque du Roi. »
(Histoire générale de Languedoc.)

d'Aragon, Marviell, Garin d'Apchier [1], et beaucoup d'autres troubadours, purent profiter à Burlats de cet heureux privilége. Rappelons-nous l'infortunée Adélays, dame du seigneur de Penne, et la belle Élise de Montfort, femme du seigneur de Gourdon [2]; elles reçurent les hommages et partagèrent les tendres sentiments du troubadour Raymond Jourdain, vicomte de Saint-Antonin. L'histoire de ces siècles d'imagination et de galanterie nous fournit de curieux témoignages des priviléges que la poésie pouvait alors donner auprès des dames. Raymond Jourdain, séparé d'Adélays, était dans une douleur profonde; « Madame Élise de Montfort, femme de Guillaume
» de Gourdon, qui réunissait jeunesse, beauté, courtoisie et
» mérite, le manda prier avec de très-avenantes prières que,
» pour l'amour d'elle, il daignât se réjouir et chasser la
» douleur et la tristesse; disant qu'elle lui faisait don de son
» cœur et de son amour, en dédommagement du mal qu'il
» endurait, le priant et le suppliant en grâce de venir la
» voir, sinon qu'elle-même viendrait le trouver [3]. »

Ce qui précède n'est point une digression. On juge trop

---

[1] *L'histoire littéraire des Troubadours* fait mention de GARIN D'APCHIER, du château d'Apchier, en Gévaudan. Ne chantant pas ses vers lui-même, Garin d'Apchier y remédiait par un *jongleur* dont il paraît qu'Adélaïde n'était point satisfaite; Garin d'Apchier, faisant des reproches à son jongleur, lui dit qu'*il les chante maussadement et que la comtesse de Burlats l'exhorte à le congédier.*

[2] Page 97 du *Précis historique.*

[3] (Traduction de la légende de *la dame de Penne*, par M. Gustave DE CLAUSADE, de Rabastens.)

souvent les temps qui ne sont plus avec les idées de notre siècle, et il nous paraissait utile, en écrivant cet essai historique, de jeter un rapide coup d'œil sur les mœurs qui caractérisent l'époque des troubadours et qui régnèrent avec tant d'éclat à la cour d'Adélaïde de Burlats. Madame Élise de Montfort était une très-noble dame assurément; et pourtant ce qu'elle fit pour Raymond Jourdain doit nous paraître une très-singulière chose. L'abbé Millot a pensé que *la complaisance des maris de ce temps-là pouvait s'expliquer par la chasteté des amants;* « Mais qu'il faut peu compter, ajoute-t-il, » sur ces miracles des mœurs ! »

Parmi les troubadours accueillis à Burlats, le poëte Marviell se fit surtout distinguer d'Adélaïde; elle l'encourageait lorsqu'il lui lisait ses vers. Un jour Marviell, trahissant son secret, lui peignit sa flamme dans *la franca captenenza*[1]; la comtesse l'écouta et n'en parut point offensée. On dit que depuis lors

---

[1] Chanson de Marviell pour Adélaïde de Toulouse.

La franca captenenza
Qu'ieu non posc oblidar,
El dos ris e l'esgar,
El semblan queus vi far,
Mi fan, domna valens,
Melhor qu'ieu no sai dir,
Ins el cor suspirar:
E si per me nous vens
Merces e cauzimens,
Tem que m n'er à morir.

Ses gienh e ses falhensa
Vos am, e ses cor var

Traduction de M. Belhomme.

Le franc accueil que je ne puis oublier, le doux sourire, le regard, et le bon visage que j'ai vu faire, excitent, puissante Dame, les soupirs de mon cœur, bien mieux que je ne puis le dire; et, si pour moi n'adviennent merci et tendres égards, craignez que le chagrin ne me fasse mourir.

Sans détour et sans feinte je vous aime, sans que mon cœur puisse

Marviell cessa de voiler ses chants, sous lesquels s'était longtemps caché son amour respectueux et timide. La jalousie que Marviell inspira au roi Alphonse d'Aragon semblerait autoriser les assertions de quelques historiens qui affirment

Al meils qu'om post pessar,
D'aitan nous aus forsar
Per vostres mandamens.
Ai! domna cui dezir,
Si conoissetz nius par
Que sia fallimens
Quar vos soi be volens,
Sufretz m'aquest fallir.

Non ai tan de plevensa,
Ni posc razon trobar
Don m'aus asegurar
Que ja m denhetz amar;
Mas ditz mos ferm talens
Que poiri' avenir.
No m dei desesperar;
Que tals es pauc manens
Que l fai asters e sens
En gran ricor venir.

Domna, per gran temensa,
Tam vos am eus ten car,
Nous aus estiers pregar.
Mas plus fai ad onrar
Us paubres avinens,
Quan sab honor grazir
E'ls bes d'amor celar,
Q'us rics desconoissens,
Cui par que totas gens
Lo dejan obezir.

Tan etz de gran valensa,
Queus am mais ab cor clar

changer, et le mieux qu'il est possible d'aimer; dussent mes sentiments téméraires être contraints par vos ordres. O Dame, objet de mes désirs, si vous reconnaissez que j'aie failli en rien, puisque vous êtes toute bienveillante, excusez mon erreur!

Je n'ai pas tant de présomption, ni ne puis trouver de motifs assez forts pour oser concevoir l'assurance que déjà vous daigniez m'aimer; mais mon ardente passion me fait croire que ce bonheur pourrait m'advenir; je ne dois pas perdre l'espérance : tel homme est peu puissant que lance et sentiments élèvent quelquefois au faîte des grandeurs.

Noble Dame, dans la crainte qui me retient, tant votre amour est cher à mon cœur, j'ose à peine vous adresser des prières; mais il est bien mieux d'élever à honneur un pauvre avenant, quand il sait répondre à cette faveur par la reconnaissance, et tenir secrets les biens d'amour, qu'un riche dédaigneux auquel il paraît que tout le monde doit obéir.

Vous êtes d'un si grand prix, que j'aime mieux crier sans cesse merci

que la comtesse partagea les tendres sentiments de Marviell. Cependant Alphonse obtint que son rival s'éloignerait.... Marviell alors quitta les lieux où il aimait, et fut porter sa tristesse à la cour de Guillaume de Montpellier. Le souvenir d'Adélaïde ne l'abandonna jamais[1]. Pour lui les plaisirs du monde n'avaient plus de charmes; il perdit l'inspiration en cessant d'être heureux : aussi ne faisait-il plus de vers! La chronique des troubadours nous apprend que Marviell finit ses jours en Provence et qu'en mourant il regrettait encore les bois et les rochers de Burlats.

Le voyageur qui visite Burlats retrouve ces rochers pittoresques dont le poëte s'était souvenu; les limpides eaux de l'Agoût les baignent toujours; elles animent un ravissant

Ses pro merce clamar Qu'ab autra gazanhar. El vostr' ensenhamens, Pos no m'en posc partir, Fassaus humiliar Si que vostre cors gens, Amoros e plazens, Si no m val no m'azir.	vers votre noble cœur, que de triompher d'un autre; et puisque votre esprit me captive tellement, que je ne puis m'en départir, soumettez-moi aux épreuves les plus humiliantes, pourvu que votre cœur noble, sensible et fait pour plaire, n'ait pas la force de me haïr.
D'onratz faitz avinens Del rei et d'autras gens Vos faitz à tortz grazir.	Traits d'honneur, qui signalez le roi* et autres gens, c'est à tort que vous excitez la reconnaissance.

* Allusion au roi Alphonse d'Aragon.

[1] Marviell dépeignit sa douleur et ses regrets dans les couplets *Mot eras douts*, insérés dans le *Parnasse Occitanien*, page 17. Un chroniqueur attribue à Marviell le traité qui avait pour titre *Las recastenas de la comtessa* et un sonnet, en l'honneur d'Adélaïde, commençant par les mots *Anas-vous*.

Ruines du château d'Adélaïde de Toulouse et de l'église collégiale de Burlats.

paysage, comme au temps où Marviell célébrait les charmes d'Adélaïde; quelques débris du château ont même résisté au temps destructeur[1].... Mais quelles traces reste-t-il donc de tous ceux qui l'habitèrent! L'histoire, sur ce point, peut seule nous répondre. Ce sol de Burlats fut autrefois foulé par une cour brillante; Adélaïde de Toulouse, si heureuse dans son château de prédilection, les femmes de sa suite, ses pages et ses varlets, donnaient alors à ce manoir antique un air de gaîté et de vie; l'écho de ses tourelles, où les troubadours habitaient, répéta de tendres accords; souvent des meutes nombreuses parcoururent les épaisses forêts qui avoisinaient cette demeure. Burlats enfin eut aussi ses tournois. N'était-ce pas à la cour d'Adélaïde que les chevaliers de la contrée aimaient à se donner rendez-vous? Ils pouvaient seuls sans doute, en qualité de chevaliers, porter la lance et le haubert, la cotte d'armes, l'or, le vair, l'hermine, le velours, le petit-gris, l'écarlate.... mais ils tenaient aussi à honneur d'être venus à la cour de Burlats!

Un jour toutes les fêtes cessèrent.... on vit les chevaliers quitter Burlats à la hâte pour se ranger sous la bannière du comte de Toulouse, leur suzerain; d'autres se jetaient dans Carcassonne avec Roger de Béziers, fils infortuné d'Adélaïde. Bientôt un nom, répété de bouche en bouche mais que nul

---

[1] L'exécution de la gravure des *Ruines de la Collégiale de Burlats et du Château d'Adélaïde* a reçu les plus grands soins. Le dessin primitif a été pris sur les lieux par M. Becci, architecte du département, avec les indications de M. Ernest de Falguerolles, membre du conseil-général du Tarn et maire de Burlats.

alors ne prononçait sans effroi, remplit tout le Languedoc ; c'était celui de *Simon de Montfort!* Les troubadours disparurent. Les cris de guerre retentissaient dans la contrée et venaient attrister le cœur de la comtesse de Burlats. La croisade des Albigeois, empruntant des prétextes de religion, détruisit pour toujours le pouvoir tutélaire des comtes de Toulouse ; le fils d'Adélaïde, violemment dépouillé de son antique héritage par le héros de cette croisade détestée, mourait empoisonné à Carcassonne et loin de sa mère…. Elle seule resta pour pleurer, dans sa solitude de Burlats, les malheurs de la noble maison de Toulouse et la gloire passée des Trencavel !

COUTUMES DE LA SEIGNEURIE DE CASTRES
LIEUX ET APPARTENANCES
DE CETTE SEIGNEURIE
PRIVILÈGES DE LA VILLE DE CASTRES
LA SEIGNEURIE DE CASTRES ÉRIGÉE EN COMTÉ
ET SA RÉUNION
A LA COURONNE DE FRANCE

Lorsque Simon de Montfort, déjà maître de Carcassonne, eut soumis l'Albigeois, le pays toulousain et celui de Comminges, l'histoire dut lui révéler qu'à toutes les époques l'organisation, succédant à la victoire, avait pu seule assurer aux vainqueurs la possession durable de leurs conquêtes. Les chevaliers de la croisade ne devaient pas tarder d'ailleurs à réclamer de lui le prix de leurs services; car le pillage des villes pouvait à peine suffire à la solde des troupes qu'ils menaient au combat. Eux seuls n'avaient rien obtenu; et cependant, il faut le dire, la plupart de ces chevaliers, en se croisant contre l'hérésie, s'étaient à coup sûr demandé s'il n'y aurait pas une part pour eux dans toutes ces possessions des comtes de Toulouse et des Trencavel de Béziers, dont la croisade allait abattre la puissance. Il y avait alors dans ce beau Languedoc tant de riches manoirs d'où relevaient de si magnifiques terres, de si nombreuses redevances!...

L'usurpation par la conquête a toujours eu d'ailleurs ses conditions de succès. Il ne lui suffit pas de dominer par le sort des batailles; il faut que le sol ait subi sa loi. On le savait déjà au XIIIe siècle, et Simon de Montfort en donna le témoignage. Une noblesse hostile occupait le pays; il la déposséda, et ses chevaliers reçurent l'inféodation des terres conquises. Nous avons toujours vu, dans l'histoire des peuples, comme dans celle des conquérants, que l'usurpation s'affermissait rapidement lorsque son chef n'était plus seul usurpateur; et au jour où les chevaliers de la croisade furent possesseurs à leur tour, Simon de Montfort put pour toujours compter sur leur épée, car désormais ils auraient à défendre leurs plus chers intérêts, en défendant ceux de leur chef.

A la fin de novembre 1212, Simon de Montfort convoqua une grande assemblée à Pamiers et y promulgua une charte générale. L'archevêque de Bordeaux, les évêques de Toulouse, d'Agen, de Périgueux, Carcassonne, Comminges, Bigorre et Conserans, assistèrent à cette assemblée. Les constitutions qui furent alors écrites, scellées et jurées par Simon de Montfort, par les prélats et par les chevaliers présents, nous ont été conservées. Elles renferment quarante-cinq articles. L'influence de l'Église et le soin d'affermir les chevaliers français dans leurs nouvelles possessions de Languedoc sont les principaux caractères de ce curieux document [1].

ORDONNANCES ET RÈGLEMENTS
de Simon de Montfort, pour la réforme des terres par lui conquises.

Les historiens de la croisade des Albigeois font mention de la charte de Simon de Montfort, mais ne l'ont point reproduite. En voici les dispositions principales pour lesquelles nous avons emprunté l'excellente traduction de MM. J. J. BARRAU et B. DARAGON.

« Au nom de Notre Seigneur Jésus-Christ, nous établissons un lit général
» de justice destiné à réprimer tout ce qui est contraire à Dieu, à l'église
» romaine et à l'équité, à abolir l'hérésie et à extirper les mauvais actes
» des voleurs et des autres malfaiteurs. Pour cela, Nous Simon, par la
» providence divine, comte de Leycestre et de Montfort, vicomte de Béziers
» et de Carcassonne, seigneur d'Albi et de Rhodez, désireux d'accomplir
» ces desseins et de maintenir nos états en paix et repos, pour l'honneur
» de Dieu, de la sainte église romaine, de notre seigneur le roi de
» France, et pour l'utilité de tous nos sujets, avons, par le conseil des
» vénérables seigneurs l'archevêque de Bordeaux, les évêques de Toulouse,
» Carcassonne, Agen, Périgueux, Conserans, Comminges et Bigorre, et des
» sages hommes nos barons et principaux vassaux, promulgué pour toutes
» nos terres ces coutumes générales que nous commandons à tous nos
» peuples d'observer inviolablement.

» Les priviléges et les libertés des églises et maisons religieuses, sanc-
» tionnés par le droit canon ou civil, seront de tous et par tous observés
» et entretenus. Il est fait défense aux laïques de convertir en châteaux
» ou forteresses aucune église, ni d'en réduire aucune en servitude. Nous
» commandons en outre que celles qui l'ont été soient démolies ou remises
» entre les mains des évêques, qui ne pourront toutefois retenir telles
» églises fortifiées dans des châteaux ou villes des autres seigneurs.

» Toutes prémices seront rendues aux églises, sans aucune difficulté,
» selon que l'on a coutume de les rendre en chaque pays, et toutes dîmes

L'origine de la seigneurie de Castres remonte à l'époque de l'assemblée de Pamiers. Gui de Montfort combattait dans la Terre-Sainte, lorsqu'il apprit que Simon de Montfort, son

» seront payées comme il est écrit et commandé par notre saint père
» le pape.

» Nul clerc, possédant même un héritage, ne pourra être soumis à la
» taille, à moins qu'il ne soit marchand ou marié. Il en sera de même à
» l'égard de la pauvre veuve.

» Chaque maison du pays conquis sera tenue de payer, par an, trois
» deniers melgoriens à notre saint père le pape, et à notre sainte mère
» l'église romaine, en signe et mémoire perpétuelle que, par son aide,
» elle a été enlevée aux hérétiques et donnée pour toujours audit Comte
» et à ses successeurs. Ce droit sera perçu depuis le commencement du
» Carême jusqu'à la Pâque.

» Tous les clercs et religieux, pélerins et chevaliers qui passeront en nos
» terres seront, à moins qu'ils ne soient marchands, exempts de tout péage.

» Les barons et chevaliers français seront tenus de servir le comte de
» Montfort, alors et en tout lieu qu'il y aura guerre contre sa personne,
» et au sujet des terres conquises et de celles qui lui restent à conquérir;
» et cela avec le nombre de chevaliers à la charge desquels ledit Comte
» leur a donné leurs dites terres et revenus, pourvu que, d'après les
» promesses faites, lesdits revenus leur aient été entièrement et suffi-
» samment assignés. Car si l'assignation n'avait été pleinement faite, le
» chevalier ne serait tenu de servir ledit Comte qu'avec un nombre de
» chevaliers relatif aux terres qui lui ont été données. Et si ledit Comte,
» sans nécessité de défendre sa personne ou ladite terre conquise, mais
» de sa propre volonté, voulait porter secours de guerre à quelqu'un de
» ses voisins ou autres, lesdits chevaliers ne seront nullement contraints
» de le servir de leur personne ou de leurs gens, à moins que ce ne soit
» d'amour ou de bon gré.

» Les chevaliers français qui doivent le service militaire au comte de
» Montfort, ne pourront le rendre pendant vingt ans qu'avec des chevaliers
» français, sans qu'il leur soit loisible de remplacer ces derniers par des
» chevaliers du pays conquis. Mais les vingt ans passés, chacun le servira
» avec tels chevaliers qu'il trouvera propres à la guerre.

frère, était en Languedoc ; il vint le joindre incontinent, prit part à ses expéditions, et reçut du vainqueur le don de toutes les terres que les Trencavel avaient autrefois possédées

» Tous barons, chevaliers et autres seigneurs de la terre dudit comte
» Simon seront tenus de lui rendre, sans délai ni contradiction, les châ-
» teaux et les forteresses qu'ils tiennent de lui, toutes les fois qu'il les
» demandera. En retour, après les troubles, ledit Comte devra, en bon
» seigneur, rendre lesdits châteaux et forteresses en l'état et valeur
» primitifs.

» Les boulangers feront et vendront le pain d'après la manière, me-
» sure et poids à eux donnés par leur seigneur. Toutes les fois qu'ils
» contreviendront, leur pain sera confisqué. Autant pour les taverniers.

» Les filles publiques qui demeurent dans les villes en seront chassées.
» Les péages institués par les princes et autres seigneurs, depuis vingt
» ans, seront annullés.

» Toutes les femmes des traîtres et ennemis dudit comte de Montfort
» sortiront de ses états, lors même qu'elles seraient reconnues pour catho-
» liques, afin qu'aucune suspicion ne tombe sur elles. Néanmoins elles au-
» ront leurs terres et le revenu de leur dot en jurant qu'elles n'y feront
» pas participer leurs maris tant qu'ils seront en guerre contre la chré-
» tienté et ledit Comte.

» Que nulles veuves, grandes dames ou héritières gentilsfemmes,
» ayant forteresses ou châteaux, ne soient assez osées pour se marier à
» leur volonté à des hommes du Midi, sans l'autorisation dudit Comte,
» d'ici à dix ans, pour éviter le péril qui en pourrait provenir pour ladite
» terre. Mais il leur est loisible de se marier à tels Français qu'elles choi-
» siront, sans l'assentiment du sire de Montfort ni d'autres. Après l'expi-
» ration des dix ans, il leur sera permis d'épouser à leur gré un Français
» ou un Méridional.

» Fait à Pamiers en notre palais, 1 décembre 1212. »

COUTUMES QUE LE COMTE DE MONTFORT DOIT GARDER VIS-A-VIS DE SES BARONS ET VASSAUX.

« Tant entre barons et chevaliers que bourgeois et ruraux, les héritiers
» succéderont en leurs héritages, selon la coutume de Paris.

» Nuls barons, chevaliers ou seigneurs ne pourront ordonner le duel

depuis la rive gauche du Tarn jusqu'à l'Agout [1]. Castres était la principale ville de cette nouvelle seigneurie où la coutume de Paris, que la charte de Pamiers consacrait, fut en vigueur jusqu'à l'érection de la seigneurie de Castres en comté.

» en leur cour de justice, excepté pour les crimes de trahison, de vol
» et de rapine.
» Le comte est tenu de garder envers les barons de France, et autres
» auxquels il a donné des terres en ce pays, l'usage et la coutume qui
» s'observe en France, autour de Paris, touchant les plaids, les jugements,
» les dots, les fiefs et les devoirs féodaux.
» Même jour, 1 décembre 1212. »

[1]. LIEUX ET APPARTENANCES DE LA SEIGNEURIE DE CASTRES.

« *Premierement, la ville et fauxbourgs de Castres et lieux en dependans, c'est à sçavoir :*

Roquecourbe, Burlatz, Boisseson d'Aumontel, Brassac de Chasteauneuf, Esperouses, Viane, Montcoqu, Laginié, Aumontel, Cauqualieres, La Caune, Valdurenque, Montledier, Vintrou et le Mariech, Cambonnets et la Valette, S. Amans de Valtoret, Rouairous, Salveterre, La Cabarede, Boisseson de Marvieil, Enages, Cabanes et Barry, Lebez de Belfortez, Brassac de Belfortez, Escroux et Roquefere, Gijounet, Senaux, Pomardele, Lesert, Berlats, Ferrieres, La Crousete, Jannes, Rayssac, Montredon de Montredonés, Venes et Cheffouls, l'Agrifoul, La Case de Senegadez, Senegas et Trevizi, Vabre, Sainct Gervais, S. Genieis de Baransal, Castanet, Briteste, Sainct Gausens, Grauillet, Misegle, Ambres, Fiac, La Bastide S. George, Cabanez, Lasgraisses, Murasson, Campans, Cambou, Massuguiez, Ornac, Arifat, Granval, Hauterive, Gais, La Valete, Le Pont de Larm, L'Estrade du Causse, Cambonez, La Tribale, Le Causse, Castelfranc, La Bechonié, Roquesiriere, Laginié, Le Travet, Alban, Teliet, Chasteauvieux, Montans, Sainct Felix, La grange de Gasquinholes et ses appartenances, Les forests de Poujet et Frejairolles, Le moulin de Montfauçon et les forests des environs, Realmont, La Fenasse, Rouffiac, Carlus, Sailliez, Brasis, Gabriac, Le Taur, Labessiere, Mousens, Giroussens, Coufoulens, Lamiate, Aussac, Florentin, Tecou, Cadalen.

La vicomté de Lautrec, qui comprend la ville de Lautrec et lieux suivants :

Vieilmur, Serviez, Lalbarede, Le Pujol, Froideville, Puycalvel, Gibrondes,

La ville de Castres était en possession d'importants privilèges avant l'époque où Simon de Montfort conquit le Languedoc. En 1160, le vicomte de Béziers, Raymond Trencavel, confirma *l'affranchissement* et les privilèges que les vicomtes Bernard Aton, son père, et Roger, son frère, avaient autrefois accordé aux chevaliers et aux bourgeois de Castres. Ces privilèges consacraient l'exemption des droits de *queste* et de *tolte* [1]. Celui de *chevauchée* fut maintenu ; les habitants

Cuq, Mandoul, La Bessière, La Bolbene, Montpinier, Sainct Germier, Peyregous, Cabrillies et Prouiliergues, Sainct Jean de Bals, Le Laus, Montfa, Brousse, Sainct Julien du Py, La Martinie, Carves, Montlairez, Le Comtrast, Le Bosquillon, Malviniol, Fenairols, Lamothe, Varagne, Lengary.

La vicomté d'Embialet et Villefranche prez d'Embialet. La vicomté de Paulin. La vicomté de Murat. La baronie de Lombers, diocèse d'Alby, de laquelle dependent les lieux suivants :

Lombers, Montdragon, Peyroles, Parisot, La Pelissarie, Tersac, Fenols, La Brugueirete, La Boutarie, Orban, Marsal, Ronnel, Bellegarde, Puechgousou, Teulet, Sainct Juery, Le Bruc, Romegous, S. Anthony, Poulan, Frejeyrolles, Pousols, Fauch, Sieurac, S. Benoist, Coudols, Conils, Escabrins.

La baronie de Lesignan au diocèse de Narbonne de laquelle dependent les lieux suivants :

Lesignan, Castelnau de Ribe d'Aude, Toroselle, Conillac, Caumont, Monrabech, Laserre, Tonnens, La Bastide de Lengous, Serame, Lavezolle, Fontazels.

La baronie de Berens, diocèse d'Alby, comprenant :

Le Chasteau de Montans et Serassame.

La baronie de Curvalle avec le chasteau, diocèse d'Alby, d'où dependent :

Villeneufve, Mules, Castang, Montredon, Verdu. »

(*Traicté du Comté de Castres*, par David DEFOS.)

---

[1] Les habitants de beaucoup de villes payaient, dans certains cas, une taille à leurs seigneurs. « On appelait ce subside du nom général *tolte*, » *queste*, prêt forcé ou volontaire, etc. Les seigneurs étaient dans l'usage

de Castres restèrent tenus de marcher pour le service des Trencavel dans l'Albigeois et le Toulousain, lorsque ces derniers le jugeraient utile, et même ailleurs si les Trencavel venaient à y combattre en personne.

Les seigneurs et plus tard les comtes de Castres conservèrent à la capitale de leurs possessions ses antiques priviléges. Plusieurs d'entre eux les agrandirent; et lorsque le pays de Castres fut réuni à la couronne, les rois de France voulurent les respecter. Borel écrivait ceci, longtemps après cette réunion : « Quant aux priviléges, la ville de Castres en ayant de très-
» beaux, je ne les ay point voulu passer sous silence. Ils
» ont esté authorisez par plusieurs comtes, comme on peut voir
» dans l'acte fort grand et authentique que les greffiers de la
» maison de ville gardent successivement [1].

» d'imposer cette taille sur leurs vassaux, soit libres, soit serfs : 1° pour
» leur rachat lorsqu'ils étaient faits prisonniers par leurs ennemis; 2° pour
» le mariage de chacune de leurs filles; 3° pour le passage d'outre-mer. »
(*Histoire générale de Languedoc.*)

[1] PRIVILÉGES DE LA VILLE DE CASTRES.

« Aucun habitant ne peut estre emprisonné pour debte, et s'il est empri-
» sonné pour quelqu'autre chose, il ne payera point l'entrée ny la sortie
» de la prison.
» Aucun habitant ne peut estre condamné à mort, que pour crime de
» leze majesté, ou autre fort extraordinaire.
» Les habitans qui seront condamnez à mort n'auront point leur bien
» confisqué, mais feront leur héritier qui bon leur semblera, hors mis que
» ce soit pour heresie ou leze majesté.
» Les condamnez au fouët pour adultere en seront quittes en baillant 50 sols.
» Ceux qui se seront battus, et qu'il y aura sang, en seront quittes
» aussi pour pareille somme.

» Il est à remarquer que les consuls de Castres sont sei-
» gneurs de ses eaux et forests et ont esté ornez par nos roys
» d'une des belles livrées du royaume; car ayant porté le
» manteau comtal d'ancienneté, avec la robe mi-partie, jus-
» qu'à l'an 1594, par patentes du roi, ils eurent ordre de la
» porter entierement rouge. »

La seigneurie de Castres, possédée par la maison de Montfort, devint plus tard l'héritage de la maison de Vendôme et fut érigée en comté le 25 août 1356 en faveur de Jean II, seigneur de Castres[1]. Courageux et fidèle, Jean II demeura

---

» Les estrangers ne pourront apporter du vin à vendre dans Castres
» que les habitans n'ayent vendu le leur, par privilége de Charles VI de
» l'an 1403.
 » Si un habitant a achepté quelque chose et la faite revendre en public,
» il ne la doit rendre quoy quelle ait esté desrobée.
 » Les habitans peuvent prendre du bois des forests qui despendent de
» Castres, pour bastir de maisons et en faire de provisions pour leur
» chauffage, tant que bon leur semblera, pourveu qu'il ne dégastent en-
» tierement les bois.
 » Ils pourront pescher en toutes rivieres et ruisseaux du ressort.
 » Ils pourront paistre tout bestail és pasturages de la ville s'ils y ont du
» bien, et amasser du gland, et de tous autres fruicts de forest.
 » Aucun revendeur ne pourra acheter de vivres avant l'heure de midy,
» c'est-à-dire que les habitans ne soient pourveus.
 » Tout habitant peut tenir salin et vendre du sel publiquement.
 » Ceux qui feront des eschanges dans le comté de Castres n'en payeront
» point de lots. »   *(Antiquités de Castres, par BOREL.)*

[1] ÉRECTION DE LA SEIGNEURIE DE CASTRES EN COMTÉ.

« JEAN, par la grace de Dieu roy de France. Il vient à la perpetuelle memoire de la chose et honneur des regnants, et aussi à la perfection des royaumes, si les personnages puissants, qui sont près des roys, et qui par promptes affections pour le service du roy s'exposent librement, eux

prisonnier avec le roi Jean de Valois à la funeste bataille de Poitiers. Les illustres familles de Bourbon et des d'Armagnac

et leurs biens, avec toute fidelité et loüange, soient haussez par la majesté royale en titres magnifiques et honneurs insignes. De façon qu'eux mesmes se resjouyssent de s'estre acquis par telles choses le titre d'honneur, et les autres à leur exemple soient incitez avec plus de hardiesse à semblables actions vertueuses. Sçachent donques tous presens et à venir, que Nous, attendu la constance de la promesse, fidelité et pure devotion, comme aussi la prudence et industrie prevoyante et advisée de nostre cher et fidele parent et conseiller Jean, comte de Vandosme et Sieur de la cité et ville de Castres dans la seneschaussée de Carcassonne, et les agreables services que tant lui mesmes que son geniteur, nostre conseiller de tres-renommée memoire, a faict pendant sa vie à nostre tres-cher sieur et pere, et à nous aux guerres, et ailleurs, fidelement et loüablement, et que encores ledit comte ne cesse maintenant de nous faire; et parce que suivant le statut, façon et regle de ladite comté de sa terre de Vandosme et Castres, les droits desdits seigneurs sont cognus fort petits, Nous, voulant les augmenter, afin que luy, ses successeurs, et les comtes de Vandosme ayent moyen de soustenir un plus grand estat : consideré aussi que tant plus le susdit comte et ses successeurs auront plus puissant et grand estat à l'advenir, de tant plus nous pourront-ils servir avec plus de courage, et nos successeurs rois de France aux guerres et ailleurs; c'est pourquoy Nous, ayant entendu et consideré les choses susdites, voulans augmenter le nom et titre de son honneur et dignité touchant sondit domaine de Castres, en toutes ses appartenances; de nostre authorité royale, et pleine puissance, et spéciale grace à perpetuité, avons creé et creons, donné et donnons à sondit domaine de Castres, la dignité, nom et honneur de comté; concedons et imposons par ces presentes, statuons et ordonnons, que tant eux que leurs successeurs, tous et un chacun d'eux successivement, qui à l'advenir seront seigneurs à perpetuité de ladite ville de Castres, soient appellez et nommés comtes, tenus et eus pour tels, et joüissent de tout droict et honneur, et prerogatives de comtes, selon nostre bon plaisir et vouloir. Concedons aussi par l'authorité susdite à nostredit conseiller, et à ses successeurs audit comté de Castres, que ledit comté de Castres, et toutes et chacunes les appartenances et dependances dudit comté et ressort d'iceluy, à sçavoir ladite cité et ville de Castres avec ses appartenances, les chasteaux

possédèrent successivement le comté de Castres; en 1477, Louis XI le donna à Bouffil de Juges, gentilhomme italien, après avoir fait décapiter l'infortuné Jacques d'Armagnac, duc de Nemours. Ce comté devint ensuite l'héritage d'Alain *d'Albret* à qui les enfants de Jacques d'Armagnac et la fille de Bouffil

et chastellenies de Roquecourbe, et Lombers, de Castelviel, de S. Jory, de Verens, d'Embialet, de la Caune, de Viane, d'Esperoules, de Chasteauneuf de Brassac, de Lesignan, de Torosols, de S. Amans, d'Orban, avec toutes et chacunes les appartenances d'iceux, droit de chastellenie, et ressort dans chacune d'icelles; comme aussi du village de Conillac prés de Lesignan, de Ville-franche prés d'Embialet, de Sereissan prés le chasteau de Montans, de S. Felix, et la grange de Gasquinhole, avec les bois et ses appartenances, et les forests de Poujet et de Frejairoles, et le moulin de Monfaucon avec les forests qui sont autour d'iceluy, et généralement toutes les autres villes, lieux, maisons, terres et possessions, avec leurs appartenances, que ledit comte tient et possede dans le pays d'Albigeois, et dans le Languedoc; lesquelles, par le passé et dès le commencement, furent gouvernées, et ont accoustumé se gouverner, et sont de present gouvernées, comme l'on dit, selon les uz et coustumes de la vicomté d'Anjou, dans laquelle vicomté ou ressort d'icelle, la comté de Vandosme est assise. Reserve toutesfois le droit des enfans, ou autres quelsconques desja nais, ausquels en cette partie nous n'entendons ny ne voulons estre fait aucun prejudice: toutes choses pour autre cas demeurant en mesme estat auquel elles sont à present. Nous donnons donques par la teneur des presentes en mandement aux seneschaux de Carcassonne, et à tous nos autres justiciers de nostre royaume, ou leurs lieutenans presens et à venir, et à un chacun d'iceux ainsi qu'il leur appartiendra, que ledit comte et ses successeurs, ou ayans cause d'iceluy de nos precedentes graces et ordonnances, suivant la teneur d'icelles, ils fassent et souffrent jouyr et user paisiblement et à perpetuité. Et afin que ce soit chose ferme et stable, nous avons faict mettre nostre scel à ces presentes lettres, sauf nostre droit en autres choses, et l'autruy en toutes. Donné au chasteau de Tremblay, vicomté et diocese de Chartres, le jour et feste de St. Louys au mois d'aoust, l'an de nostre Seigneur 1356. *Par le Roy,* J. LE ROYER, signé. »

de Juges en disputaient la possession, lorsqu'un arrêt du parlement de Paris le réunit à la couronne le 10 juin 1519[1].

En vertu de cet arrêt, un conseiller au parlement de

---

[1] SEIGNEURS ET COMTES DE CASTRES.

SEIGNEURS.

1212.

1 – GUI DE MONTFORT, frère de Simon de Montfort et premier seigneur de Castres.

1229.

2 – PHILIPPE Ier DE MONTFORT, par inféodation du roi St-Louis.

1288.

3 – PHILIPPE II, seigneur de Castres et comte de Squillace.

»

4 – JEAN, seigneur de Castres et comte de Squillace. Avec lui finit la race masculine des seigneurs de Castres de la maison de Montfort.

1300.

5 – ÉLÉONORE DE MONTFORT, sœur de Jean, dame de Castres après la mort de son frère et femme de Jean V comte de Vendôme.

»

6 – BOUCHARD Ier, seigneur de Castres, fils d'Éléonore de Montfort.

COMTES.

1353.

7 – JEAN II DE CASTRES ET VI DE VENDÔME, seigneur de Castres et premier comte de cette ville, le 25 août 1356.

»

8 – BOUCHARD II, comte de Castres; mort sans enfants; avec lui finit la race masculine des comtes de Castres de la maison de Vendôme.

»

9 – CATHERINE DE VENDÔME, héritière de Bouchard II et mariée à Jean Ier de Bourbon, comte de la Marche.

1411.

10 – JACQUES II DE BOURBON, comte de Castres et de la Marche, roi de Naples, de Hongrie et de Jérusalem.

Paris se rendit à Castres « où furent apellés — dit David
» Defos[1]— tous et chacuns les consulats de la comté de Castres,
» et baronnies d'icelle, lesquels presterent serment de fidelité
» au roy notre souverain seigneur; entre lesquels comparu-
» rent sires *Jacques Courbieres, Vincens Castanier, Antoine
» Martin* et *Urbain Negre,* consuls dudit Castres, lesquels,
» par le commandement dudit commissaire, tous lesdits quatre
» consuls à genoux, sur le *te igitur* et la Croix corporellement
» touchée, jurerent et promirent d'estre bons et loyaux au
» roy notre seigneur, son bien procurer, les maux éviter;
» et si aucun ou aucune conspiroit trahison contre ledit sei-
» gneur, promettant de le luy faire sçavoir, ou à ses officiers;

1438.

11 – Éléonore de Bourbon, fille de Jacques II, comtesse de Castres et de la Marche et femme de Bernard d'Armagnac.

»

12 – Jacques, duc de Nemours, fils d'Éléonore de Bourbon d'Armagnac, comte de Castres et de la Marche, décapité à Paris en 1477.

1477.

13 – Bouffil de Juges, comte de Castres, par donation de Louis XI.

1497.

A la mort de Bouffil de Juges, le comté de Castres est disputé à Alain d'Albret, son beau-frère et son héritier, par Jean, Louis, Catherine et Charlotte d'Armagnac, enfants de Jacques d'Armagnac, et par Louise Bouffil de Juges, mariée, malgré l'opposition de Bouffil de Juges son père, à Jean de Montferrand, écuyer.

1519.

Arrêt du parlement de Paris qui réunit le comté de Castres à la couronne.

[1] *(Traicté des Comtes et de la Comté de Castres.)*

» et ce sans préjudice de leurs libertez, franchises, priviléges
» et coustumes, ausquels lesdits consuls n'entendaient contre-
» venir. De laquelle déclaration lesdits consuls requirent acte
» et instrument, demandant estre déclaré par ledit commis-
» saire s'il entendait de venir contre lesdits priviléges, lequel
» déclara qu'il avait prins le serment sans préjudice desdites
» libertez, franchises et coustumes. Et en signe de tout ce
» dessus, les consuls baillerent les clefs de la cité et con-
» sulat de Castres en signe de adepte possession de toute la
» comté, lesquelles clefs furent incontinent rendues ausdits
» consuls. »

LES ÉVÊQUES & ARCHEVÊQUES D'ALBI

INFLUENCE de l'Église fut toujours souveraine à Albi, et la puissance épiscopale domine toute l'histoire de cette ville. Ses évêques rendaient la justice dans le diocèse, dès les premiers siècles du christianisme; on les vit, pour mieux consacrer leur suprématie, concéder plus tard divers priviléges à la cité; et lorsque les rois de France eurent rangé le Languedoc sous la loi commune à tout le royaume, les évêques d'Albi semblèrent s'étudier à ne tenir nul compte de la présence des officiers royaux et souvent méconnurent les droits attachés à leurs charges.

Les magistrats consulaires firent beaucoup pour la prospérité d'Albi. Grâce à leur sollicitude, le commerce florissait; une administration sage et paternelle était assurée aux intérêts de la ville, et les pages qui ont précédé en offrent le témoignage. Mais l'autorité épiscopale dominait les pouvoirs de ces magistrats, et son influence, consacrée par les siècles, pénétrait dans presque tous les actes consulaires. Les évêques dictèrent la conduite des habitants d'Albi dans toutes les crises politiques; et lorsque ces derniers expulsèrent Alphonse d'Elbène, qui trahissait la cause royale, la ville d'Albi fut infidèle à son passé en donnant ce courageux exemple. Celui qui voudra compulser les vieilles archives de la cité retrouvera, s'il parcourt les livres consulaires, les procès-verbaux de la réception faite aux évêques d'Albi et à plusieurs de ses archevêques. Il s'étonnera de la magnificence qui présidait à ces cérémonies, et surtout de l'humble et respectueux langage des consuls. A coup sûr ces magistrats n'auraient rien eu à ajouter à tant de magnificence et de respect, si un roi de France avait fait dans Albi son entrée solennelle.

Quelques citations textuelles vont appuyer nos assertions. Gaspard de Daillon du Lude, nommé à l'évêché d'Albi en 1634, fut reçu dans sa ville épiscopale, le 9 mars 1637. Les consuls, accompagnés des notaires royaux et d'un grand nombre de docteurs, avocats, écuyers ou délégués de la bourgeoisie, furent recevoir le nouveau prélat que le premier consul harangua en ces termes : « Monseigneur, lorsque vous » fustes nommé nostre evesque par ce grand roy qui a soin » de choisir à son église des prélatz de doctrine éminente et

» de sainteté exemplaire, vostre ville d'Alby fit de toutes partz
» retentir l'air de cris d'allégresse; mais aujourd'huy qu'elle
» a l'honneur de vous recevoir, il n'est point d'acclamations
» publiques ny de langues assez disertes qui puissent expri-
» mer nostre aise.... Ces marques et ces démonstrations ex-
» térieures de réjouissance sont des crayons bien imparfaitz
» de celle que nous avons dans nos cœurs. Vous êtes, Mon-
» seigneur, grand de mérite et grand de naissance; mais
» quelque grand que vous soyez, vous n'avez rien qui sur-
» passe en grandeur les désirs que nous avons de vous rendre
» nos très-humbles services, et tout nous rend impatients de
» nous soumettre à votre domination, par un serment solen-
» nel et inviolable! [1] »

---

[1] « Les consuls avoient fait dresser des arcs triomphaux et fait conduire deux canons sur la terrasse ou plate-forme dicte *del petit Toulouse*, pour en saluer par trois fois ledit seigneur.... Les consuls estoient vestus de leurs robes et manteaux consulaires mi-partis descarlate rouge, de drap noir, doublés de satin blanq et velours noir..... Mondict seigneur avait en sa suite révérend père messire Antoine de Ruel, abbé de Candeil; hault et puissant seigneur messire François d'Amboise, comte d'Aubijoux; messire Louis de Lescure, baron dudict lieu; Antoine de Roquefeuil, baron de Grand-val; de Castelpers, baron de Trebien; plusieurs notables gentilshommes et une grande troupe d'autres personnes de qualité, bourgeois et marchands de ladicte ville, qui estoient allés audevant *faisant le nombre de deux à trois cents hommes à cheval*..... Et tout incontinant, lesdits consuls auroient faict approcher un poille de satin vert à six battons, ayant en chacune de ses quatre faces les armoyries dudict seigneur, qu'ils auroient faict faire exprès pour luy offrir et le porter; une bande de hautbois se trouvoit à la teste de son carrosse.... Le lendemain, Gaspard Daillon du Lude estant dans son palais, vestu de son rochet et habict épiscopal, assis sur un siége couvert d'un drap de velours violet, ayant audevant de luy un accoudoir avec un carreau de mesme estoffe, et sur icelluy pozé un livre

La réception faite à Hyacinthe de Serroni, premier archevêque d'Albi, fut très-remarquable; elle a été décrite par Antoinette de Saliés et publiée dans *le Mercure galant* de 1678. On éleva, sur le passage de ce prélat, des arcs de triomphe ornés de devises et de peintures allégoriques; « Toutes les
» rues — disent les livres consulaires — estaient bordées
» d'artizans soubs les armes fort proprement vestus; les offi-
» ciers, mesme une partie des soldats, ayant leurs chapeaux
» couverts de plumes et les habits de rubans. » La confrérie des marchands d'Albi forma plus tard un corps de cavalerie de quatre cents hommes pour l'escorte de M Legoux de la Berchère qui succéda à Hyacinthe de Serroni. Les tisserands, boulangers, peigneurs de laine, maçons, menuisiers, tailleurs, potiers, cordonniers et maréchaux ferrants s'organisèrent en compagnies, équipées et armées, et donnèrent beaucoup d'éclat à la réception de M. de la Berchère.

missel ouvert en l'endroit du saint canon de la messe, et au dessus une grande croix dargent, les consuls d'Albi s'y trouvant, accompaniés de la plus grande et saine partie des notables de la ville, le premier consul et sindic a leu et récité, conformément à ce qu'estait escript en une feuille papier : — *Je recognois et confesse que vous Monseigneur illustrissime et reverandissime messire Gaspard de Daillon du Lude, evesque d'Alby, estes seigneur spirituel et temporel de la présante citté d'Alby, et vous promets et jure, par apposition de mes mains sur les saincts évangilles de Dieu et le te igitur et la Croix, que toute l'université et singuliers d'icelle ville vous serons bons, loyaux et feaux subjets, et vous garderons et procurerons vos droits, proffits et honneurs, éviterons vos domaiges, obéirons à vos commandements et de vos officiers; et sy aucune chose scavions, contre vostre justice et seigneurie, y resisterons de nostre pouvoir et le vous signifficrons ou ferons signiffier par loyal messager incontinant et sans délais.* »

(*Archives de la Mairie d'Albi.*)

Les bornes de cet ouvrage ne sauraient nous permettre de mentionner tous les évêques qui occupèrent le siége d'Albi. La *Gallia christiana* et plusieurs ouvrages biographiques nous ont laissé sur ces prélats des notices complètes et pleines d'intérêt. L'église d'Albi fut successivement gouvernée par 86 évêques et 10 archevêques; 14 d'entre eux furent promus au cardinalat, et peu de siéges ont été plus illustrés.

Louis d'Amboise, frère du célèbre ministre de Louis XII, rehaussa son pouvoir épiscopal par un rare mérite et par les plus éminentes vertus. On lui doit le chœur merveilleux et le jubé de Ste-Cécile; il employa ses riches revenus à la restauration du palais de la Verbie, aux embellissements du château de Combefa et son église cathédrale reçut de sa munificence de somptueux ornements et de précieux manuscrits. Ce prélat favorisait les intérêts de sa ville épiscopale et termina les longs procès qu'elle avait eu à soutenir contre les évêques ses prédécesseurs; les pauvres furent ses héritiers!

Le cardinal Duprat, chancelier de France et ministre de François Ier, fut pourvu de l'évêché d'Albi en 1528. Tout indique qu'il ne résida jamais dans son diocèse; l'évêque d'*Albe* était son coadjuteur. Le cardinal Duprat est célèbre dans l'histoire; on sait qu'il joignit à de rares talents une ambition insatiable. Il possédait de nombreux bénéfices et quelques historiens ont affirmé qu'à la mort de Clément VII, le cardinal Duprat voulut obtenir la tiare; c'est lorsqu'il révéla son dessein à François Ier que ce prince, faisant allusion au nom qu'il portait et à ses idées ambitieuses, lui dit avec ironie : *Sat prata biberunt*.

Nous avons vu, dans les récits dont les guerres de la réforme ont été l'occasion, le cardinal Strozzi, cousin de Catherine de Médicis, occuper le siége d'Albi et préserver le diocèse des empiétements du calvinisme. Il joignit à son autorité épiscopale celle de lieutenant-général du roi dans le pays d'Albigeois. Ce prélat avait à sa solde une armée de soldats italiens, qu'il employa à déjouer les tentatives des calvinistes, et l'histoire nous apprend qu'il commanda quelquefois ses troupes en personne.

Le diocèse dut beaucoup à la paternelle sollicitude de Julien de Médicis et des deux d'Elbène [1]. Ils consacrèrent leurs revenus à l'entretien de écoles publiques, à doter les églises et les monastères, à l'embellissement de leur ville épiscopale. On sait avec quelle solennité Gaspard Daillon du Lude fut reçu à Albi en 1637 ; ce prélat administra le diocèse pendant 42 ans, et ce qu'il y déploya de magnificence pourrait difficilement se retracer. Possesseur d'une immense fortune ; illustre par sa naissance et par ses alliances ; puissant à la cour ; bon et charitable pour le peuple ; plein de hauteur avec les grands ; tel fut M. du Lude. Et cette noble

---

[1] « Alphonse d'Elbène 1er, évêque d'Albi, administra le diocèse pendant
» vingt années, de manière à se concilier tous les cœurs. Il aimait les
» gens de lettres et en était considéré. Ronsard lui dédia son art poéti-
» que et Juste Lipse la plupart de ses ouvrages. Mais il s'appliqua par-
» ticulièrement à l'histoire et il a laissé, en ce genre, des manuscrits
» qui méritent d'être consultés, tels que l'*Histoire de l'origine de la race*
» *des Capets*, celle *du royaume de Bourgogne* et une *Chronologie des comtes*
» *de Toulouse.* »
    (Biographies des Évêques et Archevêques d'Albi, par M. Hypolite CROZES.)

fierté qu'il portait dans les relations de la vie fut peut-être l'unique cause des différends qui s'élevèrent entre ce prélat et les magistrats de la ville d'Albi. « Les habitants — disent » les manuscrits de M. Gardès — qui vivoient avec une grande » liberté avec M. d'Elbène, ne purent pas s'acoutumer à la » grandeur de cest évêque; sa dignité et naissance ne pou- » voient point luy permettre d'agir familièrement avec eux » comme faisait M. d'Elbène; et ils lui firent de grands » procès. »

Les manuscrits déjà cités donnent de curieux détails sur la composition de la maison et sur les habitudes de M. du Lude : « Il avait le plus beau train et équipage de France; il estait » composé de quatre aumosniers, six gentilshommes, huit » pages et douze laquais. Ses pages avaient un maître d'escri- » me, un escuyer à apprendre à monter à cheval, un mais- » tre de danse, habillés en hiver et esté, et touts les mois » une paire de souliers. Finissant leur service, il leur donnait » un très-beau cheval et cent pistoles. Ses laquais habillés » deux fois l'an et chaussés de mesme par mois.

« Il avoit un peintre dans sa maison appellé *Couplet* qui « peignit tout ce qui subsiste encore de peinture. Ses gen- » tilshommes estoient de très-bonne noblesse. Ses voyages à » Paris luy coustoient ordinairement de couchée 30 à 35 » pistoles; il faisait marcher son fourgeon, six charriots por- » tant son lict entier et ce qui regardait sa personne, deux » carrosses où estoient ses aumosniers et ses gentilshommes. » Six mulets portoient son argenterie. Luy seul, ou avec » un de ses aumosniers ou gentilshommes, dans sa litière.

» Son maréchal ferrant avec son mulet chargé ; quatre che-
» vaux de carrosse en lesse, et tous ses domestiques sur ses
» propres chevaux.

« Sa table de douze couverts et splendidement servie. Il
» n'y avait que les gentilshommes de la première qualité et
» les seuls chanoines de Ste-Cécile qui y avaient place, *et
» elle estait servie esgallement pendant son absence.* Il disnait
» à onze heures précises, finissait à douze. Il tenoit sa cour
» jusqu'à une heure, luy seul assis, tout le reste des gens
» debout et chapeau bas ; il soupait à huit heures du soir.

« Il fit bastir le beau jardin et chasteau du Petit-Lude ;
» les pavillons et la chapelle qu'il dota ; fit venir une fontaine
» ou jet d'eau et establit l'orangerie qu'on entretenoit l'hyver
» par un grand feu et sur la porte de laquelle M. le comte
» de Bristol mit ce distique :

> » Semper hìc invito fulget poma aurea cœlo,
> » Sic sævas hiemes ludit Ludovicus et ornat.

« Tout ce travail lui cousta plus de cent mille livres.

» Il fit de belles réparations à son chasteau de Combefa,
» y fit une aussi belle salle que celle de son palais épisco-
» pal avec des peintures très-fines. Ce chasteau estoit aussi
» bien meublé que son palais. Il y alloit souvent s'esgayer.
» Rien n'y manquoit et les provisions de bouche le suivoient
» toujours. Il y avoit une très-belle escurie de trente à qua-
» rante chevaux et un haras aussi bien que dans celle d'Albi.
» Il fit clorre le parq de grosses murailles où on tenoit toutes
» les bêtes fauves. »

Bornons ici nos citations. D'autres détails cependant nous

ont été conservés et déposent encore de la magnificence de M. du Lude. Il fut un jour dire la messe à l'église des pères Jésuites, et lorsqu'il se retira, ces religieux trouvèrent un mandement de quatre mille livres dans un bouquet que ce prélat leur avait laissé. — Son grand-vicaire, M. Duferrier, lui ayant représenté qu'*il ferait bien de réduire son train, composé de près de cent cinquante personnes, et d'augmenter ses aumônes,* M. du Lude y consentit et chargea M. Duferrier de régler les détails de la réduction qu'il fallait opérer. L'évêque mande ensuite ses officiers; leur fait connaître ses résolutions et la pieuse intention de son grand-vicaire; « Mon trésorier — » ajoute-t-il — a reçu l'ordre de payer les gages de ceux qui » vont quitter mon service et j'ai voulu y ajouter une gra- » tification. » Ceux-ci étaient dans une douleur profonde; quelques-uns laissèrent même échapper les marques de leur désespoir; et lorsqu'ils se furent retirés, « je vois bien — dit M. » du Lude — que je pourrais me passer d'eux, mais qu'ils » ne pourraient se passer de moi. » Les rappelant aussitôt, il les retint à son service et augmenta ses aumônes.

Dans les dernières années de sa vie, M. du Lude se rendait fréquemment à Notre-Dame de la Drèche à laquelle il avait une grande dévotion. On le portait en litière suivi de ses aumôniers et de sa musique. Il mourut dans son château du Petit-Lude le 24 juillet 1676 à l'âge de 74 ans, laissant deux millions de fortune à son neveu le duc de Daillon du Lude, grand-maître de l'artillerie de France.

Son épiscopat fut traversé par de fâcheux différends avec les habitants d'Albi; ils occasionnèrent des troubles et de

nombreux procès ; mais il serait sans intérêt aujourd'hui de chercher à constater quels furent, dans ces longues luttes, les torts de l'évêque et ceux des magistrats consulaires défenseurs infatigables des droits de la ville. Une dernière citation achévera toutefois de dépeindre M. du Lude : « Il nourris-
» sait la moitié de la ville d'Albi, et tous ses bons domes-
» tiques s'enrichirent. Il avait l'âme grande et belle ; on le
» trouva toujours prêt à pardonner, à la première soumis-
» sion [1]. »

L'évêché d'Albi était autrefois l'un des plus riches du royaume. Les dîmes et redevances qu'il percevait valaient *autant de fois dix mille livres que le setier de froment valait de livres, ce qui souvent s'élevait à plus de cent mille* [2]. Le choix des prélats qui occupèrent ce siége pourrait d'ailleurs seul nous suffire pour indiquer toute son importance. Le premier archevêque d'Albi [3], Hyacinthe de Serroni [4] ; Charles

---

[1] *(Manuscrits de* M. GARDÈS. *)*

[2] *(Géographie de* DOM VAISSETE. *)*

[3] L'évêché d'Albi fut érigé en archevêché par une bulle du pape Innocent XI, du cinquième jour des kalendes d'octobre 1678, confirmée par lettres patentes du roi, du 14 juin 1680. On détacha de l'archevêché de Bourges, d'où l'évêché d'Albi avait jusqu'alors dépendu, les diocèses de Rodez, Mende, Vabre et Cahors, qui, avec celui de Castres, formèrent la suffragance d'Albi.

[4] « M. DE SERRONI fut reçu avec un enthousiasme et une solennité qu'il est
» impossible de rendre. La spirituelle Mademoiselle de Saliez, alors viguiè-
» re d'Albi, contribua à cette fête publique par des vers gracieux et des
» inscriptions analogues à la circonstance, placés sur des arcs de triom-
» phe élevés en l'honneur du prélat. Elle en fit alors une relation dé-
» taillée dans une lettre à Madame Mariotte de Toulouse, qui fut insérée

Legoux de la Berchère; Henri de Nesmond, que l'académie française désigna pour prendre place au fauteuil vacant par la mort de Fléchier ; Armand de Castries et le cardinal de Larochefoucauld gouvernèrent successivement le diocèse d'Albi. Ils joignaient un mérite éminent et de rares vertus à tout l'éclat de la naissance, et s'acquirent les plus grands titres à la reconnaissance publique.

Le génie qui crée, l'activité que rien ne lasse, et cette force de volonté qui triomphe de tous les obstacles, se révélèrent à la fois dans Léopold Charles de Choiseul, successeur d'Armand de Castries et frère du premier-ministre de Louis xv. A peine en possession de l'archevêché d'Albi, ce prélat convoque une assemblée synodale et publie d'admirables statuts; un nouveau bréviaire ne tarde pas à suivre cette publication. D'importantes réformes sont successivement introduites dans les coutumes ecclésiastiques. Mais bientôt les pensées de M. de Choiseul s'arrêtent sur la ville d'Albi et il entreprend

» dans *le Mercure de France* de cette époque. — M. de Serroni institua le
» chapitre de Ste-Cécile héritier de tous ses biens. La bibliothèque de la
» ville possède un grand nombre d'ouvrages précieux qui lui ont appartenu et où se trouvent son nom et ses armes.

» CHARLES LEGOUX DE LA BERCHÈRE, fut premier président du parle-
» ment de Grenoble, aumônier du roi, et évêque de Lavaur en 1677.
» Son mérite l'appela à l'archevêché d'Aix en 1685 et, deux ans après, à
» celui d'Albi. Mgr. de la Berchère montra, dans l'administration de ce
» dernier diocèse, le zèle et la haute capacité qui l'avaient déjà distingué
» dans ses précédents emplois. Son premier soin fut de pourvoir au sou-
» lagement des pauvres. Il appela des sœurs hospitalières et fit construire
» *à ses frais* l'hôpital qui existe aujourd'hui. »

(Biographies des Évêques et Archevêques d'Albi, par M. Hypolite CROZES.*)*

d'en renouveler la face. Laissons parler les livres consulaires :
« Peu de temps après son arrivée, M. de Choiseul forma et
» exécuta le projet des embellissements de la ville. Elle avait
» six portes comme six gaches et six consuls, entourée de
» tous côtés d'un grand fossé qui bordait les remparts jusqu'à
» la rivière ; une partie avait été comblée depuis la porte
» de Verdusse jusqu'au bastion de la maréchaussée et on
» avait planté un allée sur ce comblement. La partie du fossé
» qui commençait au bastion jusqu'à la porte de Ronel servait
» de jeu de mail ; de la terre de ce fossé on avait ancien-
» nement élevé des terrasses soutenues par des murs de maçon-
» nerie qui les bordaient ; les terrasses qu'on nommait les *Lices*
» n'étaient point alignées, et se trouvaient entièrement dégra-
» dées ; elles étaient séparées en deux par la place du Vigan ;
» il y avait six ou huit marches en pierre pour y monter. »
Ces lices, d'antique origine « où tant de chevaliers — dit
» M. du Mège — étaient venus se former dans l'art des com-
» bats, où des tournois fréquents attiraient autrefois toute
» la noblesse de la province narbonnaise » furent rasées par
les ordres de M. de Choiseul. « On commença — ajoutent les livres
» des consuls d'Albi — à planter l'allée de Ronel du côté de
» la ville, et alors le public, qui murmurait lors de la démo-
» lition des lices et qui n'avait jusqu'ici vu que des démo-
» litions, commença à sentir la beauté des nouveaux ouvrages,
» et depuis ce moment on désira l'exécution du plan *avec*
» *avidité*. — Le 19 mai 1762, M. de Choiseul entreprend la
» construction du quay depuis l'archevêché jusqu'à la porte
» du Tarn. On regarde avec surprise, avec admiration,

» l'entreprise d'un si grand ouvrage et d'une si grande utilité;
» auparavant, toutes les avenues du pont à la ville étoient
» presque inaccessibles! *La mendicité fut bannie;* on établit des
» quettes pour fournir à la subsistance des mendiants de la
» ville; les ouvrages publics aidèrent aussi beaucoup au sou-
» lagement des pauvres. »

Chaque page des livres consulaires de cette époque fournit un nouveau témoignage de tout ce que la ville d'Albi dut à M. de Choiseul [1]; s'il se rend aux états de Languedoc « il
» y obtient de nouveaux dons à la ville et au diocèse; y
» fait délibérer le chemin de St-Antonin, etc. En août 1763,
» on construit à l'hôpital la maison de force par les soins
» et *par les bienfaits* de M. de Choiseul. — Le 20 février

---

[1] La démolition du château de Combefa n'a cependant pas été pardonnée à M. de Choiseul; et l'on se rend difficilement compte, en effet, de la conduite de ce prélat dans cette circonstance. Laissons parler M. du Mège dont les savants mémoires fournissent beaucoup de détails sur le château de Combefa : « M. de Choiseul visitait les différents villages de son diocèse;
» parvenu à Blaye, il forma le projet d'aller passer quelques jours à
» Combefa. Les chemins étaient mauvais, une roue de la voiture du prélat
» fut brisée, et pour parvenir au château il dut faire près d'une demi-
» lieue à pied. La mauvaise humeur que lui causa cette mésaventure lui
» fit paraître encore plus horrible le château de Combefa. En voyant les
» hautes tours de cette demeure, ses ponts-levis, ses fossés taillés dans
» le roc, il s'écria que ce château n'était autre chose qu'une prison d'état
» et qu'il voulait le faire raser. En effet, peu de temps après, il en fit
» enlever les meubles et démolir les planchers; on abattit les créneaux, et
» il fut permis à tout le voisinage de venir chercher des matériaux dans
» les ruines de cet édifice. Ainsi M. de Choiseul fut le destructeur de ce
» bâtiment superbe encore plein du souvenir des vicomtes souverains
» d'Albi, ses premiers maîtres, et encore plus de celui des prélats qui
» l'avaient habité depuis la fin du XIIIe siècle. »

» de la même année, on avait pris, *par acclamation*, une
» délibération qui consacrait le nom de *Choiseul* en le don-
» nant au jardin; et lorsque M. de Choiseul fut transféré à
» l'archevêché de Cambrai, ce prélat, après avoir laissé ici
» toute sorte de monuments, voulut encore exciter nos re-
» grets par des bienfaits nouveaux! »

Dans le temps où nous vivons; dans ce temps où les hommes et les événements du jour absorbent presque tous les esprits, le sentiment de la reconnaissance publique, lié aux souvenirs du passé, reçoit de bien profondes altérations.... Que du moins ceux qui savent échapper à la préoccupation générale puissent dire, s'ils viennent à lire ces lignes : celui qui les écrivit a fait une louable chose, en rappelant à la contrée la mémoire de ses évêques et de ses archevêques, dont l'amour du bien public anima toutes les pensées.

ORIGINE DE LA VILLE DE GAILLAC
NOTIONS HISTORIQUES SUR SON ABBAYE
SES PRIVILÉGES & SON COMMERCE

Les archéologues affirment qu'une voie romaine conduisait autrefois de *Tolosa* (Toulouse) à la capitale des *Albienses* (Albi), et les restes d'établissements nombreux, placés dans cette direction, appuyent leur témoignage. « La ville de Gaillac — dit M. du Mège — existait longtemps
» avant qu'elle eut acquis de l'importance par la fondation
» du monastère de St-Michel, au commencement du ixe siècle ;
» et l'on peut croire que des habitations étaient réunies dans
» ce lieu pendant la domination des Romains, puisque l'on

» y trouve encore beaucoup de médailles du Haut-Empire,
» des urnes et des tombeaux. »

Le testament de St-Didier, évêque de Cahors, est le plus ancien document où il soit fait mention de Gaillac. St-Didier *légua* cette ville à son église cathédrale, l'an 654 et la seizième année du règne de Sigebert III.

Les conjectures varient sur l'époque de la construction du monastère de St-Michel de Gaillac. Plusieurs historiens ont pensé qu'il fut fondé par Pepin-le-Bref; dom Vaissete et Claude de Vic réfutent cette assertion. Les chroniques ecclésiastiques confondent souvent ce monastère avec celui de St-Quentin en Quercy, et sur ce point le savant Mabillon est en désaccord avec la *Gallia Christiana*; il faut bien se décider à laisser sur les premiers temps de l'antique abbaye de St-Michel le voile d'obscurité qui les recouvre, puisque de telles autorités n'ont pu nous donner la lumière!

On s'accorde à affirmer que ce monastère fut détruit par les Normands lorsqu'ils ravagèrent l'Albigeois au IXe siècle; il ne dut pas tarder toutefois à être reconstruit, car nous voyons Raymond Ier, comte de Rouergue, léguer divers domaines, en 961, à l'*abbaye de St-Michel de Gaillac*, et Frotaire, évêque d'Albi, consacrer, en 972, un autel dans cette abbaye à laquelle il donna plusieurs terres et villages avec leurs églises, entre autres celles de Berens, Falgairolles, Donazac et St-Pierre de Gaillac[1].

---

[1] « Raymond II, comte de Rouergue, confirma cette donation et l'ac-
» compagna de divers bienfaits. Il déclara de plus qu'il voulait que ce

L'histoire fait mention du château de l'Om[1], dès le xe siècle. Il appartint d'abord aux comtes de Rouergue, qui formaient la branche cadette de la maison de Toulouse, et devint plus tard la possession des vicomtes d'Albi et de Béziers. En 1158, Raymond Trencavel, l'un de ces derniers, reçut *dans son palais de Carcassonne*, disent les vieilles chroniques, l'hommage pour divers châteaux de l'Albigeois, parmi lesquels se trouvait celui de Gaillac.

Le pouvoir tutélaire des comtes de Toulouse, suzerains des vicomtes d'Albi, fut toujours cher aux habitants de Gaillac. Lorsque la croisade des Albigeois vint remplir de terreur la contrée, le château de Gaillac fut du nombre de ceux que Simon de Montfort soumit à son autorité; mais la force de ses armes fut impuissante contre les regrets que la maison de Toulouse avait su inspirer; ils restèrent vivants dans tous les cœurs. Nous voyons le comte Raymond vi mettre à profit, en 1211, la présence de Simon de Montfort à Castelnaudary pour tenter

» monastère fût habité à perpétuité par des religieux de St-Benoît, aux-
» quels il donna ou confirma la ville de Gaillac, le château de *Lorm*, situé
» sur une hauteur voisine qui domine le Tarn; le domaine, sur cette rivière,
» depuis Villecourtez jusques à Montans, et plusieurs autres droits ou
» domaines. »   *(Histoire générale de Languedoc.)*

[1] Ce château était situé sur une butte très-escarpée, dominant le Tarn, et resserrée par de profonds ravins au fond desquels coulent les ruisseaux de Clarieux et de Crouchon. Il ne reste aucun vestige du château de l'Om incendié par les calvinistes en 1568, lorsqu'ils s'emparèrent de Gaillac sous les ordres du vicomte de Paulin. Un orme magnifique ombrageait cet édifice et fut l'origine de son nom *(Castellum de Ulmo.)* Il y avait autrefois au château de l'Om un prieuré de bénédictines dont la prieure était à la nomination de l'abbé de Gaillac et prenait le titre d'abbesse.

de ressaisir diverses places dans l'Albigeois; les habitants sont favorables à ses desseins ; en peu d'instants, le château de Gaillac, ceux de Puycelci, Rabastens, Laguépie et Cahuzac ont secoué le joug de Simon de Montfort. Bientôt cependant de nouveaux revers accablent le comte Raymond vi, et Gaillac doit encore une fois reconnaître l'autorité du chef de la croisade; les antiques priviléges dont cette ville était en possession sont méconnus par le vainqueur, et le temps n'est pas éloigné où les fortifications de Gaillac seront rasées, où les fossés qui en défendaient l'approche seront pour toujours comblés. Simon de Montfort a perdu la vie sous les murs de Toulouse; mais la maison de Raymond vi ne doit plus se relever de son état de décadence. Elle aura désormais à compter avec le pouvoir royal jusqu'au jour où le Languedoc, dépouillé de ses priviléges, devra subir la loi commune à tout le royaume.

L'hérésie a cessé d'être un sujet d'alarmes, et cependant l'Église reste hostile à la maison des comtes de Toulouse. Le roi de France s'est associé aux rigueurs de la papauté et fait la guerre à Raymond vii qui vient de succéder à son père ; excommunié et trop faible pour résister aux armées qui menacent toutes ses possessions, le malheureux Raymond se soumet. Il reçut, disent les historiens, l'absolution des mains du légat, dans la cathédrale de Paris. Le château de Gaillac était compris dans les conditions de la paix qui lui fut imposée. « Je ferai — dit Raymond — détruire entièrement les
» murs de la ville de Toulouse et combler ses fossés, sui-
» vant les ordres et la volonté du légat. J'en ferai de même
» de trente villes ou châteaux, savoir : de Gaillac, Rabastens,

» Montaigu et Puycelci en Albigeois; Puylaurens, St-Paul et
» Lavaur dans le Toulousain.... Les murailles et les fortifica-
» tions de ces places ne pourront être rétablies sans la per-
» mission du roi de France. »

Lorsque Raymond VII mourut, Alphonse de Poitiers, son gendre, combattait dans la Terre-Sainte. Des commissaires, délégués par la reine Blanche de Castille, se rendirent incontinent à Toulouse et y reçurent, dans le *château narbonnais*, le serment de fidélité des peuples de Languedoc. Gaillac se fit représenter, dans cette occasion solennelle, par ses *consuls* et ses *prud'hommes*. Peu d'années après, Alphonse affranchit cette ville du droit de *pezade*[1] qui lui était attribué, moyennant trois cents marcs d'argent que les habitants s'imposèrent. Les évêques d'Albi percevaient aussi ce droit à Gaillac; des différends s'étant élevés en 1259 entre les officiers royaux d'Albi et Bernard de Combret, ce prélat, voulant pourvoir à la solde de nombreuses troupes, vendit à la ville de Gaillac le droit de *pezade* auquel elle était soumise.

Les évêques d'Albi eurent aussi de fréquents différends avec les abbés de Gaillac; ils furent tels en 1259 que, par les ordres du comte Alphonse, le sénéchal de Toulouse condamna

---

[1] L'origine du droit de pezade *(pacata* ou *passata)* remonte à 1191; un traité de paix fut conclu cette année-là entre le comte de Toulouse Raymond VI, Roger, vicomte de Béziers, et l'évêque d'Albi; les conditions qui furent stipulées sont rapportées à la page 74 de cet ouvrage, et donnèrent naissance à la pezade que perçurent, depuis lors, les comtes de Toulouse et les évêques d'Albi. La noblesse, le clergé et un petit nombre de villes de l'Albigeois étaient seuls exempts de cette redevance qui se payait en grains, pour chaque charrue, et en argent, pour chaque bête de charge.

à de fortes amendes *tous ceux qui s'étaient trouvés dans la chevauchée et le conflit d'armes* entre l'abbé de Gaillac et l'évêque. En 1314, Béraud de Farges, qui occupait le siége d'Albi, était en guerre avec Arnaud, abbé de St-Michel de Gaillac, à l'occasion des droits de préséance; le cardinal Pilfort de Rabastens fut juge de leurs prétentions et rendit à ce sujet une sentence arbitrale dans l'abbaye de Candeil[1]. La première place, après celle de l'évêque, fut adjugée à l'abbé de Gaillac dans les synodes ou autres assemblées diocésaines, *comme à la personne la plus qualifiée du diocèse*[2].

Gaillac s'associa vivement au sentiment national qui se manifesta dans l'Albigeois lorsque les Anglais, vainqueurs en Aquitaine, envahirent le Languedoc; en 1384, un grand nombre de villes envoyèrent à Gaillac des représentants, sous les

---

[1] ABBÉS DE St-MICHEL DE GAILLAC.

An 972, Robert Ier. — 1130, Bernard Ciciter. — 1168, Robert II. — 1176, Henri. — 1212, Guillebert. — 1224, Arnaud Ier. — 1229, Raymond Ier. — 1243, Arnaud II. — 1251, Raymond. — 1255, Arnaud III. — 1263, Bernard Ier de Riom. — 1277, Pierre Ier. — 1285, Bernard II. — 1311, Raymond II de Roquecor. — 1312, Armand de Montlenard. — 1324, Gui. — 1342, Boniface. — 1357, Arnaud IV de Falguière. — 1377, Roger de Latour. — 1406, Raymond III. — 1409, André. — 1418, Hugues de Lapeyrière. — 1435, Bernard III de Laroque. — 1458, François de Rabastens. — 1470, Pierre de Carmaux ou Carman. — 1506, Bernard IV de Carman. — 1514, Clément Cherni. — 1537, Bermond Seguier. — 1540, Jean Malfred de Voisins. — 1555, Egide de Lomenie. — 1583, Charles de Peyrusse Descars. — 1600, Urbain d'Aspect. — 1634, Jean-Jacques de Cheverri. — 1670, Claude de Montnourri. — 1709, Ferdinand Vallot. — » Jean Claude de la Poype. — 1716, de Coriolis. — 1752, de Lastic de St-Jal. — 1787, de Faudoas.

(*Gallia Christiana* et *Catalogue de l'Abbaye*.)

[2] (*Gallia Christiana.*)

ordres de Gaucher de Passac, capitaine général en Languedoc, et du sénéchal de Toulouse ; elles fournirent de nombreuses troupes pour la défense du territoire[1]; Gaillac mit sur pied 300 hommes. Cette ville venait d'être assiégée par les Anglais ; ils s'étaient emparés de *l'hôpital de St-Pierre et St-André* et des maisons qui l'avoisinaient, positions qui leur permirent de causer de grands dommages aux habitants. On devait craindre que l'hôpital ne retombât au pouvoir des troupes anglaises ; les consuls n'hésitèrent pas à remplir un rigoureux devoir ; cet édifice fut détruit par leur ordre avec le consentement du commandeur Bertrand de Foulcrand et celui des frères servants [2].

Divers documents constatent que les rois de France vou-

---

[1] *(Chronique de* FROISSART.*)*

[2] Les consuls de Gaillac furent excommuniés par le pape, parce qu'ils avaient détruit l'hôpital sans la permission de l'Église, et l'excommunication ne fut levée qu'en 1393. L'hôpital fut reconstruit par les soins de Guillaume de la Voulte, évêque d'Albi.

Divers documents nous ont conservé les noms d'un grand nombre de commandeurs de l'hôpital de St-Pierre et de St-André de Gaillac; nous les donnons ici : — 1182, *Hugues de Candastre.* — 1262, *Guillaume de Gaillac.*— 1284, *Amiel de Vallières ou de Vallibus.*— 1300, *Jean de Rocolis.* — 1320, *Ichier de Bralhe.* — 1358, *Pierre de Molinhol.*— 1361, *Amiel Cabrol.* — 1375, *Bertrand de Foulcrand.* — 1392, *Pierre Raymond Assery.* — 1457, *Pierre Treilles.*— *Louis d'Amboise,* cardinal évêque d'Albi.— *Louis II d'Amboise,* cardinal évêque d'Albi. — *Claude de la Guiche,* évêque d'Agde.— 1581, *Adrien Thoery.* — 1595, *Jean Pelroux.* — 1685, *Pierre Doucet.* — 1727, *Étienne Granier.*—1752, *de Verdier.* — 1784, *de Falguière.*

L'hôpital de St-Jacques de Clarieux, fondé à Gaillac pour recevoir les pélerins, était célèbre. Il existait encore en 1645, et l'on retrouve dans l'histoire les noms de ses commandeurs depuis le XIIIe siècle.

lurent reconnaître le dévouement et la fidélité qu'avaient montrés les habitants de Gaillac au milieu des périls qui menaçaient la monarchie. Au mois de mars 1450, Charles VII permit aux consuls de cette ville d'imposer pendant vingt ans trente deniers sur chaque pipe de vin qui sortirait de Gaillac, « en considération de ce que les habitants avaient employé » deux mille écus d'or à acheter la huitième partie de la » seigneurie de leur ville, qui appartenait à Philippe de » Landorre, pour en faire don au roi ; en considération aussi » de ce qu'ils avaient fait vuider à leurs dépens les ennemis » qui occupaient le château de Combefa. » Le 16 avril 1453, pour mieux les récompenser encore, Charles VII donna aux consuls de Gaillac le *soquet*[1] sur le vin, pendant seize ans, et une aide de deux deniers tournois sur chaque livre de viande de boucherie.

Vers la fin du xv° siècle, la peste ravageait le Languedoc ; le parlement dut quitter Toulouse et fut transféré à Gaillac. L'histoire constate qu'il y siégeait en 1474 et en 1502. Gaillac avait alors une extrême importance ; ses habitants trouvaient une source de prospérités dans le commerce des vins. Grâce à la sollicitude des consuls, les nombreux priviléges[2] accordés

---

[1] « Huitième du vin vendu en détail dans les cabarets. »
(*Histoire générale de Languedoc.*)

[2] EXTRAITS
Du dénombrement des priviléges et facultés appartenant à la ville de Galliac en Alhigeois, manans et habitans du consulat et juridixion d'iselle.

I.

Le roy est seigneur justicier, hault, moyen et bas de ladicte ville de

à la ville restaient à l'abri de toute atteinte; son collége enfin était renommé en Languedoc. Dès l'année 1329, une bulle du pape Jean XXII avait permis à la communauté de Gaillac

Galliac, consulat et territoire d'iselle pour les trois quartz, l'autre quart appartenant au s.ʳ abbé de ladicte ville duquel territoire on ne peut particulièrement designer la contenance, mais bien confronte en corpz avec le territoire de Lisle, Castelnau de Montmiral, Montelz, Broze, Rivières et la rivière de Tarn.

II.

Ladicte ville de Galliac et territoire d'iselle est dans la province de Lenguedoc, et la seconde du dioseze d'Alby, en sorte quelle suporte sa part et pourtion des tailles et autres charges de ladicte province quy sinpozent annuelement par ordre de Sa Majesté, suivant le despartement quy en est faict par Messieurs les commissaires de lassiette dudict dioseze d'Alby, et par mesme moyen jouist de toucz les privileges, exemptions et inmunités octroyees audict pays de Lenguedoc, et a seance de trois en trois ans aux estatz dudict pays de Lenguedoc.

III.

Ladicte ville est le siege principal de la judicateure dudict pays d'Albigeois où la justice civile et criminelle y est exercee par le juge de Sa Majesté tant aux justiciables de ladicte ville de Galliac et territoire d'iselle que des lieux et territoires de Puiselsy, Pene d'Albigeois, Senoulhac, Cahuzac et autres en ressortissans, sauf que les consulz dudict Galliac ont aussy la justice criminelle de ladicte ville et territoire ensemble des cauzes politiques et aulcunes des civiles, et concernant ladicte juridixion criminelle elle est exercee par le premier occupant entre ledict juge ou lesdictz consulz sans que le dernier occupant puisse rien entendre sur le premier.

IV.

Ladicte ville et communauté de Galliac a droict de mezures pour les bledz et autres grains, lesquelles sont basties à un bout de la grande place publique au dessus de laquelle estoit par le passé la maison commune de ladicte ville pour y tenir les assemblees et conseilz politiques, mesmes pour la garde des archifz, tiltres et documans de la communauté.

V.

En ladicte ville il y a quatre consulz quy sont esleus et créés annuelement par les habitans de ladicte ville dans la maison consulaire, le premier jour du mois d'aoust en consequance des huict esleus par les vieux

« d'instituer ce collége et d'y établir des régents, sans-en
» demander permission à l'évêque d'Albi, *ni au recteur et
» aux maîtres de cette dernière ville.* »

consulz, à laquelle eslection desdictz quatre consulz est procédé par pluralité de voix et suffrages desdictz habitans pardevant ledict sieur juge de Sa Majesté, lequel ensuitte faict prester le serment en le cas requis ausdictz consulz a ladicte place publique dans la pierre où sont lesdictes mesures du bled, au dessus de laquelle estoit sy devant la maison commune, et ce à la requisition du procureur du roy en ladicte judicateure d'Albigeois ou de son substitut, en presance du sindic de ladicte ville et des assesseurs desdictz consulz, et ledict serment presté lesdictz consulz ont accoustumé porter pendant l'annee chaperons, robbe et mantiaux my partis de drap ou sarge de flurance noire, escarlate ou estamet de milan rouge, les paremens de la robbe estant de sattin blanc et ceux du manteau de vellous noir, et ladicte annee finze ilz ont droict et faculté, par costume inmemorialle, de prendre le tiltre de bourgeois, sans confusion de leurs autres qualités.

VI.

Pour lexercisse de ladicte charge consulaire lesdictz consulz ont accoustumé avoir quatre sergens vestus de robbes my parties de drap bleu et vert, avec un bonnet rouge, le tout aux despans de ladicte communauté lesquelz en ladicte qualité ont accoustumé despuis un tempz inmemorial dexploiter toutz actes de justice tant dans la ville de Galliac que destroit diselle.

VII.

Ladicte ville a privilege despuis un temps inmemorial dempecher que le vin estranger nentre dans ladicte ville et consulat, et de faire dessandre les vins quy se reculissent au vignoble dudict Galliac en la ville de Bourdeaux, ainsi quest contenu aux privileges a eux accordés et transactions sur ce passées.

VIII.

Les habitans de ladicte ville ont droict et faculté de tout tempz de faire et dresser dans iselle fauxbourg et juridixion, chascun a son esgard, pigeoniers, forges et fours, sans pour ce en payer au roy aulcune prestation ny redevance autre que les tallies ordinaires suivant lalivrement du fondz.

IX.

Il appartient ausdictz consulz le patronat de la commanderie et hospital

Divers documents nous ont fourni sur le commerce des vins de Gaillac de curieuses notions. Les plus anciens remontent à ces temps désastreux où la monarchie n'avait que d'impuissants efforts à opposer à l'invasion anglaise, où la France semblait devoir perdre l'espoir de garder une place parmi les nations. Les Anglais étaient maîtres de l'Aquitaine; Édouard 1er, roi d'Angleterre, confirma à Bordeaux, le 25 janvier 1286, les conventions réglées entre son sénéchal, Jean de Graïlli, et les procureurs des consuls de la communauté de Gaillac, pour les droits qu'elle aurait à payer, lorsqu'elle *ferait voiturer des tonneaux de vin par la Garonne, à la destination de Bordeaux*. On trouve aussi dans le compte du domaine de la sénéchaussée de Carcassonne, pour l'année 1310, « l'indication » de la somme donnée à un courrier envoyé, avec les lettres » closes du trésorier de la sénéchaussée de Toulouse, à Macelot » du Port, échanson du roi, à St-Pourçain, pour lui rapporter » l'épreuve et la valeur des vins de Gaillac en Albigeois. »

Ces vins étaient si renommés qu'ils occasionnèrent de fréquents différends entre les magistrats de Bordeaux et les consuls de Gaillac; les premiers obtinrent que les vins de Gaillac ne pourraient être mis en vente dans leur ville qu'à des époques déterminées. En 1618, Jean Geoffret, marchand de Rabastens, « ayant fait vente à un marchand de Paris » nommé Cremalie, et quelques jours avant la fête de Noël,

---

St-André de ladicte ville, mesmes de lhospital St Jacques de Clarieux et de diverses chappelles quilz conferent; vacation arrivant, et de la Maladrerie.
(Archives de la Préfecture du Tarn.)

» de vins blancs et noirs, excrus au vignobre de Gailhac,
» fut condamné en l'amende de cent cinquante livres tour-
» nois, et ledit Cremalie en cent livres. » Les vins de Guienne avaient alors à redouter la concurrence de vins de Gaillac,
en Normandie, en Bretagne et jusqu'en Angleterre [1].

EXTRAIT
des registres de la maison-commune de la ville de Bourdeaux.

« Du sammedy vingtiesme jour de juin mil six cent vingt, entrèrent,
» pour tenir la jurade, Messieurs de la Chausse Guichavée de Cadilhac;
» Darnal, procureur scindic et clerc de la ville... Se sont présentés maistre
» François Maroulle licentié és droicts, premier consul de la ville de Gail-
» hac, et sieur Maffre Depaule, bourgeois et habitant de Gailhac, les quels
» ont dit et représenté qu'ayant les sieurs maire et jurats de la présente
» ville de Bourdeaux, en l'année mil quatre cens huictante-six, obtenu
» du roy Charles septième privilege et faculté qu'aucuns vins du pays de
» Languedoc ny autres qui pourront estre conduits en ladite ville de Bour-
» deaux par les rivières du Tarn, Garomne, Gironde et autres rivières,
» ne seront descendus qu'après feste de Saint André et vandus après
» feste de la Nativité de Nostre Seigneur..... S'en serait ensuivi arrest du
» grand-conseil qui auroit par provision limité et restraint ledit privilége
» et ordonné qu'il estoit permis à ceux de la province de Languedoc de
» faire descendre leurs vins et de ceux vandre et débiter sur le quay
» des Chartreux de ladite ville de Bourdeaux ou ailleurs à l'instant après
» la feste St-Martin d'hyver..... A quoy lesdits sieurs maire et jurats au-
» roient par leur response fait entendre aux consuls dudit Gailhac que
» leur intention n'estoit point de plus avant plaider; mais bien qu'ils en-
» tendoient faire raison telle que la justice de leur cause le permettroit;
» qu'il n'estoit besoin que deputer aucuns pour conferer des moyens pour
» faire terminer ce procés à l'amiable; ce qui auroit porté les habitants
» dudit Gailhac à les deputer pour cet effect.
» L'an mil six cent vingt et le troisiesme du mois de juin, dans la
» maison consulaire de la ville de Gailhac, ont été constitués en leurs
» personnes MM. Mathieu Demurs, Thomas Cavazier, Jean Caribends,
» consuls modernes dudit Gailhac, et Jacques Combettes, bourgeois
» scindic, bourgeois d'icelle, les tous procédants pour le corps et commu-
» nauté de ladite ville, qui ont fait et constitué leurs acteurs et procu-

Nous terminerons nos recherches sur le commerce des vins de Gaillac par quelques citations empruntées à un précieux manuscrit du xvi⁰ siècle[1]. « La ville de Galhac — y est-il » dit — est assise au diossese d'Albigeois, sur la rivière du

» reurs espéciaux et généraux, c'est à sçavoir : M.ʳ maistre François Ma-
» rolle, licentié en droict et premier des consuls de ladite ville et sieur
» Maffre Depaule, bourgeois, pour expressément et par exprès se trans-
» porter et acheminer en la ville de Bourdeaux..... Et les maire et jurats
» gouverneurs de Bourdeaux et juges de police ont déclaré vouloir
» consentir que, nonobstant le texte de l'estatut au tiltre du vin de
» Gailhac et Rabastens, les habitants dudit pays de Languedoc jouissent
» du privilége de pouvoir descendre leurs vins à l'instant après la feste
» St-Martin au lieu des Chartreux et les vandre audit lieu à l'instant après
» la feste St-André après suivant, excepté en gros auxdits employs, et
» après la feste de la Noël tout indifféremment, ou bien la feste St-Martin
» passée, les apporter pour eux où bon leur semblera, fors au royaume
» d'Angleterre que la feste de Noël ne soit passée. »

[1] Ce manuscrit nous a été confié par M. Monclar, de Marssac. On y trouve la relation des guerres civiles de la réforme, à Gaillac et dans les villes qui l'avoisinent, depuis 1559 jusqu'en 1595. L'auteur a fait précéder son récit d'une sorte de préface que nous reproduisons ici :

BRIEFVE DESCRIPTION DU LIEU AUQUEL EST PLANTÉE LA VILLE DE GALHAC,
AU DIOSSESE D'ALBI.

« Craignant que ce mien petit discours des troubles de ma patrie contre
» mon intention ne fut porté plus loing que le lieu où il a esté dressé et
» reculi, il m'a semblé bon de representer avec peu de paroles, et comme
» en passant, descrire le plan et situation de la ville de Galhac en Albi-
» geois, plus tost (dis-je) que faire voir les merveilheuses tragédies, les
» grands désordres et séditions que l'inconstante fortune nous a repré-
» sentés dans peu d'années sur le théâtre d'icelle. »

L'auteur était d'ailleurs témoin oculaire des événements qu'il a décrits.
« Né en 1559, j'ai voleu, dit-il, qu'an le temps la mémoire de ce quy
» s'est passé au dedans de la ville de Galhac ne soict ou ne demeure du
» tout ensevelie et estouffée, combien que ses ruines en porteront suf-
» fisant tesmoignage ! »

» Tarn, laquelle de ses ondillettes bat et frape tout douce-
» ment le bas des muralhes devers l'abbaye et la tour du
» pont quy y estoit anciennement, et quy est du costé du
» midy. Devers l'occéan et septentrion ell'est joincte au
» chasteau de Lom, le ruysseau de Crouchon passant entre
» deux, et de ce mesme costé ell'a la plus grande partie
» de son estandu et ample vignobre quy rend d'aussi bon
» et excellent vin qu'il s'enleve en partie de l'Europe et en
» si grande cantité et abondance qu'on la heu estimé (bien
» qu'il fut bon, pur et merchant) moingz que le bois dans
» lequel il estoict; et cela me sembleroict incroyable si je
» n'avois vu d'années qu'on en faisoit presque aussi peu de
» cas que de l'eau! On a heu lors audict vignobre jusques
» à plus de dix huict mille pipes de bon vin. Aussi tous
» les jours on voict merchantz pour l'achepter quy le des-
» sendent par la rivière vers Bourdeaux, pour de là lappor-
» ter en Angleterre, Escosse, Flandres et autres pays fort
» eslognés. »

HENRI DE NAVARRE A CASTRES

orsque Henri de Navarre vint visiter la ville de Castres, la mort récente du duc d'Anjou l'avait rendu héritier présomptif de la couronne de France. Une étroite alliance, conclue entre Henri III et ce prince, semblait devoir lui aplanir les voies qui conduisaient au trône; et cependant Henri de Navarre devait surmonter de bien grands obstacles avant d'atteindre à ce résultat! Disposant des parlements et des principaux chefs de l'armée royale; appuyée par le clergé; pouvant puiser, pour réparer ses échecs, des forces toujours

nouvelles dans un peuple que le fanatisme guidait, telle était la Ligue alors ; et il paraissait difficile que le roi de Navarre pût triompher de la puissance et de la tenacité de ce parti.

Au commencement de 1585, Henri était à Montauban avec une armée calviniste ; le duc de Montmorency commandait les troupes royales en Languedoc et agissait contre la Ligue, de concert avec le roi de Navarre. Une conférence leur parut nécessaire, et ils réglèrent qu'elle aurait lieu dans la ville de Castres. Henri quitta Montauban le 13 mars, arriva le soir à Puylaurens, où il coucha, et passa l'Agoût au gué de Saïx. Lorsqu'il s'approcha de Castres, le jeudi 14 mars, un violent orage se déclara ; la pluie mêlée de grêle tombait par torrents ; le ciel était sillonné d'éclairs ; « Les tonnerres grondèrent si » fort — disent les mémoires de Gaches — que les canons ne » purent presque pas être ouïs. » On avait fait de grands préparatifs pour cette réception solennelle [1] ; les troupes étaient

---

[1] « L'an mil cinq cens quatre vingtz cinq, et le vendredy quinzième jour du moys de mars, après mydi, dans la maison commune de Castres, pardevant honnorables hommes M. Marc Anthoine *Lacger*, commissaire du roy et son juge en la ville et conté de Castres ; Pierre *Gaches* ; mestre Jean *Bissol*, notaire ; François *Alary*, et Olivier *Lacan*, consuls de ladite ville ;

Assemblés, mestre Michel *Sauvan*, second scindic de ladite ville de Castres ; mestre *Roc*, Olivier, depputté des consulz de Lautrec ; Jacques *Calas*, consul, et anthoine *Galtier*, depputté de La Caune ; Jean *Maffre*, consul de Châteauneuf de Brassac ; Huc *Delpas*, consul de Briatexte ; Jean *Martin*, Pierre *Bonafos*, depputtés de St-Amans ; Jean *Calvet*, depputté de Viane ; Jean *Bonafos*, consul, et Sicard *Rodière*, depputté de Montredon ; Jean *Garrigues*, consul de Fiac ; Jean *Bouthe*, consul d'Esperausses ; Bernard *Griffolières*, consul de Roquecourbe ; Jean *Viala* et Sicard *Bonhomme*, consulz de Boyssezon d'Aumontel ; Benoist *Ollac*, consul de Lacaparède ; villes mestresses et cappitalles du diocèse de Castres ; Anthoine

Entrée de Henri de Navarre à Castres.

sous les armes; Les consuls présentèrent les clefs de la ville au roi et le reçurent sous un dais[1].

Le lendemain Henri se rendit au prêche avec un brillant cortége. Un grand nombre de gentilshommes ouvraient la marche; ils étaient suivis d'un corps d'arquebusiers, des gardes du roi et des compagnies suisses. Les consuls précédaient

---

Thomas, bourgeois du conseil, et mestre Anthoine de *Lespinasse*, docteur scindic d'icelle.

Par ledit de Lespinasse a esté remonstré quayant esté adverty par les sieurs magistrats et consulz de lacheminement du roy de Navarre, messeigneurs le prince de Condé et duc de Montmorancy en la présente ville de Castres, en laquelle lesditz sire roy de Navarre et prince de Condé firent hier leur entrée, il les requit de rassembler les susdites villes maîtresses pour pourvoir tant à ce qui est nécessaire pour leur réception et éclat que pour faire les remonstrances des quontraventions faictes à l'édit de pacification par ceulx d'une et d'autre religion en ce pays, et supplier très humblement leurs majestés et grandeurs y vouloir pourvoir à ce que ce pays se resante des fruits dune heureuse et tranquile paix.

A esté arresté quatandu que monseigneur de Montmorancy nest encore arrivé en la présente ville lequel sy doibt randre un de ces jours et que cest à luy principallement comme gouverneur et lieutenant-général pour le roy en ce pays quil fault dresser les remonstrances pour y pourvoir, il sera surcis à ceste affaire jusqua son arrivée...

Aussi, que la despance necessaire faicte et quil conviendra faire pour lentrée desditz sire roy de Navarre, prince de Condé et duc de Montmorancy; deffray des mareschaux de lotgis et forriers; dachapt des vivres qu'il convient bailler à moindre prix aux gardes du roy de Navarre; gratifflcations des trompetes ausquelz ordonnons neuf escus; et autres despances necessaires; sera, suyvant les précédentes délibérations, aux despens dudit diocèse. » (*Archives de la Préfecture du Tarn.*)

[1] « Il passa par la rue droite et à la place, jusques au logis du » receveur Antoine Thomas. Pendant que l'artillerie donna, il plut beau- » coup, il tomba do *gronisso*, il fit des éclairs, il neigea; et dans le temps » qu'il entra sous le dais, il y eut un grand coup de tonnerre. »
(*Journal de* Faurin.)

Henri de Navarre et le prince de Condé. On remarquait dans ce cortége « Turenne qui, dans les années précédentes, avait » combattu à la tête des troupes castraises; Béthune, qui » sous le nom de Sully devait un jour associer sa gloire à » la gloire de Henri; Roquelaure, cher à son prince; et Du- » plessis Mornai, qui conserva son austère sagesse au milieu » de la licence des camps[1]. » Le vicomte de Turenne entra le premier dans le temple tenant à la main son bâton de chambellan. Le roi le suivit et fut se placer à la droite de la chaire du ministre, sur un riche fauteuil. Losqu'il parut sur le seuil du temple, on chantait le psaume 72 :

> Tes jugements, Dieu véritable,
> Baille au Roi pour régner;
> Veuilles ta justice équitable
> Au fils du Roi donner, etc.

Henri, frappé d'étonnement, demanda au ministre si ce psaume avait été chanté à dessein; et lorsqu'il sut que le hasard seul avait causé cet à-propos, puisque le psaume précédent était celui de la veille, le roi s'écria : « Dieu soit » loué ! c'est un bon présage pour moi ! »

Le 17 mars, la nouvelle de la prochaine arrivée du duc de Montmorency parvint à Castres. Aussitôt « Henri fit sortir » ses chiens et ses oiseaux et sur le prétexte de la chasse fut » au devant de lui. Les consuls avaient fait traîner les canons » à la porte de Villegoudou et sortir 400 arquebusiers pour » faire les honneurs de la ville, au retour du roy et arrivée » du duc gouverneur de la province. Il le rencontra à demi-

---

[1] *(Histoire du Pays Castrais*, par M. MARTURÉ.)

» lieue, menant avec lui MM. de Châtillon et d'Andelot frères,
» avec un grand nombre de noblesse d'une et d'autre religion.
» Après les accueils et les caresses, le duc fit passer devant
» le roy sa compagnie d'ordonnance de deux cents gendarmes
» français ou italiens que le roy trouva la plus belle qui se
» peut voir. Après quoi ils marchèrent jusqu'à la porte où
» ils reçurent les compliments de tous les magistrats et con-
» suls et entrèrent au bruit du canon et arquebuzades jus-
» ques à la maison du roy d'où les consuls conduisirent le
» duc chez le sieur de la Garrigue qui lui avait gardé sa
» maison comme son serviteur; M. de Châtillon chez le juge
» Lacger, et M. d'Andelot chez Jean Ligonnier [1] »

---

[1] Les *Mémoires de* GACHES nous ont fourni ces détails. Ils rapportent aussi que le duc de Montmorency, ayant accompagné Henri de Navarre au prêche, « lui fit la révérence, lorsqu'il fut assis, et sortit, disant que le
» temple *était beau* mais que le premier président ne serait pas long-
» temps sans savoir qu'il y avoit été dedans; après quoi il revint de son
» logis, où il s'en était allé, pour accompagner le roy à l'issue du prêche. »
Les *Mémoires de* BATAILLER renferment, sur le séjour de Henri de Navarre à Castres, quelques particularités que Gaches ne mentionne pas; on y lit que « pendant le séjour du roi de Navarre à Castres, ceux de Lautrec
» députèrent à Duranti, premier président de Toulouse, pour le consulter
» s'ils permettraient l'entrée libre de leur ville à ce prince qui en était
» vicomte en partie. Il fut décidé que si le roi de Navarre allait à Lautrec,
» on ne lui permettrait d'y entrer que lui dixième. Le duc de Montmorency
» ayant su cette décision manda aux consuls de cette ville de venir faire
» leur révérence au roi de Navarre, sans quoi il irait les chercher. Enfin,
» après plusieurs allées et venues, les habitants de Lautrec envoyèrent à
» Castres deux députés qui, ayant été présentés à ce prince par le duc
» de Montmorency, s'excusèrent de leur négligence sur ce qu'on les avait
» assurés que le roi de Navarre les maltraiterait. Ce prince leur répondit
» qu'*il n'était pas le diable* pour leur faire du mal; il leur fit un bon

Le roi de Navarre eut à Castres de longues conférences avec le duc de Montmorency et le prince de Condé. On s'y précautionna contre les entreprises des ligueurs. Le 20 mars, un synode s'assembla; parmi les députés des églises réformées du Haut-Languedoc, de l'Armagnac, du Querci, du pays de Foix et du Rouergue qui prirent part à ce synode, on remarquait Antoine Roussel, ministre de Mazamet, célèbre par son éloquence, Bouffard Lagrange et Bouffard Lagarrigue, son frère.

Une lettre de Henri III vint mettre fin aux conférences des chefs calvinistes. Le 23 mars, un courrier envoyé par ce prince arriva à Castres et remit ses dépêches à Henri de Navarre. « Mon frère — lui disait le roi de France — je vous
» avise que je n'ai pu empêcher, quelque résistance que j'aie
» faite, les mauvais desseins du duc de Guise; il est armé.
» Tenez-vous sur vos gardes et n'attendez rien. J'ai entendu
» que vous étiez à Castres pour parlementer avec mon cou-
» sin, le maréchal de Montmorency, dont je suis bien aise,
» afin que vous pourvoyiez à vos affaires. Je vous enverrai un
» gentilhomme à Montauban qui vous avertira de ma volonté.
　　　　　　　» Votre bon frère,　　Henri. »

On dit qu'à la lecture de cette lettre, le roi de Navarre parut ému; mais cette émotion fut passagère, et il se mit bientôt en devoir de retourner à Montauban. Il voulut ce-

---

» accueil et leur dit entr'autres qu'il espérait recevoir plus de services de
» leur part que du premier-président de Toulouse qui leur avait conseillé
» de ne pas obéir; après quoi il partit pour la chasse. »

pendant, avant son départ, assembler une dernière fois le conseil et régla de concert avec lui toutes les mesures que les circonstances dictaient. Henri quitta Castres le 25 mars et prit la route de Lautrec ; Montmorency et les consuls qui l'accompagnaient prirent congé de lui *à l'allée de Sicardens*[1]. En les quittant il témoigna à ces derniers combien il était touché de la réception qui lui avait été faite. Le duc rentra dans Castres avec les consuls et reprit immédiatement le chemin du Bas-Languedoc.

Tel est le récit fidèle du séjour de Henri de Navarre à Castres. Nous nous sommes religieusement attaché à lui laisser sa couleur locale que des considérations générales auraient pu altérer ou au moins affaiblir.

Tout ce qui concerne Henri IV trouve en France un bienveillant accueil, et ce rare privilége était une bonne fortune pour nous ; mais combien il est difficile de traiter dignement, au point de vue de l'histoire, le caractère de ce prince ! Nous n'aurions eu garde ici d'entreprendre une tâche aussi périlleuse, et nous aimons bien mieux relire ces belles lignes que traça la plume de M. de Châteaubriand : « Pendant le siége de » Paris, Henri IV laissait ses soldats monter, au bout de leurs » piques, des vivres aux Parisiens ; il faisait relâcher des vil- » lageois qui avaient amené des charrettes de pain à une » poterne ; il leur distribuait quelque argent, et leur disait : » Allez en paix ; le Béarnais est pauvre ; s'il avait davantage

---

[1] (*Mémoires de* Gaches.)

» il vous le donnerait..... Henri abjura dans l'église de Saint-
» Denis, le 25 juillet 1593, et se fit ensuite sacrer à Chartres ;
» on y rapiéceta son pourpoint pour une somme de quelques
» deniers, dont le reçu existe encore : ces lambeaux-là n'al-
» laient pas mal au manteau royal tout neuf du Béarnais.....
» La bravoure de Henri iv, son esprit, ses mots heureux,
» et quelquefois magnanimes, son talent oratoire, ses lettres
» pleines d'originalité, de vivacité et de feu ; ses malheurs,
» ses aventures, ses amours, le feront éternellement vivre.
» Sa fin tragique n'a pas peu contribué à sa renommée ; dis-
» paraître à propos de la vie est une condition de la gloire. »

RECHERCHES HISTORIQUES
SUR LES VILLES
DE LAVAUR RABASTENS & CORDES

Charles-le-Chauve assiégeait Toulouse en 844; quinze cents chevaux et cinq mille hommes de pied se détachèrent de son camp pour aller, par ses ordres, faire du dégât en Albigeois vers la forêt de *Lavaur*. Pour la première fois ce nom apparaît alors dans l'histoire.

Il est question, dès le XIe siècle, du château de Lavaur dont les habitants reconnaissaient l'autorité des vicomtes d'Albi. Frotaire, évêque, et Bernard III, son frère, possesseurs des vicomtés de Nismes et d'Albi, reçurent en 1032, disent les vieilles chroniques, *l'hommage pour divers châteaux*, entr'autres celui de *Lavaur* (Castellum de Vauro.) Parmi les seigneurs qui tenaient en fief ce château, au xi⁰ siècle, on remarque l'evêque de Toulouse Isarn, fils de Guillaume; en 1098, ce prélat fit don de l'église de *St-Elan de Lavaur* aux religieux de St-Pons de Thomières [1]; ces derniers s'engagèrent à rebâtir l'église et à construire un village (*villa*); telle est l'origine de la ville de Lavaur [2].

Son château acquit bientôt une extrême importance et était devenu, dès le xiii⁰ siècle, l'une des plus redoutables forteresses de la contrée. D'épaisses murailles en défendaient l'approche ; aussi résista-t-il longtemps aux armes de Simon de Montfort. « Lavaur était une si forte ville que jamais en nul autre
» royaume homme né n'en vit de plus forte en pleine terre,
» avec plus hauts remparts ni fossés plus profonds. En de-
» dans étaient maints chevaliers richement armés; et don
» Aimerigats, le frère de dame Giraude, dame de la ville, y
» était aussi entré. Il avait quitté sans congé le comte de
» Montfort; les croisés lui avaient enlevé Montréal, Laurac,
» et d'autres parties de sa terre et amoindri son fief de deux
» cents chevaliers ce qui lui avait fort déplu. Il n'y avait
» point dans le Toulousain ni dans tout le comté, chevalier
» plus preux ni plus large dépensier, ni de plus haute race.

---

[1] *(Mémoires de* CATEL.)

[2] Il y avait alors dans le château de Lavaur une autre église paroissiale, sous le titre de St-Christophle *d'Afragnio* ou de Lavaur. En 1065, les seigneurs de Lavaur firent don de cette église à l'abbaye de Conques en Rouergue.

» Mal lui prit d'avoir connu les hérétiques et les ensabattés !
» Car jamais dans la chrétienté, si haut baron ne fut, je crois,
» pendu avec tant d'autres chevaliers à ses côtés. Car de che-
» valiers seulement il en fut là compté plus de quatre-vingts
» à ce que me dit un clerc. Quant à ceux de la ville, on en
» rassembla dans un pré jusqu'à quatre cents qui furent brûlés
» et grillés; sans y comprendre dame Giraude que les croisés
» jetèrent dans un puits et couvrirent de pierres dont ce fut
» dommage et pitié [1]!... »

Le siége de Lavaur est l'un des faits les plus considérables

[1] (Traduction de *la Croisade contre les Albigeois*, publiée par M. Fauriel.)

TEXTE ROMAN.

« Lavaurs fon tan fortz vila que anc e nulh regnat
» Plus fort en terra plana non vi om que fos natz
» Ni ab milhor clausura ni ab plus prions fossatz
» Dins a mot cavaer que son mot gent armatz
» Lo fraire na Girauda i fo nAimerigatz
» Ques dona de la vila lains sen es intratz
» Del comte de Montfort parti senes comjat
» Montreial e Laurac li an tout li Crozat
» E tota lautra terra per que el nes iratz
» De cc. cavalers li an son feu mermat
» Not plus ric cavaler en Tolza ni el comtat
» Ni plus larc despesaire ni de maior barnat
» Mala vic los eretges e los ensabatatz
» Canc mais tant gran baro en la crestiandat
» No cug que fos pendutz ab tant cavaer de latz
» Que sol de cavaliers ni a la doncs comtat
» Trop mais de quatre vins so me dig I clergat
» E de sels de la vila ne mes om en un prat
» Entro a cccc. que son ars e cremat
» Estiers dama Girauda quan en I. potz gitat
» De peiras la cubriron don fo dols e pecatz..... »

de la croisade des Albigeois et ses circonstances dramatiques mettent bien en relief le caractère de cette guerre. Nous avons vu, dans le cours de notre *précis historique*[1], la place emportée après une vive résistance, les croisés chanter le *Veni, Creator* pendant l'assaut et faire ensuite main basse sur les habitants; on égorge sans pitié les vieillards, les femmes et les enfants; et pendant que les hérétiques, livrés aux flammes, chantent des psaumes malgré les horreurs de leur supplice, Montfort, pour se libérer des dépenses de la croisade, abandonne à Ramon de Salvanhac, riche marchand de Cahors, les chevaux de prix, les riches vêtements et les magnifiques armures que Lavaur renfermait.

Il est question des consuls de cette ville dans un grand nombre de documents du xiiie siècle. En 1249, des commissaires envoyés dans la province par la reine Blanche de Castille reçurent leur serment de fidélité. Au xive siècle et pendant la captivité du roi Jean, le duc de Normandie, régent du royaume, fit un règlement sur le mode d'élection des consuls de Lavaur, sur les coutumes et priviléges de cette ville; et ces magistrats eurent plus d'une fois à défendre ces priviléges et ces coutumes contre les empiétements des rois de France ou de leurs représentants en Languedoc. Vers 1376, le duc d'Anjou, qui gouvernait dans la province, voulant s'assurer la possession du royaume de Majorque, fit un traité avec Isabelle, comtesse de Montferrat, qui revendiquait ses droits légitimes sur ce royaume; le duc obtint la renoncia-

[1] (Pages 81 et 82.)

tion d'Isabelle en lui assignant 5,500 livres [1] de rente viagère, *sur la ville et la châtellenie de Lavaur*. Les consuls toutefois s'opposèrent à ce traité avec énergie, et leur résistance fut telle que l'assignation ne put s'accomplir.

Au mois de mai 1462, Louis XI donne au comte de Candale et à perpétuel héritage « les comté, cité, ville, château, » terre et seigneurie de Lavaur, ensemble les château, ville, » terre et seigneurie de Giroussens, c'est-à-dire la Terre-Basse » d'Albigeois, jusqu'à la valeur de deux mille livres tournois » de rente. » Les consuls et habitants de Lavaur font immédiatement opposition devant le parlement de Toulouse qui, sur leurs instances, refuse l'enregistrement des lettres royales. Elles n'eurent leur exécution qu'en 1468, Louis XI les ayant, cette année-là, fait enregistrer par la chambre des comptes.

Charles VIII réunit à la couronne, au commencement de son règne, un grand nombre de domaines que Louis XI son père avait aliénés. La ville et comté de Lavaur et la Terre-Basse d'Albigeois furent du nombre. Les historiens rapportent que le comte de Candale, voulant s'opposer à cette réunion, envoya aux environs de Lavaur huit cents hommes d'armes sous les ordres de Robert, surnommé *le Grand Diable*, et du *Maréchal de la Foi*. Les efforts du comte furent infructueux, et depuis lors la ville et le comté de Lavaur restèrent unis à la couronne de France.

En 1485 et en 1522, la peste désolait Toulouse; le parlement fut transféré à Lavaur. Les états de Languedoc se réu-

---

[1] Environ 55,000f de la monnaie actuelle.

nirent aussi quelquefois dans cette ville; ils y tinrent pour la ligue, après la mort de Henri III, une assemblée célèbre; le maréchal de Joyeuse s'était rendu à Lavaur; on régla dans les conférences qui eurent lieu les mesures à prendre « pour » délivrer le royaume et la province de l'oppression, en at- » tendant qu'il plût à Dieu de donner à la France un roy » très-chrétien, bon catholique, oint et sacré. »

L'influence de la ligue se maintint longtemps à Lavaur. Au commencement de novembre 1594, les ligueurs y réunirent de nouveau les états de la province, dans le réfectoire des Cordeliers; l'évêque de Lodève présidait l'assemblée; Jean Daffis, évêque d'Aure, vicaire-général de l'archevêque de Toulouse, et les vicaires-généraux de Narbonne, Rieux, Lavaur, St-Papoul et Alet représentèrent le clergé; le baron d'Ambres et les envoyés des barons de Joyeuse, Arques et Campendu siégaient pour la noblesse; le tiers-état eut pour représentants les capitouls de Toulouse, les consuls de Carcassonne, Albi, Lavaur, Narbonne, Alet et Limoux; leurs diocésains; et ceux de Mirepoix, Castres, St-Pons et Montauban. La soumission de Lavaur n'eut lieu qu'en 1596; à l'exemple d'Albi et de presque toutes les villes de Languedoc, Lavaur reconnut Henri IV après la publication du traité de Folembray.

La fondation de la ville de Rabastens est antérieure à celle de Lavaur et dès l'année 1109, il est question de *Raymond de Rabastens*[1]; un château fortifié était joint à la ville. Les historiens rapportent que, vers la fin du XIIe siècle, les seigneurs,

---

[1] *(Histoire générale de Languedoc.)*

les chevaliers et les habitants de Rabastens ayant outragé les habitants de Toulouse, les consuls de cette dernière ville rassemblèrent un corps d'armée pour venger l'offense faite à leurs concitoyens; les agresseurs, toutefois, se hâtèrent de demander la paix et se soumirent au jugement du comte de Toulouse et de sa cour. Catel nous apprend, dans ses mémoires de Languedoc, que peu d'années après les chevaliers de Rabastens promirent au comte « de n'arrêter prisonnier aucun » habitant du chasteau, bourg, ou fauxbourg de Rabastens. » Nous ne ferons, ajoutaient-ils, aucune forteresse dans icelle; » moins prendrons-nous leurs biens, meubles ou immeubles. »

Philippe de Valois donna, en 1333, des *coutumes et usages* aux habitants de Rabastens; ils sont transcrits dans un précieux cartulaire déposé aux archives de la ville [1]. Les habitants, toutefois, étaient en possession de diverses coutumes dès le XIIIe siècle. Une charte de Philippe-le-Bel les confirma en août 1288. Elle dispose que l'adultère ne pourra être puni

---

[1] APHORISMES D'ASTROLOGIE JUDICIAIRE TRANSCRITS DANS LE CALENDRIER DU CARTULAIRE DE RABASTENS. *

JANVIER..... Prima dies mensis et septima truncat ut ensis.
FÉVRIER..... Quarta subit mortem, prostenit tertia fortem.
MARS......... Prima madentem; disrupit quarta bibentem.
AVRIL........ Denus et undenus est mortis vulnere plenus.
MAI.......... Tercius occidit et septimus hora relidit.
JUIN.......... Venus pallessit quindenus federa nescit.
JUILLET..... Terdecimus mactat, julii decimus labefactat.
AOUT........ Prima necat fortem, perditque secunda cohortem.
SEPTEMBRE Tercia septembris et denus fert mala membris.

* L'orthographe de l'époque a été respectée dans cette citation.

qu'en obligeant les coupables, surpris en flagrant délit, à courir tout nus dans la rue *ou à s'accommoder avec les officiers de la cour du roi*, en leur payant une amende.

Octobre.... Tercius denus est sicut mors alienus.
Novembre. Scorpius est quintus; tercius est nete cinctus.
Décembre. Septimus ex anguis; virosus denu ut anguis.

PRÉAMBULE DU CARTULAIRE.

TEXTE ROMAN.

« Anno Domini millesimo tricentesimo trecesimo tercio, regnante Phi-
» lipo, rege Francorum sit notum que maestre Johan Gralh, notari reyal
» de Rabastenx, R. Negre, Jorda Faure, Pos de Verlhac, Guilhem Ga-
» zanha et maestre Guilhem Morut, notari, cossols del Castel de Rabas-
» tenz, totz essemps, acordadament per lo profieg cominal del dig Castel
» e de las apartenensas, ad eternal memoria, adordenero e feiro far aqueste
» present libre él qual feiro translatar diligentment et incorporar las cos-
» tumas del dig loc e las autras letras e'ls arretz de nostre senhor lo Rey,
» e las autras ordonansas fachas per lo profieg cominal per mossenh Johan
» de Blayvila, sa en reire senescalc de Tholza et d'Albeges, tot en aiss
» coma per orde él dig libre es contengut. »

TRADUCTION DU TEXTE LATIN.

Au nom de la sainte et indivisible Trinité, du Père, et du Fils, et du Saint-Esprit, ainsi soit-il !

Philippe, par la grâce de Dieu, roi des Français, voulant que nos sujets qui habitent dans le château de Rabastens et ses dépendances, puissent vivre en paix et repos;

Fesons savoir à tous, tant présents qu'à venir, que nous donnons, concédons et confirmons aux habitants tant présents qu'à venir dudit château et de ses dépendances, les usages et coutumes qui suivent.....

(Archives de la Mairie de Rabastens.)

« Les élections municipales — dit M. Fossé dans son travail sur *les Char-*
» *tes des communes de l'Albigeois* — sont consacrées par le cartulaire de
» Rabastens :

« De même, nous concédons que les anciens consuls, à la fin de leur charge, ensemble avec toute l'université des habitants ou la majeure partie, puissent nommer comme ils l'ont précédemment habitué, douze bourgeois de ladite ville et quatre nobles, parmi lesquels le sénéchal

Les coutumes et priviléges de Rabastens furent successivement confirmés et augmentés. En 1351, nous voyons Gérard de Montfaucon, gouverneur de Languedoc, et le prieur de St-Martin, réformateur général dans la province, accorder diverses immunités aux habitants de Rabastens, entr'autres celle de ne pouvoir être aliénés au domaine de la couronne, moyennant toutefois *une finance de 1500 livres*. Une ordonnance de François Ier, de 1533, confirma les *priviléges, exemptions, franchises, libertés, coustumes et usages dont jouissaient les manans et habitans de Rabastens*.

On conserve soigneusement dans les archives de la ville de Cordes, *lou libré ferrat*[1] où sont écrites ses anciennes

---

ou son représentant choisira six bourgeois et deux nobles, pourvu qu'ils ne soient suspects d'hérésie ou d'usure manifeste. »

« Ces franchises, que la Révolution nous a rendues à si grand'peine, » n'étaient pas les seules dont jouissaient autrefois certaines villes. Nous » voyons, par exemple, que les habitants de Rabastens devaient être » consultés sur l'établissement des impositions locales:

« De même, nous voulons et concédons que lesdits consuls puissent imposer la taille dans ledit château *avec l'avis de l'université dudit château*, et lever comme il a été d'usage jusqu'ici, etc. »

» Un des bienfaits de la réforme opérée par *la Constituante* devait être » la justice gratuite, la suppression des *épices*. Eh bien! que se passait-» il chez nous aux XIIIe et XIVe siècles:

« De même, nous voulons que les juges ordinaires, sous prétexte de mission à eux donnée en dehors de leur judicature par leurs supérieurs, ne reçoivent aucun salaire des parties et ne soient présumés pouvoir en recevoir, mais qu'ils soient satisfaits du salaire qu'ils recevront de nous. »

---

[1] Ce livre est relié en bois et recouvert d'un cuir gauffré. Deux plaques de fer sont incrustées, clouées et vissées aux côtés et retiennent une chaîne de fer qui servait à sceller le livre aux murs de la maison de ville. Il est

coutumes. Elles furent concédées, au nom du roi Philippe-le-Hardi, par Eustache de Beaumarchais, sénéchal de Toulouse et d'Albigeois. « Tous les ans et le premier dimanche après
» la St-Barthélemy — dit M. Mazars d'Alayrac dans sa *Notice*
» *sur Cordes* — le grand-juge d'Albigeois, assisté du procu-
» reur du roi et du greffier consulaire, se rendait sur la
» place de Cordes, revêtu de ses insignes, et là, assis dans
» un grand fauteuil, il faisait agenouiller devant lui les nou-
» veaux consuls, leur faisait mettre la main sur *lou libré ferrat*,
» et recevait le serment voulu en pareil cas ; puis, en leur
» plaçant le chaperon sur l'épaule gauche, il leur enjoignait
» de *faire le devoir de leur charge et bonne nomination, à la*
» *fin d'icelle, de ceux qui leur devraient succéder.* »

La plupart des coutumes données au château de Cordes

écrit en langue romane, porte la date de 1273, renferme des évangiles, un calendrier et les coutumes et ordonnances du château de Cordes, dont voici le préambule :

« *Aissi comenso las costumas e las ordenansas, lasquals foro donadas*
» *et antreiadas p. mosen Hestacha de beu marches cavalier et seneschalx*
» *que fo de Toloza e dalbeges al castel de Cordoa en aissi coma dejotz so*
» *escrichas so e saber de la fieira, laqual se fa cascun an el castel de Cordoa.*
» Conoguda causa sia als presens et als endevenidors engualment q. nos
» Hestacha de beu marches cavalier senescalc de Toloza e d'Albeges p. lo
» noble rey de Fransa. Regardan la utilitat del davant dig senhor lo rey
» tant per fizeltat quant per dever, nos promovem am gram diliberatio a
» la requesta et a la supplicatio dels cossols e de la universitat del castel
» de Cordoas de lavesquat d'Albeges. Fieiras e nom de nostre senhor lo
» rey davant dig antrejam e la festa de sang bertholmieu apostol. Am dos
» dias en aprop la dicha festa seguens cascun an. am las condicios et ab
» las franquezas que se esseguo..... »

(*Archives de la Mairie de Cordes.*)

s'appliquent au droit perçu, au nom du roi, dans les foires et marchés; pendant leur durée, les marchands étrangers avaient le privilége de pouvoir vendre à Cordes « en gros, » à cannes ou à aunes, les draps de Narbonne, Montolieu, » Toulouse, Rodez et autres semblables. » Ce privilége cessait avec la durée de la foire. Les draps teints, *de France*, payaient au roi deux sous de Cahors[1], par trousseau[2], pour droits d'entrée, pour l'étalage[3] et pour l'aide[4]. De nombreuses dispositions règlent les droits de vente du poivre, du gingembre, de l'alun; d'autres s'appliquent aux fers, aux noix, à l'huile et aux bestiaux.

Lou libré ferrat renferme aussi les coutumes et ordonnances de l'église de Cordes. Elles sont relatives aux honoraires perçus par le recteur pour les mariages[5], les baptêmes ou les

---

[1] Les sous de Cahors étaient fort répandus dans le nord de l'Albigeois, au XIIIe siècle; mais il y avait si peu de fixité dans les monnaies en usage, que presque toutes les transactions renfermaient des réserves pour les cas de dépréciation. Voici celles des coutumes de Cordes, touchant les droits royaux perçus dans les foires et marchés : « Et se, per aventura, » la moneda de Caorcenx o de Rodanes era abatuda o intredicha en laves- » quat dalbeges, lo cumprairo nil vendeire no fosso tengutz de paguar » leyda, mas per dos sols de Caorcenx XII deniers tornes *(tournois.)* »

[2] *Trossel.* — [3] *Taulatge*, droit d'étalage. — [4] La *leyda*, droit perçu sur toute marchandise.

[5] « Es adordenat et acostumat quel rector de las glieias del castel de » Cordoas, el e totz sos successors, aia totz temps de cada matremoni queis » fassa el dig castel, o en las glieias a luy apertenens o en una daquelas, » dos sols de tornes daquels que farou lo matremoni et encara mai VI » deniers e mealha de tornes per arras nupcials. de las quals arras facha » la benedictio lo capela deu redre acadau al maric et a la molher mealha » per estrena. »

funérailles[1]. Lorsqu'une femme de Cordes se rendait à l'église, après ses relevailles, les coutumes voulaient qu'elle donnât une chandelle, un denier tournois et une *fogassa,* ou gâteau composé de fleur de farine, d'œufs et de miel. « Es adordenat et a-
» costumat — dit le texte roman — quel rector e sos succes-
» sors aia de cada dona a la premieira messa que auzirat quant
» sera levada deiassilhas, enqual que sia de las glieias, per
» proferta, una candela et un denier tornes desus, et una
» fogassa. »

LE CARDINAL DE RICHELIEU A ALBI

 près avoir longtemps résisté aux armées royales, les calvinistes allaient cesser de former un parti politique dans l'état; La Rochelle, leur plus sûr rempart, s'était rendu et Louis XIII déclarait qu'il avait pris cette place « avec le conseil, singulière prudence, » vigilance et laborieux service de son cousin, le cardinal » de Richelieu. »

Cependant Montauban restait au pouvoir des rebelles et semblait s'énorgueillir d'être devenu le centre de la confédération protestante. — Telle était la physionomie de la guerre civile, lorsque le cardinal de Richelieu entra en Languedoc avec l'armée royale, placée sous le commandement du maréchal de Bassompierre.

Dans les premiers jours d'août 1629, le cardinal était attendu à Albi. L'évêque, Alphonse d'Elbène, et les consuls avaient prescrit les préparatifs d'une réception brillante. Des arcs de triomphe étaient dressés sur le passage du premier ministre; on y pouvait distinguer les armes de Louis XIII, du cardinal de Richelieu et du duc de Montmorency, qui commandait en Languedoc. Les canons de l'arsenal se trouvaient échelonnés sur le boulevard du Vigan.

Les livres des consuls d'Albi, déposés dans les archives de la ville, renferment le procès-verbal détaillé de cette réception solennelle : « le neufiesme dudict mois d'aoust — y est-il
» dit — veilhe de la feste St-Laurens, arriva ledict seigneur car-
» dinal, environ sur six à sept heures du soir, là où nous nous
» trouvames, vestus de nos robes et manteaux, et le allames
» saluer audelà de la Croix Verte, dans une litière, et luy
» ayant offert au nom de toute la ville, tout ce qui deppen-
» doit de nous en général et en particulier, luy présentames
» les clefz de la ville attachées à ung gros cordon de soye
» rouge et blanche et de rubans de mesmes coleurs, où les
» dictes clefz pendoient enrichies et couvertes d'argent fin; et
» après luy avoir rendeu nos debvoirs, le peuple quy estoit en
» grand nombre en notre compaignie commençoit avec grand
» joye et applaudissement à crier *vive le roy, vive le roy et*
» *monseigneur le cardinal.*

» Mesmes instants, nous montames à cheval et allames
» accompaigner ledict seigneur cardinal jusqu'à son logis, à

» l'évesché, où il fust reçeu avec beaucoup de plaisir et con-
» tentement, les botiques fermées, et tout le peuple en grande
» abondance par les rues pour voir la venue de ce grand
» seigneur et de toute sa suitte qui estoit :

Premièrement :

» Monseigneur de Montmorancy et son train.
» M. le maréchal de Marilhac et son train.
» M. le marquis d'Efiat, surintendant des finances, et son train.
» M. de la Brilhère de Phélippeaux et son train.
» M. le nonce du pape, archevesque de Patras, et son train.
» M. l'archevesque de Bordeaux et son train.
» M. l'évesque de Valence et son train.
» M. l'évesque d'Alet et son train.
» M. l'évesque de St.-Flour et son train.
» M. l'évesque de Vabre et son train.
» M. l'évesque de Pamies et son train.
» M. l'évesque de Mende et son train.

» M. le maréchal de Bassompierre arriva après deux ou trois
» jours, accompagné de M. de Biron et de M. de Buron qui
» venoient de Montauban de traiter avec ladicte ville qui en-
» core n'avoit pas faict résolution d'obéyr, menant avec eulx
» forsse députés de ladicte ville pour se faire ouyr audict seigneur
» cardinal, et ayant couché deux jours en cette ville, ils s'en
» retornèrent audict Montauban après avoir arresté et conclud
» d'estre bons serviteurs du roy et de faire tout ce que ledict
» seigneur cardinal trouveroit bon pour le service de Sa
» Majesté. »

» Et arriva aussi l'ambassadeur d'Espagne avec son petit
» train; MM. le comte d'Aubijoux, les marquis d'Ambres et
» d'Arpajon, le marquis de Fimarcon, le comte d'Aguien,
» les comtes de Valhac et de Cabraires, et plusieurs autres
» grands seigneurs et gentilhommes, gardes de corps et oque-
» tons du roi, estant en sy grand nombre que nous étions
» en peine de les pouvoir faire loger tant la ville étoit ram-
» plie d'estrangers.

» Le quatorzième dudict arriva aussi Monseigneur le pre-
» mier-président de Tholose, avec deux de ses gens, pour
» venir voir ledict seigneur cardinal, et s'en retorna le même
» jour. Et le lendemain aussi arriva M. de Calvière, prési-
» dent, et M. le procureur-général du roi qui demeurèrent
» environ deux jours en ceste ville. »

Le cardinal de Richelieu fut visiter la cathédrale de Ste-Cécile et voulut y célébrer la messe. Les manuscrits de M. Gardès
nous ont fourni de précieux détails à ce sujet. « Son Eminence,
» y est-il dit, célébra la messe dans Ste-Cécille, le septième
» du mois d'aoust. M. le duc de Montmorancy portoit le cha-
» peau rouge d'une main, et de l'autre son parasol pour le
» couvrir de l'ardeur du soleil qui estoit brulant durant le
» passage de la grande court.

» Le peuple accouroit de toutes parts pour le voir, et l'on
» n'entendoit que *vive le roy et vive le cardinal de Richelieu*. Il
» admira la belle structure de l'esglise, et ne voulant pas croire
» que le jubé et le jour du chœur si bien travaillé fut de
» pierre blanche, il se fit donner une eschelle et montant
» quelques degrés, il rascla avec un couteau si ce n'estoit

Le cardinal de Richelieu visitant la cathédrale de Sainte-Cécile.

» du plastre. Il fit faire une chappelle dans son hostel à Paris
» soubs la même figure qu'il fit embellir.

» Comme M. d'Amboise avoit fait faire ce grand et admi-
» rable travail, le cardinal demanda à voir son portrait; feu
» M. Pierre de Teissier, un des plus notables d'Albi, alla à
» Castelnau de Lévis, appartenant à M. d'Aubijoux, frère de
» l'évêque d'Amboise, pour le trouver; et ayant esté assez
» heureux il le porta à M. le cardinal qui admira sa belle
» face et sa grosse teste, et le demanda en don qu'il porta
» à son hostel à Paris, avec un grand cadre doré au bas duquel
» il fit escrire ces mots :

Immortalem meruisset coronam, nisi triplicem ambiisset [1].

Le cardinal de Richelieu quitta Albi le 16 août; nous avons eu l'occasion, dans le cours du *précis historique* [2], de mentionner les particularités qui marquèrent son passage au château de St-Géry près de Rabastens. Son entrée à Montauban fut triomphale; les habitants s'étaient soumis et Richelieu fit commencer sous ses yeux la démolition des fortifications de la ville. Les livres des consuls d'Albi constatent que le premier ministre traversa de nouveau l'Albigeois lorsqu'il eut quitté Montauban; « il vint coucher au château de Combefa appar-
» tenant à Monseigneur d'Alby là où ledict seigneur le traita

---

[1] *Il eût mérité la couronne immortelle, s'il n'eût ambitionné la thiare.* — Richelieu se trompait et confondait Louis d'Amboise, évêque d'Albi, avec le célèbre George d'Amboise qui aspira à la papauté et fut premier ministre de Louis XII.

[2] (Pages 199 et 200.)

» et receut fort honorablement. Monseigneur de Montmorancy
» y estoit aussy; et ledict seigneur cardinal partit dudict lieu,
» le vingt-cinquième dudict mois et print son chemin *en France.*
» Ledict seigneur de Montmorancy avec Monseigneur d'Alby
» vinrent en ceste ville et y séjourna ledict seigneur trois ou
» quatre jours et print son chemin du costé de Toulouse. Nous
» lui rendimes nos debvoirs tant à son arrivée qu'à son
» despart comme seigneur de grand mérite et valeur [1]. »

Peu d'années après, le frère de Louis XIII et les plus illustres familles du royaume, méconnaissant l'autorité royale, tentaient par la révolte d'échapper au joug de Richelieu. L'un d'entre eux était fait prisonnier à Castelnaudary, après un combat désespéré, et pouvait dans sa défaite montrer avec orgueil dix-sept blessures encore saignantes, nobles témoignages d'une valeur héréditaire; car le nom de ses ancêtres brillait d'un vif éclat dans les fastes de la monarchie. Conduit à Toulouse et condamné à périr, on implora vainement pour lui la clémence royale; Richelieu avait déclaré que la tête du coupable serait montrée au peuple par le bourreau. C'est ainsi que son génie impitoyable nivelait sans relâche tout ce qui entourait le trône et pouvait porter ombrage au pouvoir central! Mais quel était cet homme illustre dont la mort servait si bien les profonds desseins du premier ministre?... c'était ce même Montmorency qui accompagnait Richelieu lorsqu'il visita à Albi la cathédrale de Ste-Cécile; c'était celui qui, pendant

---

[1] *(Livres des Consuls d'Albi.)*

le trajet, « portait le chapeau rouge d'une main, le parasol
» de l'autre, pour garantir le cardinal de l'ardeur du soleil ! »

Louis XI et Richelieu ont fourni à Montesquieu le sujet d'un admirable parallèle; et c'est ainsi qu'il termine le portrait du cardinal : « Il fit jouer à son monarque le second rôle dans la
» monarchie et le premier dans l'Europe; il avilit le roi,
» mais il illustra le règne. »

TABLE.

AVANT-PROPOS. . . . . pages I

PRÉCIS HISTORIQUE   1

ESSAIS HISTORIQUES.

Coutumes, franchises, priviléges et libertés de la ville d'Albi. — Élections consulaires. — Prix des denrées. — Caractère des transactions commerciales.   235

Adélaïde de Toulouse au château de Burlats.   259

Coutumes et priviléges de la seigneurie de Castres. — Lieux et appartenances de cette seigneurie. — Priviléges de la ville de Castres. — La seigneurie de Castres érigée en comté et sa réunion à la couronne de France.   279

Les évêques et archevêques d'Albi.   291

Origine de la ville de Gaillac. — Notions historiques sur son abbaye, ses priviléges et son commerce.   307

Henri de Navarre à Castres.   323

Recherches historiques sur les villes de Lavaur, Rabastens et Cordes.   333

Le cardinal de Richelieu à Albi.   347

Roger, P. (éd.)
Archives historiques de l'Albigeois et du

29001

www.ingramcontent.com/pod-product-compliance
Lightning Source LLC
Chambersburg PA
CBHW060613170426
43201CB00009B/1007